中国石化员工培训教材

企业成本管理

中国石化员工培训教材编审指导委员会　组织编写
本书主编　闻　方

中国石化出版社

内 容 提 要

《企业成本管理》一书立足中国石化生产经营和成本管理实践，涵盖上、中、下游三大板块的成本管理内容，突出石化特色、企业实践、面向应用。

全书力求基本理论、业务流程、管理提升的有机统一，坚持继承、总结与创新，是业内从业者一本较好的参考书。

图书在版编目（CIP）数据

企业成本管理／闻方主编．—北京：中国石化出版社，2014.2

ISBN 978-7-5114-2657-4

Ⅰ.①企… Ⅱ.①闻… Ⅲ.①石油化工企业-企业管理-成本管理-中国 Ⅳ.①F426.22

中国版本图书馆 CIP 数据核字（2014）第 027144 号

中国石化出版社出版发行

地址：北京市东城区安定门外大街 58 号

邮编：100011　电话：(010)84271850

读者服务部电话：(010)84289974

http://www.sinopec-press.com

E-mail：press@sinopec.com

北京科信印刷有限公司印刷

*

787×1092 毫米 16 开本 14.25 印张 354 千字

2014 年 3 月第 1 版　2014 年 3 月第 1 次印刷

定价：45.00 元

中国石化员工培训教材
编审指导委员会

序

中国石化是上中下游一体化能源化工公司，经营规模大、业务链条长、员工数量多，在我国经济社会发展中具有举足轻重的作用。公司的发展，基础在队伍，关键在人才，根本在提高员工队伍整体素质。员工教育培训是建设高素质员工队伍的先导性、基础性、战略性工程，是加强人才队伍建设的重要途径。

当前，我们已开启了建设世界一流能源化工公司的新航程，加快转变发展方式的任务艰巨而繁重，这对进一步做好员工教育培训工作提出了新的更高要求。我们要以中国特色社会主义理论为指导，紧紧围绕企业改革发展、队伍建设和员工成长需要，以提高思想政治素质为根本，以能力建设为重点，积极构建符合中国石化实际的培训体系，加大重点和骨干人才培训力度，深入推进全员培训，不断提高教育培训的质量和效益，为打造世界一流提供有力的人才保证和智力支持。

培训教材是员工学习的工具。加强培训教材建设，能够有效反映和传递公司战略思想和企业文化，推动企业全员学习，促进学习型企业建设。中国石化员工培训教材编审指导委员会组织编写的这套系列教材，较好地反映了集团公司经营管理目标要求，总结了全体员工在实践中创造的好经验好做法，梳理了有关岗位工作职责和工作流程，分析研究了面临的新技术、新情况、新问题等，在此基础上进行了完善提升，具有很强的实践性、实用性和较高的理论性、思想性。这套系列培训教材的开发和出版，对推动全体员工进一步加强学习，进而提高全体员工的理论素养、知识水平和业务能力具有重要的意义。

学习的目的在于运用，希望全体员工大力弘扬理论联系实际的优良学风，紧密结合企业发展环境的新变化、新进展、新情况，学好用好培训教材，不断提高解决实际问题、做好本职工作的能力，真正做到学以致用、知行合一，把学习培训的成果切实转变为推进工作、促进改革创新的实际行动，为建设世界一流能源化工公司作出积极的贡献。

二〇一二年七月十六日

前　言

根据中国石化发展战略要求，为加强培训资源建设、推进全员培训的深入开展，集团公司人事部组织梳理了近些年培训教材开发成果，调研了企业培训教材需求，开展了中国石化员工培训课程体系研究。在此基础上，按职业素养、综合管理、专业技术、技能操作、国际化业务、新员工等六类，组织编写覆盖石油石化主要业务的系列培训教材，初步构建起中国石化特色的培训教材体系。这套系列教材围绕中国石化发展战略、队伍建设和员工成长的需要，以提高全体员工履行岗位职责的能力为重点，把研究和解决生产经营、改革发展面临的新挑战、新情况、新问题作为重要目标，把全体员工在实践中创造的好经验好做法作为重要内容，具有较强的实践性、针对性。这套培训教材的开发工作由中国石化员工培训教材编审指导委员会组织，集团公司人事部统筹协调，总部各业务部门分工负责专业指导和质量把关，主编单位负责组织培训教材编写。在培训教材开发和编写的过程中，上下协同、团结合作，各级领导给予了高度重视和支持，许多管理专家、技术骨干、技能操作能手为培训教材编写贡献了智慧、付出了辛勤的劳动。

《企业成本管理》为专业技术培训类型的教材，主要根据上、中、下游生产经营特点和核算体系的不同，把成本管理内容概括分为成本管理概述、生产经营特点及核算体系、重点成本项目管理、油田企业成本管理、炼化企业成本管理、销售企业成本管理、先进企业成本管理典型案例等七章。全书涵盖上、中、下游不同板块的成本管理内容，突出石化特色、企业实践、面向应用三大主要特点。油田板块从油田企业成本管理的十大过程如油气提升、驱油物注入、井下作业等逐步进行了讲解，针对不同生产过程的不同特点，结合该环节主要指标，提出成本管理策略和措施；炼化板块按照核心价值链构成，从原油采购、主要炼油、化工装置、公用工程装置概况及绩效管理关注点、装置成本管理包括装置原料成本管理、辅材成本管理、燃动成本管理、产品结构优化提出具有普遍性和指导性的成本管理方法和思路；销售板块根据销售企业的主要特点，基于实践经验提出油品和非油品采购和存货成本、物流成本、销售费用管理的方法和改进思路。全书力求基本理论、业务流程、管理提升的有机统一、相辅相成，各章节所占比重适当，4、5、6章上、中、下游核心成本管理作为主体内容比重60%，是教材的重中之重；教材力求创新，全面总结、继承中国石化成本管理经验，提升、形成统一体系，从具体业务实践中提炼策略与方法；并立足当前，面向困境和挑战，展望中国石化未来成本管理的方向。

《企业成本管理》培训教材由股份公司财务部负责组织编写，主编闻方（扬子石化），参加编写的单位有河南油田、镇海炼化、山东石油、扬子石化。苗文学（中国石化财务部）、张忠（扬子石化）、陈宁（扬子石化）编写了第1章；李权（河南油田）、郭晓刚（扬子石化）、龚霓俊（镇海炼化）、吴星原（山东石油）编写第2章；王虹（河南油田）、叶爱兵（扬子石化）编写第3章；崔庆江（河南油田）、李权（河南油田）、舒波（河南油田）、王虹（河南油田）编写第4章，郭晓刚（扬子石化）、瞿慧（扬子石化）、龚霓俊、金登峰（镇海炼化）编写第5章，吴星原（山东石油）编写第6章；第7章由河南油田、扬子石化、镇海炼化、山东石油供稿；后记由财务部编写。主审项习文（河南油田），参加审定的人员有杜宝伟、梅敬群、魏哲、崔庆江、邢久波、李墀欣、李权、舒波、王虹。本教材编审工作得到了中国石化财务部、油田事业部、炼油事业部、化工事业部、销售事业部的大力支持；中国石化出版社对教材的编写和出版工作给予了通力协作和配合，在此一并表示感谢。

由于本教材涵盖的内容较多，不同企业之间也存在着差异，编写难度较大，加之编写时间紧迫，不足之处在所难免，敬请各使用单位及个人对教材提出宝贵意见和建议，以便教材修订时补充更正。

目　　录

第 1 章　成本管理概述 ………………………………………………（ 1 ）

1. 1　企业成本管理概述 ………………………………………………（ 1 ）

1. 1. 1　企业成本管理的概念 ………………………………………………（ 1 ）

1. 1. 2　企业成本管理的意义和作用 ………………………………………………（ 2 ）

1. 1. 3　主要成本管理方法 ………………………………………………（ 3 ）

1. 1. 4　成本管理的发展趋势 ………………………………………………（ 12 ）

1. 2　中国石化成本管理理念的发展与改革 ………………………………………………（ 14 ）

1. 2. 1　中国石化成本管理发展与改革 ………………………………………………（ 14 ）

1. 2. 2　全员成本目标管理 ………………………………………………（ 17 ）

1. 2. 3　中国石化责任成本管理实践 ………………………………………………（ 20 ）

第 2 章　生产经营特点及成本核算体系 ………………………………………………（ 24 ）

2. 1　生产经营特点及成本核算 ………………………………………………（ 24 ）

2. 1. 1　整体生产经营特点及成本核算 ………………………………………………（ 24 ）

2. 1. 2　油田企业生产经营特点及成本核算 ………………………………………………（ 28 ）

2. 1. 3　炼化企业生产经营特点及成本核算 ………………………………………………（ 32 ）

2. 1. 4　销售企业生产经营特点及成本核算 ………………………………………………（ 38 ）

2. 2　成本管理责任及指标体系 ………………………………………………（ 41 ）

2. 2. 1　总体要求 ………………………………………………（ 41 ）

2. 2. 2　各级成本管理职责分工 ………………………………………………（ 41 ）

2. 2. 3　公司职能部门职责分工 ………………………………………………（ 42 ）

2. 2. 4　整体指标体系 ………………………………………………（ 43 ）

第 3 章　重点成本项目的管理 ………………………………………………（ 47 ）

3. 1　投资成本管理 ………………………………………………（ 47 ）

3. 1. 1　投资论证与决策 ………………………………………………（ 47 ）

3. 1. 2　合同签订与投资款支付 ………………………………………………（ 47 ）

3. 1. 3　投资日常管理 ………………………………………………（ 48 ）

3. 1. 4　产权管理和投资处置 ………………………………………………（ 48 ）

3. 2　人工成本管理 ………………………………………………（ 49 ）

3. 2. 1　人工成本管理的基本原理 ………………………………………………（ 49 ）

3.2.2 中国石化人工成本管理的具体要求 …………………………………………（54）
3.3 纳税成本管理 ……………………………………………………………（56）
3.3.1 纳税成本管理的基本原理 ………………………………………………（56）
3.3.2 中国石化纳税成本管理实践 ……………………………………………（59）
3.4 物资采购成本管理 …………………………………………………………（60）
3.4.1 物资采购成本管理的基本原理 …………………………………………（60）
3.4.2 物资采购成本管理的具体要求 …………………………………………（66）
3.5 期间费用管理 ………………………………………………………………（69）
3.5.1 期间费用范畴 ……………………………………………………………（69）
3.5.2 期间费用控制 ……………………………………………………………（71）
第4章 油田企业成本管理 ……………………………………………………（73）
4.1 油气提升成本管理 …………………………………………………………（73）
4.1.1 原油提升过程概述 ………………………………………………………（73）
4.1.2 原油提升过程主要指标 …………………………………………………（73）
4.1.3 原油提升过程成本管理 …………………………………………………（73）
4.2 驱油物注入过程成本管理 …………………………………………………（79）
4.2.1 驱油物注入过程概述 ……………………………………………………（79）
4.2.2 注水过程成本管理 ………………………………………………………（79）
4.2.3 注聚过程成本管理 ………………………………………………………（83）
4.3 井下作业过程成本管理 ……………………………………………………（86）
4.3.1 井下作业过程概述 ………………………………………………………（86）
4.3.2 井下作业过程主要指标 …………………………………………………（86）
4.3.3 井下作业过程成本管理 …………………………………………………（87）
4.4 测井试井成本管理 …………………………………………………………（93）
4.4.1 测井试井过程概述 ………………………………………………………（93）
4.4.2 测井试井过程主要指标 …………………………………………………（93）
4.4.3 测井试井成本管理 ………………………………………………………（93）
4.5 轻烃回收过程成本管理 ……………………………………………………（95）
4.5.1 轻烃回收过程概述 ………………………………………………………（95）
4.5.2 轻烃回收过程主要成本指标 ……………………………………………（96）
4.5.3 轻烃回收过程成本管理 …………………………………………………（96）
4.6 稠油热采过程成本管理 ……………………………………………………（97）
4.6.1 稠油热采过程概述 ………………………………………………………（97）
4.6.2 稠油热采过程主要指标 …………………………………………………（98）
4.6.3 稠油热采过程成本管理 …………………………………………………（98）
4.7 油气处理成本管理 …………………………………………………………（103）

4.7.1 油气处理过程概述 …… (103)
4.7.2 油气处理过程主要指标 …… (104)
4.7.3 油气处理过程成本管理 …… (104)
4.8 输油输气成本管理 …… (107)
4.8.1 输油输气过程概述 …… (107)
4.8.2 输油输气过程成本管理 …… (107)
4.9 油区维护费管理 …… (108)
4.9.1 油区维护过程概述 …… (108)
4.9.2 油区维护主要成本费用 …… (108)
4.9.3 油区维护过程成本管理 …… (109)
4.10 制造费用管理 …… (109)
4.10.1 制造费用概述 …… (109)
4.10.2 制造费用管理 …… (109)
第5章 炼化企业成本管理 …… (111)
5.1 原油采购成本管理 …… (111)
5.1.1 进口原油采购成本管理 …… (111)
5.1.2 原油损耗管理 …… (115)
5.2 炼化装置生产情况简介及管理关注点 …… (115)
5.2.1 主要炼油装置 …… (115)
5.2.2 主要化工装置 …… (122)
5.2.3 公用工程 …… (133)
5.3 装置成本管理 …… (134)
5.3.1 装置成本管理内容及方法 …… (134)
5.3.2 装置原料成本管理 …… (136)
5.3.3 装置辅材成本管理 …… (138)
5.3.4 装置燃动成本管理 …… (139)
5.4 产品结构优化 …… (141)
5.4.1 产品结构优化的概念 …… (141)
5.4.2 产品销售结构差异一般性分析方法 …… (144)
5.4.3 销售结构分析与产品结构优化应用 …… (147)
第6章 销售企业成本管理 …… (153)
6.1 油品采购及存货成本管理 …… (153)
6.1.1 油品采购成本管理 …… (153)
6.1.2 油品存货成本管理 …… (157)
6.2 非油品采购和存货成本管理 …… (163)
6.2.1 非油品采购成本管理 …… (163)

6.2.2 非油品存货成本管理 …… (171)
6.3 销售物流成本管理 …… (176)
6.3.1 物流成本管理的特点及重要性 …… (176)
6.3.2 物流成本的构成 …… (178)
6.3.3 物流成本管理措施 …… (178)
6.3.4 物流成本管理的考核 …… (184)
6.4 商品流通费用管理 …… (185)
6.4.1 油品销售费用概述 …… (185)
6.4.2 销售费用的构成 …… (185)
6.4.3 销售费用管理的措施 …… (185)
6.4.4 销售费用管理考核 …… (188)
第7章 先进企业成本管理典型案例 …… (190)
7.1 某油田企业系统节点管理实践 …… (190)
7.2 某油田企业标杆管理实践 …… (192)
7.2.1 标杆管理的内涵 …… (193)
7.2.2 创新“标杆”管理的主要做法 …… (193)
7.2.3 “标杆”管理取得的成效 …… (195)
7.3 某炼化企业单元成本分析借鉴及应用 …… (196)
7.3.1 台塑基本概况及发展 …… (196)
7.3.2 台塑成本管理先进实践 …… (196)
7.3.3 CPMS系统中开发装置、班组单元成本控制模块 …… (205)
7.4 某炼化企业全面预算管理实践 …… (209)
7.4.1 全面预算管理成为降本增效的“紧箍咒” …… (209)
7.4.2 全面预算管理成为深化“分子管理”、提升价值创造能力的“指挥棒” …… (210)
7.4.3 全面预算管理成为挖掘绩效增长点、查找管理短板的“信号树” …… (211)
7.4.4 几点启示 …… (212)
7.5 某油品销售企业调整运输结构有效控制物流成本案例 …… (213)
7.5.1 案例简介 …… (213)
7.5.2 案例分析 …… (213)
7.5.3 解决措施 …… (213)
7.6 某油品销售企业采取定额管理控制销售服务费案例 …… (214)
7.6.1 案例简介 …… (214)
7.6.2 案例分析 …… (214)
7.6.3 解决措施 …… (214)
后记 中国石化成本管理挑战及前瞻 …… (215)
参考文献 …… (218)

第1章 成本管理概述

本章主要以成本管理定义等基础概念作为切入点，在中国石化提出建设“世界一流能源化工公司”的战略背景下，介绍成本管理在企业生产经营管理中的重要作用，强调成本管理对实现企业愿景的作用。

1.1 企业成本管理概述

1.1.1 企业成本管理的概念

早在19世纪英国工业革命时期，成本管理就随着近代会计的产生而产生。而20世纪初社会化大生产和科学管理的出现，使得以标准成本法等成本管理方法成为企业重要的控制手段。第二次世界大战之后，企业关注的重心由效率转为经营效益，责任会计和成本管理的有效结合使得成本管理体系初步构建起来。

现在，成本管理仍然是企业管理中使用频率最高的管理名词之一，但是对于成本管理的内涵，不同国家的研究机构和研究人员有着不同的解释。

美国学者查尔斯·T. 亨格瑞认为：成本管理是“经理人员为满足顾客要求同时又持续地降低和控制成本的行为”。日本的成本计算准则将成本管理定义为：“成本管理是指制定和公布成本标准，计算和记录成本的实际发生额，将其与标准进行比较，分析其差异的原因，并将与此有关的资料向经营管理者报告，以便采取措施，降低成本。”

我国《成本管理大辞典》对成本管理的定义是：“成本管理是对企业的产品生产和经营过程中所发生的产品成本有组织、有系统地进行预测、决策、计划、控制、核算、分析和考核等一系列的科学管理工作。其目的在于组织和动员群众，在保证产品质量的前提下，挖掘降低成本的途径，达到以最少的生产耗费取得最大的生产成果”。

在当今动态变化的环境里，成本管理发生了一系列的转变。

1. 成本管理目标的转变

传统成本管理以“利润最大化”为终极目标，立足于对现实生产经营活动的指导、规范和约束，其功能主要表现在成本分析和形成财务报告上，这是一种基于实时实地控制的战术性管理思想。然而，这种观点忽视了企业的长期发展，忽视了市场经济条件下的一个重要因素——风险，从而容易导致企业行为的短期化。随着外部经营环境不确定性的加剧，企业在经营理念上需要由追求短期业绩目标转变为追求长期持续发展目标，由提高专业化职能管理水平转向全局性战略管理。从战略观的角度，企业成本管理的终极目标应该是帮助企业获取竞争优势，实现“价值最大化”。显然，在现代经济环境下，成本管理已经从传统的财务报告与成本分析转变为企业制定和实施战略的重要工具。

2. 成本管理理念的革新

企业传统成本管理的主题是控制，即根据企业经营目标和经济效益要求，对各项耗费进行事前预定，确定控制的标准；事中核算，对实际与差异进行分析，并采取相应的措施；事后评价、考核等，旨在保证企业经济效益目标的顺利实现。而现代企业管理的目的是赢得核心竞争力，实现价值增值，即通过不断地投入各种资源，尤其是对取得突破可能性较大的专项技术加大投入力度，使其能够在该点上实现突破，以形成领先于竞争对手的优势，并利用这种优势来谋取长期的具有高附加值的经济回报，实现价值的持续增长。因此，现代成本管理已跳出成本控制的思维定式，从降低成本变为管理成本，从控制价值牺牲转变为提高价值创造，将成本管理与企业的价值创造活动有效地结合起来。

3. *成本管理重点的转移*

在工业经济条件下，直接人工和直接材料是企业最主要的生产要素，行业技术相对比较稳定，产品变动范围相对有限，这时制造成本在企业的总费用构成中占据了举足轻重的地位，这就形成了传统的成本管理将其管理范围局限于企业内部价值活动，将其控制重心放在制造领域的局面。然而，随着科技的进步和竞争的加剧，制造成本在全部成本所占的比例急剧下降，而由产品更新换代需求所引发的研究开发费用及为了促销产品而发生的广告支出却在不断增长。越来越多的企业认识到，就准备投入的新产品来说，设计阶段的产品设计方案在很大程度上已经决定了生产领域的成本耗费水平及售后的服务费用。可见，在现代经济条件下，成本管理的重心已从生产领域转向规划和经营决策领域。

1.1.2 企业成本管理的意义和作用

成本管理是企业管理的中心环节，在企业管理中发挥着巨大的作用，处于相当重要的战略地位。企业应加强成本管理，保证企业的生存与发展。

企业是从事生产经营活动的自负盈亏的经济组织，它一旦成立，就面临着竞争，并始终处于生存和倒闭、发展和萎缩的矛盾之中。企业必须能生存，才可能获得利润，只有获利，才能发展。成本的重要性决定了成本管理在企业管理中应占据着首要位置，通过成本管理，带动其他管理工作以及技术革新，实现最终的经营目标。

首先，成本影响效益水平的高低。经济效益通常用投入与产出之比或所得与所费之比来表达。成本作为所得与所费之比的一个方面，它的水平制约企业的经济效益的大小。在现实生活中，产品成本是抵减盈利的一个重要因素。当销量和价格一定时，成本与盈利存在着互相消长的关系，即产品成本提高，盈利相应减少；反之，产品成本降低，盈利就相应增加。

其次，成本反映企业生产经营状况。成本是反映企业生产经营状况的综合指标，并在很大程度上反映着企业各项经营活动的经济效果。企业产品的材料物资消耗多少，劳动生产率高低，机器设备利用状况如何，生产工艺和技术是否先进，供产销各环节的业务活动是否协调，以及产品质量的高低，品种与产量的多少等，都会直接或间接地从产品成本中反映出来。通过具体的成本指标的分析，我们可以找出真正的原因，采取措施，降低成本。

第三，成本能衡量企业是否具有发展前途。影响企业发展的因素很多，如国家政策、市场因素、资金、技术、产品新颖度、营销策略、成本高低等。但单从企业内部的因素来说，一个企业的生命力强弱很大程度上取决于成本。如果企业的成本过高，竞争优势就可能丧失。

最后，成本影响企业经营预测、决策和分析。在市场经济条件下，市场竞争异常激烈，企业要在激烈的竞争中取胜，就要面向市场，采用现代化的科学管理手段进行经营预测，从而做出正确的决策。准确的成本数据，能提高预测、分析和决策等活动的可靠性。所以，成

本数据是经营决策的基础。

在市场经济环境下，企业如何驾驭市场，参与竞争，这是摆在每个企业面前亟待解决的重大课题。目前，企业竞争战略可以分为成本优势战略和产品差异化战略两大类。无论采取什么战略，成本一旦失去控制，企业也失去了竞争优势。如今，同品异名的产品越来越多，竞争越来越激烈，企业不能逃避挑战，只有眼睛向内，不断挖掘自身的潜力，降低产品成本，才能提高经济效益。企业为在竞争中不被淘汰，应力求以物美价廉的产品在市场争取立足之地。物美，要依靠新技术的使用；价廉，有赖于降低成本，成本是价格的最低极限，只有成本越来越低，价格才能越来越低。因此，在发展新技术的同时，必须把目光集中在成本上，大幅度降低成本，这就必须对产品设计、结构、工艺、材料采购、生产组织、售后服务等各方面制定目标成本，加强过程管理。由此，才能给企业带来可观的经济效益，提高竞争力。

综上所述，成本管理在企业管理中占据重要位置，成本是企业经营管理中的一项综合指标，成本指标的高低反映出企业经营管理水平的高低。

1.1.3 主要成本管理方法

1.1.3.1 标准成本管理

标准成本管理是为了更有效地进行成本管理，事先确定成本管理所要达到的目标，然后据此衡量执行的效果并反映目标在执行过程中是否发生了偏差，以便采取措施加以控制的一种企业成本管理方法。标准成本管理亦称为“标准成本系统”或“标准成本法”，它将成本计算和成本控制有机地结合起来，由制定标准成本、分析成本差异、处理成本差异三个环节组成成本管理系统。

标准成本管理包括事前、事中和事后三个阶段。事前阶段是产品计划阶段，要制订标准成本，作为成本控制的依据。事中成本控制是对标准定额现场的控制，要将成本控制列入基层领导工作的范围之内，事后控制是会计部门根据所记录每日的差异分析汇兑，根据可控与不可控明确差异的责任，并计算产品的实际成本。

建立标准成本制度的关键，在于如何制定先进合理的成本控制目标。在实务中，有以现有生产技术和经营管理处于最佳状态为基础制定的“理想标准成本”以及按企业已达到的生产技术水平和现实经营管理状态为条件制定的“正常标推成本”之分；也有以某一年度的生产技术和经营管理为基础制定的“基本标准成本”以及随生产技术和经营管理条件变更予以修订的“当期标准成本”之分。理想标准和正常标准是针对标准成本的先进性、合理性而言的，基本标准和当期标准是就制定标准成本的生产经营条件发展变化而言的，为了使标准成本既先进合理又能适应当前的生产经营条件，应以“当期正常标准”为宜，它既非轻易可得，又非高不可攀。按“当期正常标准”制定的标准成本，称为“现行标准成本”。

标准成本制度的产生和运用，使工程技术人员、生产经营管理人员和直接生产人员增强了成本控制的观念；规范了生产耗费行为，促使了企业成本的降低。在企业内部经济责任管理体系中，结合责任成本制度的建立和实施，标准成本制度从内容到方法也在不断更新和完善，对生产过程成本控制发挥了较大的作用，至今仍不失为一种有效的成本控制方法。

1.1.3.2 目标成本管理

目标成本管理是根据事先确定的成本目标进行企业管理的一种有效方法，也是企业目标管理的重要组成部分。目标成本管理对提高企业成本管理水平、降低成本费用、提高资本增值效益，增加竞争能力都具有十分重要的作用。其整个管理过程，是围绕目标的设置、分解、实施、分析和考核进行，即通过合理设置成本目标及其目标分解，把企业的各部门、各环节，直至全体职工，连成一个有共同努力方向的纵横协调的指标保证体系，以充分发挥各方的主动性和积极性，全力以赴地去完成企业的目标成本。

目标成本是企业一项重要的经营管理目标。它既是一个目标概念，又是一个成本概念。作为目标概念，它是目标的一种具体形式，是企业预先确定的在一定时期内所要实现的成本目标，即想要达到的成本水平、数值或指标，即企业成本管理工作的奋斗目标。它一般包括三个相互联系的方面：目标成本额、单位产品成本目标和成本的降低目标。作为成本概念，它是企业作为奋斗目标和控制指标而预先制订的产品成本，它是一种低于目前成本和经过努力去实现的成本，就其类型来说，是一种不同于会计核算成本的经营管理型成本。可见，目标成本既有目标的属性，又有成本的属性，是二者的统一。当它作为一个目标概念时，它的成本属性使它与其他成本区别开来。因此，目标成本的特点可以从两个方面来认识：

(1) 从目标的角度来认识。目标成本除了具有一般目标、管理目标和企业目标的一般特点外，还具有自身的特点，这个特点就是它的成本属性，即这种目标的内容、实体是成本，是一种以成本为内容或进一步说是以成本的内容为内容的目标。其表现形式是价值、货币；其表示水平、指标、数值是成本的水平、指标、数值；其体系是由成本项目构成的体系；其期限是未来成本实现的期限。

(2) 从成本的角度认识，它除了具有一般成本的特点外，还有目标的属性特点，即是一种表示未来方向的对象化了的成本。它具有预见性、确定性、约束性、可分性、可核性、可行性、激励性、经济性等性质。总而言之，目标成本是一种具有管理目标、企业目标一般特性的成本。

目标成本管理来源于目标管理，但从它是企业目标管理的一个组成部分来说，把它称为成本目标管理更为合适。按目标进行管理，要求一个企业在一定期间内应当确定总的奋斗目标，如成本总额、利润总额、资金利润率等，并据以指导、组织、动员全体员工为完成企业总目标而努力奋斗。围绕这个总目标，企业各部门、各环节乃至每个员工都应当制定自己的奋斗目标，如产量目标、销售目标、成本目标、技术目标、质量目标、资金目标、费用预算目标等，并制定实现目标的措施，以保证目标的实现。实行目标成本管理可以提高企业成本管理工作的主动性和计划性，克服盲目性，提高企业的成本管理水平。

目标成本管理是一种以目标成本为对象的管理概念，是目标管理的一种具体形式，是企业目标管理的重要内容。它具体是指企业在经营活动中，把成本目标从企业目标体系中抽取和突出出来，用它来指导、规划和控制成本的发生和费用的支出，藉以达到降低成本耗费，提高资本增值效益的目的。可见，它是一种有效地降低成本、提高盈利的手段，是一种科学的现代成本管理方法。

1.1.3.3 作业成本管理

作业成本管理的基本思想是在资源和产品之间引入一个中介即作业。把企业看作是为满足顾客需要而设计的作业集合体。从产品设计到产品售出的整个生产经营过程，由一系列前后有序的作业构成，将它们由此及彼、由内到外连接起来，就形成一条作业链。所谓“作业链”（Activity Chain）是指企业为了满足顾客需要而建立的、一系列前后有序的作业集合体。作业链如图1-1所示：

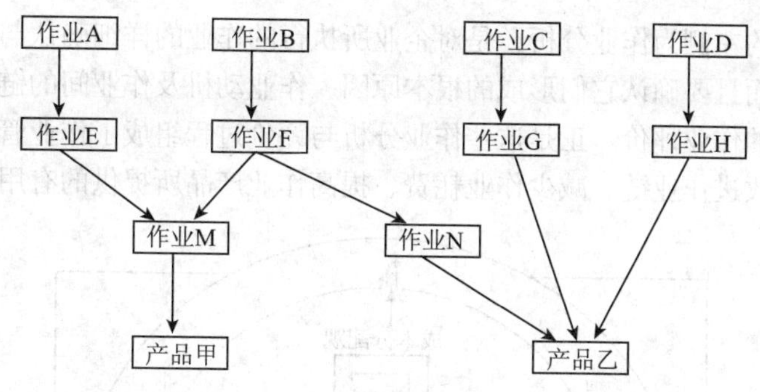

图1－1 作业链

作业成本管理是指把管理重心深入到作业层次，以“作业”作为企业管理的起点和核心的一种成本管理方法。它通过对作业链进行分析，尽可能消除“不增值作业”，改进“增值作业”，优化“作业链”和“价值链”，最终增加“顾客价值”和“企业价值”。目的是不断地从事改善工作，降低成本。

1. 作业成本管理的原理

作业成本管理视企业是一个为最终满足顾客需要而设计的一系列作业的集合体。每一个作业成为其他作业的顾客，各种作业之间互为顾客，彼此连成一个整体，形成顾客链，最终为企业外部顾客服务。企业根据市场需求，以顾客定单为起点，采取“倒挤法”从后向前确定相关作业，核定作业消耗量、作业成本，揭示资源动因、作业动因，并进行成本动因管理、作业管理，以消除不增值作业，减少供产销各环节的存货积压、资金占用，提高公司经营效益。作业管理是一种面向制造过程、面向全过程、体现全面质量管理的全面成本控制方法。

2. 作业成本管理的特点

作业管理的特点是：首先，作业管理是把管理深入到作业层次，以作业为核心进行作业分析的价值链持续改善和优化的过程。作业管理的主要目标是尽量通过作业为顾客提供更多的价值，并从为顾客提供的价值中获取更多的利润。然而，并不是所有的作业都能增加顾客和企业的价值。企业只有通过作业分析，溯本求源，消除不增值的作业，把有限的资源用于能增加顾客价值的作业上，并不断改善顾客价值，促进企业价值链的优化。其次，作业管理以作业成本计算为中介。作业管理是依靠作业成本计算的信息来改进经营管理和消除不增值成本。作业成本计算从成本分配观和过程分析观纵横两个方面为企业改进、完善作业链、减少作业耗费提供信息。

作业成本管理以“作业”为中心，不仅能提供相对准确的成本信息，而且还能提供改善经营管理的非财务信息。作业成本管理是一个“二维”的观念：成本分配观和成本过程观，如图1－2所示。图中的纵轴代表一个作业成本计算系统的成本分配观，从成本分配的角度来看，作业成本计算系统采用两阶段成本分配将资源的成本分配到公司成本对象。成本分配观说明产品引起作业的需求，而作业的需求又引起资源的需求。这是成本分配观的“资源流动”。成本分配与“资源流动”恰好相反，它从资源到作业，而后从作业到产品。在作业成本系统中，成本分配观体现为作业成本计算。成本分配观从“成本流动”与“资源流动”两个侧面全面地提供有关资源、作业和产品的成本信息。它满足了企业组织各种决策的信息需要。图中的水平轴代表作业成本计算系统的过程观。这里强调的是活动本身，即完成工作的各种过程。图的左侧为作业分析，是对企业所执行的作业的详细确认与描述。作业分析不仅包括确认作业，而且要确认它们形成的根本原因、作业动机及作业间的链接关系。图的右侧是对业绩计量过程的作业评价。正是这些作业分析与评价过程组成了作业管理。作业成本法为企业从纵横两方面改进作业链、减少作业耗费、提高作业产品所提供的有用信息。

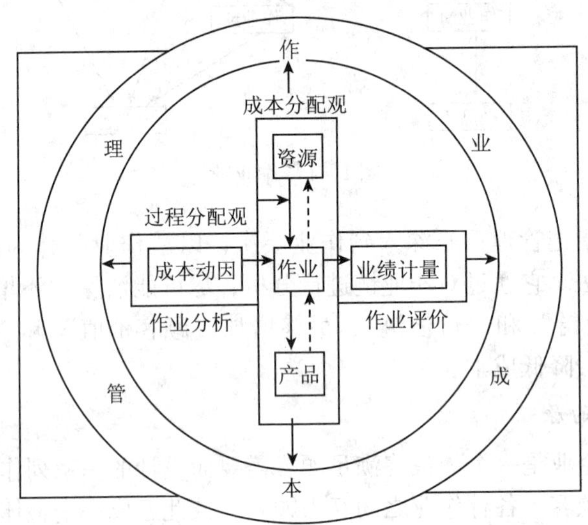

图1－2　作业成本管理

1.1.3.4　战略成本管理

战略成本管理是战略思想在成本管理中的具体应用，是在提高企业竞争优势的同时进行的成本管理，也就是说不仅要降低成本，更要注重与企业的竞争战略相配合以保持企业的竞争优势。具体来说，战略成本管理就是适应战略管理的期望，从战略的高度根据企业内外部环境的变化对更广泛的成本实施管理，管理人员运用专门方法提供企业本身及其竞争对手的分析资料，提供从材料的采购、产品生产及销售、顾客服务等一系列与作业活动有关的、准确的、与决策相关的成本信息，并进行分析与考核，帮助管理者形成和评价企业战略，以有利于企业建立和保持长久的竞争优势。战略成本管理是对传统成本管理的发展，是企业进行战略管理系统的重要子系统之一。

战略成本管理是适应战略管理的需要而对传统成本管理的变革和完善，因此，战略成本管理具有不同于传统成本管理的独特的特征。

（1）战略成本管理重视成本的战略导向，具有长期性特征。战略成本管理立足于培育、维持和提高企业的竞争优势，为企业长远的战略目标服务，它是在创建企业竞争优势思想的指导下进行的成本管理活动，着眼于长期的企业目标。

（2）战略成本管理重视企业与外部环境的关系，具有外向性的特征。传统成本管理主要通过对企业内部经营管理的状况，为企业提供单一的成本信息，并在企业内部各项活动中挖掘降低成本的途径，对企业的外部价值链视而不见，是个封闭的内部决策支持系统。而战略成本管理将成本管理的触角伸向企业外部，扩充成本管理在时间和空间的范围。时间上，将传统的只注重产品生产阶段的成本管理扩展到对整个产品生命周期的成本管理；空间上，将企业内部成本管理向前延伸至供应商，向后延伸至销售商或者消费者。企业与供应商、企业与顾客、企业与竞争对手的关系均构成企业生存发展的外部环境，这些外部环境都直接或

间接影响企业的成本水平和成本结构；因此，战略成本管理拓展了成本管理的时空范围，将有利于企业根据外部环境的变化调整自身的竞争战略，并通过改善与优化成本结构达到降低成本水平的目的。

（3）战略成本管理重视竞争优势的建立，具有竞争性的特征。战略成本管理是在考虑企业竞争优势基础上进行的成本管理，重点关注企业的成本行为。对于企业竞争地位和竞争优势的影响，在于帮助企业决策者正确确定企业竞争战略的同时，辅以与之相对应的成本管理战略。

（4）战略成本管理适应企业战略的变化并重视企业生命周期的不同阶段，具有动态系统特征。系统论的观点揭示系统不是一成不变的，而是根据不同的要求动态变化的；战略成本管理作为一个管理系统是如何体现其动态特征的呢？企业的竞争战略是根据企业内外环境的变化而进行调整的。从管理科学的系统性出发，为了保证战略实施的有效性，不同的战略要与不同的管理控制系统相互映射，这也正是作为管理控制系统之一的战略成本管理系统必须与具体的竞争战略相结合的逻辑所在。不同的战略选择需要不同的成本分析观和成本管理方法，这也就形成了特定竞争战略下的成本管理战略；在企业所确立的不同竞争战略的要求下，战略成本管理的侧重点也会有所变化。

企业所面临的行业环境包括五大竞争力量，即现有企业间的竞争、新进入者的障碍、购买者议价的力量、供应商议价的力量、替代产品的威胁。在这五种竞争力量的抗争中，蕴含着三类成功型业务竞争的战略思想：成本领先战略、差异化战略和集中化战略。

1. 成本领先战略

成本领先战略是指企业通过加强内部成本控制，在研究开发、生产、销售、服务和广告等领域内把成本降低到最低限度，成为行业中的成本领导者的战略。在这种战略指导下，企业的目标是要成为其产业中的低成本生产（服务）厂商，也就是在提供的产品（或服务）的功能、质量差别不大的条件下努力降低成本来取得竞争优势。

实施成本领先战略对企业成本管理的要求是最严格的，通过战略成本管理来配合这一战略的实施是最合适的。保持成本领先的竞争优势，不仅要求企业在成本管理的组织方面具备严格的成本控制，详尽的控制报警，合理完善的责任考核制度和激励制度，而且更要注重获得这一竞争优势的途径，从战略成本管理的角度考虑，要获得成本优势，公司价值链上的累计成本必须低于竞争对手的累计成本。为达到这个目的可以有两个途径：一是比竞争对手更有效地管理价值链活动，控制成本驱动因素；二是改造公司的价值链，即进行价值链重构以省略或者跨越一些高成本的价值链活动。

2. 差异化战略

差异化战略要求企业就客户广泛重视的一些方面在产业内独树一帜，或在成本差距难以进一步扩大的情况下，生产比竞争对于功能更强、质量更优、服务更好的产品以显示经营差异。

实施差异化战略不代表可以忽视对成本的管理，与成本领先战略的区别在于对成本管理的重点有所不同，它必须取得相对于竞争者的成本等价或者近似价，在不影响差异化的领域内降低成本。从战略成本管理的角度，我们发现企业可以通过分析整个价值链的各个环节的活动来创造差异化。

3. 目标集聚战略

目标集聚战略是主攻某个特定的顾客群、某种产品系列的一个细分区段或某一个细分市场，以取得在某个目标市场上的竞争优势。这一战略与上述两个基本竞争战略不同，成本领先战略和差异化战略都是面向全行业，在整个行业的范围内进行活动；而目标集聚战略是企业集中有限的资源以更高的效率、更好的效果为某一狭窄战略对象服务，从而超过服务于更广阔范围的竞争对手。

1.1.3.5 基于价值创造的成本管理

1. 价值创造的理念、方法

当代的组织都希望通过改进方案来创造价值并最终增加利润表上的收益。公司对只能够实现价值的改进方案并不感兴趣，他们要的是创造更多价值的方案。

近代管理的发展提供了相当多新的理念和手段用于企业的经营改进，同时，成本范畴的拓宽也改变了企业经营管理的视角。在企业的经营循环中，它以客户作为其开始和结束，从而为企业、为顾客不断创造价值。组织总是努力以它们的资源来生产最理想的结果，同时还要不断克服来自组织、环境的障碍和阻力，以控制各种显性或隐性的成本。

2. 基于价值创造的成本管理模型

由于战略立足于企业的生命周期，追求竞争优势的保持和持续价值的创造，因此，公司的一切管理活动都应该以实现公司战略目标为基本出发点。公司发展战略由一些具体细化的分目标组成，公司战略目标的实现依赖于这些具体管理指标的实际执行情况。为了对这些成本指标进行管理控制，有必要引入作业成本管理的理念，将公司自然业务流程单元划分为一个个作业单位，通过作业的定义描述、标准设置和作业链分析，在管理指标和成本耗费之间建立起一座相互联系的桥梁，利用作业成本法来实现公司管理流、业务流、作业流和成本流的衔接整合，并最终达成可以有效控制公司成本、实现价值创造的发展战略目标。在基于价值创造的成本管理模型中，作业成本法是价值分析的技术手段。以作业为基础的价值创造模型如图 1－3 所示。基于价值创造的成本管理的一般模型如图 1－4 所示。

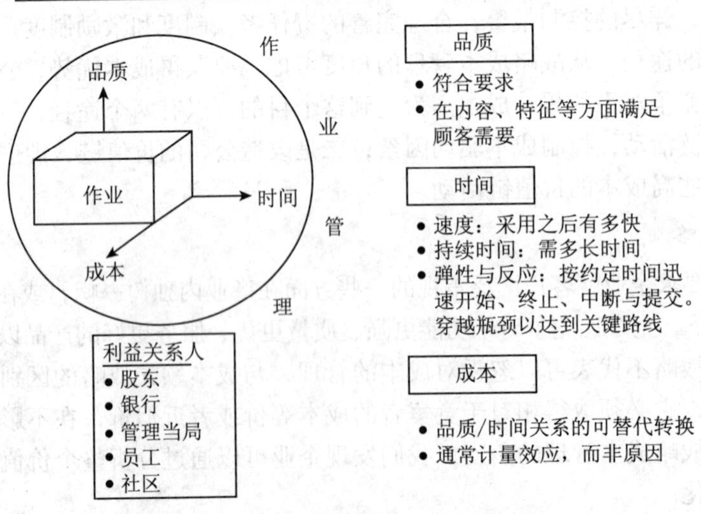

图 1－3　以作业为基础的价值创造模型

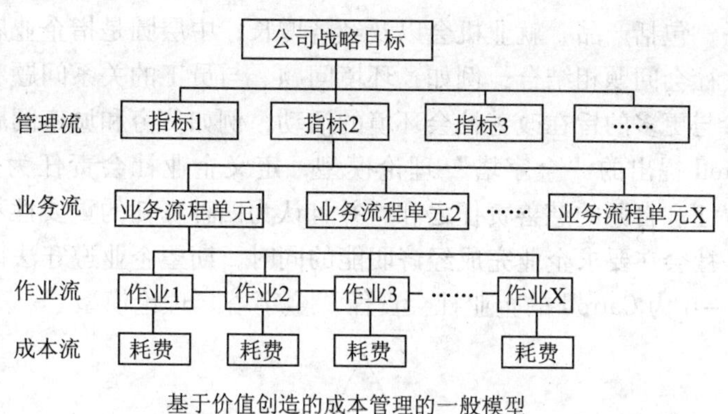

图 1－4　基于价值创造的成本管理模型

1.1.3.6　责任成本管理

1. 企业社会责任的涵义

20 世纪初，美国的工业化进程推动了企业社会责任思想出现。企业社会责任由此经历了一个由狭义演变为广义概念的发展过程。按历史时间来划分，企业社会责任发展及定义的演进大概分为以下几部分。

20 世纪 50 年代到 60 年代是企业社会责任概念提出和初步发展阶段，被称为狭义企业社会责任阶段，它着眼于寻求企业社会责任的原则，强调企业的义务与责任，属于哲学思辨层面。1953 年，企业社会责任之父霍华德·博文（Howard Bowen）的著述《商人的社会责任》中，对企业社会责任的最初定义是"商人负有对社会的义务在于制定决策、执行政策以及实施行为要和整个社会的目标和价值相一致"。Bowen 的定义成为企业社会责任研究的开始的标志，为以后的研究奠定了基础。Keith DaviS（1960）在界定商人的社会责任时也认为"商人们在制定决策或采取行动时至少是部分地超越了公司直接经济和技术收益。"并且进一步指出企业的某些具有社会责任的行为会增加企业的长远收益。

McGuire（1963）认为社会责任不仅仅要承担经济和法律上的责任，还应该承担除此之外的一些社会责任，揭示了企业社会责任除了经济、法律外包含了更广泛的内容。

20 世纪 70 年代开始，企业社会责任研究进入广义概念的研究阶段，学者们更深入地研究了企业社会责任的内涵，提出了许多新的企业社会责任的概念，其中企业社会责任层级理论最具代表性。

1971 年，经济发展委员会（CED）的《商业企业的社会责任》一文中用分层观点来定义企业社会责任，提出了一个"三层同心圆"理论模型，见图 1－5。即内圆是有效履行经

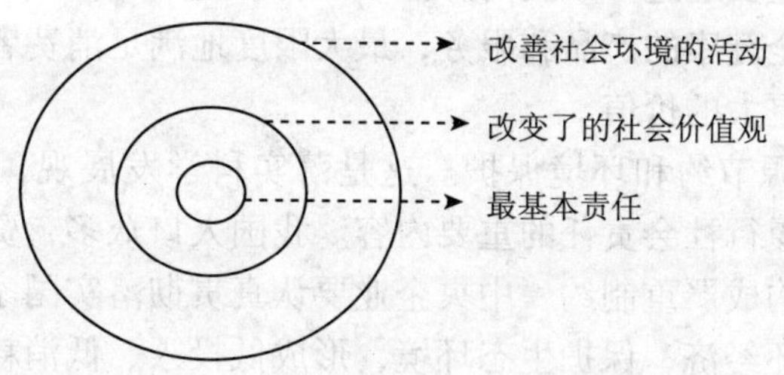

图 1－5　"三层同心圆"理论模型图

济功能的基本责任，包括产品、就业机会以及经济增长；中层圆是指企业履行的基本责任与社会价值观和重大社会问题相结合，例如：环境问题、与员工的关系问题和社会期望等；外圆是企业有责任参与更多的旨在改善社会环境的活动，例如贫穷和城市问题等。

1979 年，Carroll 提出的“金字塔”理论模型，定义企业社会责任为企业的经济责任、法律责任、伦理责任和自愿的慈善责任之和，并且认为四种责任的重要性不同，比例依次为 4:3:2:1。也就是社会在要求企业完成经济职能的同时，期望企业遵守法律、符合伦理、热心公益事业。图 1－6 为 Carroll 的企业社会责任“金字塔”理论模型。

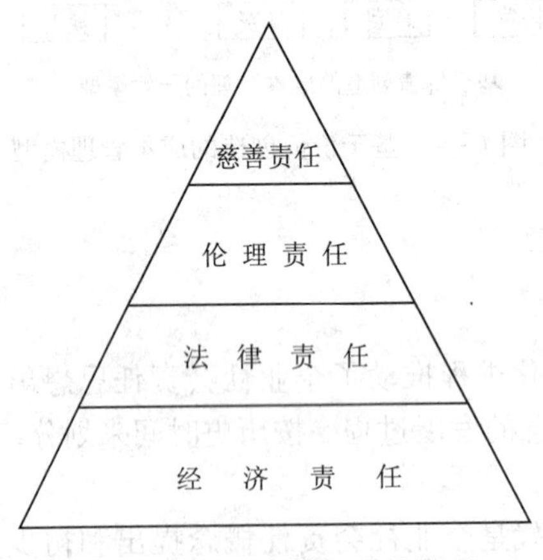

图 1－6 “金字塔”理论模型

2. 国资委对中央企业社会责任的界定

（1）强调要依法经营、诚实守信。这是因为，市场经济是法制经济、信用经济，依法经营、诚实守信是市场经济的必然要求，也是企业最基本的社会责任。其实质就是“君子爱财，取之有道”，即合法之道、仁义之道。中央企业要带头树立依法经营、诚实守信的意识，严格遵守国家法律法规和有关方针政策，做市场经济中的健康力量。这是中央企业必须履行的最基本社会责任。

（2）要持续提高盈利能力。保持良好的经营状况和持续盈利能力，是企业生存和发展的基础，也是企业履行社会责任的根本保证。这就要求中央企业要科学决策，正确制订企业发展规划，合理统筹安排生产经营各项活动，及时适应国内外经济社会发展趋势，开拓创新，加强管理，挖掘潜力，降低成本，提高劳动生产率，最大限度地提高资源利用效率，为投资者带来长期良好的回报，为国家强大、经济繁荣和人民生活幸福做出积极贡献。

（3）要切实提高产品质量和服务水平。这是企业经营成功的基本要求，也是企业形象的最直接体现。中央企业要通过不断提高产品和服务质量，改善产品性能，完善服务体系，努力为社会提供优质安全健康的产品和服务，最大限度地满足消费者的需求，维护消费者权益，努力为消费者创造更大的价值。

（4）要做到加强资源节约和环境保护。这是落实科学发展观、实现人与自然和谐发展的必然要求，也是企业履行社会责任的重要内容。我国人口众多，资源相对短缺和生态环境恶化已对我国经济发展构成严重制约。中央企业要认真贯彻落实国家的政策方针，坚持走新型工业化道路，发展循环经济，保护生态环境，形成低投入、低消耗、低排放和高效率的节约型发展方式，努力提高资源综合利用效率和投入产出水平，实现企业和社会、环境的协调可持续发展。

（5）要推进自主创新和技术进步。科技进步是社会发展的不竭动力，建设创新型国家，提高自主创新能力是我国当前和今后相当长时期内一项重要国策。企业作为技术创新的主体，是推动科技进步与自主创新的中坚。中国石化是各行业的排头兵，在自主创新和技术进步方面负有重要责任。中央企业要大力推动企业科技进步与自主创新，加大研究开发投入，有重点有步骤地构筑知识产权优势，在关键技术和重要产品方面形成一批自主知识产权和知名品牌。

（6）要保障生产安全。安全生产事关人民群众生命财产安全，关系社会稳定大局。保障安全是企业从事生产经营活动的重要前提，是一项非常重要的社会责任。中央企业要把安全生产放到一个非常突出的位置，高度重视安全生产工作，严防重、特大安全事故发生，切实保障职工群众的生命安全和职业健康。

（7）要维护职工合法权益。不断改善职工劳动条件和福利待遇，促进职工全面发展，是贯彻"以人为本"理念的重要体现，是创建和谐企业的重要内容。中央企业要努力创建和谐企业，建设和谐的劳动关系，切实维护员工权益，为和谐社会贡献力量。在维护职工权益方面发挥表率作用。

（8）要参与社会公益事业。这是中华民族的传统美德，也是对每一个公民，包括企业公民的道德要求。企业是社会的经济细胞，也是社会的一个重要成员，关注民生、回报社会是企业应尽的责任和义务。中央企业有责任热心参与社会救助和慈善事业，在发生重大自然灾害和突发事件的情况下，要以大局为重，积极提供财力、物力和人力等方面的支持和援助，妥善应对危机，帮助共度难关，促进社会和谐。

3. 企业社会责任与财务绩效

（1）社会责任与财务绩效正相关的研究。Freeman（1984）为代表的利益相关者理论认为履行社会责任越好（差）的公司，其财务绩效越好（差），由于除股东外其他的利益相关者对企业也存在着利益诉求，所以企业就有承担社会层面的责任。Preston 和 Sapienza（1990）研究了利益相关者管理与企业绩效之间的关系，利益相关者管理操作变量是"利益相关者绩效指标"，测量题项来自《财富》杂志声誉调查的部分指标，研究结果表明，利益相关者管理与企业绩效显著正相关。Greenly 和 Foxall（1997）利用问卷调查的数据检验了利益相关者导向与公司绩效的关系。研究结果表明，在控制市场增长的情况下，利益相关者导向与企业绩效正相关。但这种相关关系依赖于外部环境，并受到恶意竞争的调节；Rufetal（2001）基于 KLD 数据库的实证研究，认为企业社会责任的变动与财务绩效存在正相关关系，同时还发现企业社会责任的变动不仅与当期的财务绩效变动正相关，而且与随后期间的财务绩效同样正相关，这一结果说明，企业社会责任的改善不仅能提高短期的财务绩效，还有利于长期的财务绩效。Aupperle（1985）认为，企业社会责任将浪费资本和其他资源，与其他不从事企业社会责任活动的公司相比，公司会处于竞争劣势。Cochran 和 Wood（1984）发现，随着企业社会责任级别的提高，财务绩效也随着提高。而 Freeman（1991）认为，长期来看，较好的企业业绩符合商业法规的要求，并使得企业业绩与社会责任之间呈现正的相关关系。

（2）社会责任与财务绩效负相关的研究。Holman、New 和 Singer（1985）选取了 1973 年到 1977 年间《财富》500 强的工业公司中的 49 家作为样本来检验公司社会回应对股东财富的影响，他们的研究表明，投资者对于公司年报披露的公司社会回应没有明显的反应，但是对于联邦政府的监管报告中有关公司为了遵守政府对于社会责任的要求而增加的资本性支出，投资者做出了负面的反应。Preston 和 Bannon（1997）提出的“管理者机会主义假说”，该假说是指当管理者的报酬计划与短期企业利润密切相关时，管理者对个人利益的追求会导致企业业绩与企业社会责任活动之间出现负相关关系；Brammer（2006）等人利用企业股票回报率检验了企业社会责任与财务表现的关系，发现两者存在负相关关系，而且研究发现不同的行业对两者的关系具有较大的影响。

1.1.4 成本管理的发展趋势

社会经济发展日新月异，高新技术的运用与普及，给人类社会的各方面带来了前所未有的震荡，企业的生产经营环境也将发生巨大变化。人们普遍认为，经济与高新技术的发展，与互联网、电子商务以及经济一体化等密切相关。网络技术的发展使企业经济运作具备以下特征：

（1）生产自动化。高新技术的运用与普及，使企业在生产技术上发生重大变革，其主要特征是生产的自动化和信息化运用程度显著提高，机器人、电脑辅助设计、电脑辅助制造、弹性制造系统及计算机集成制造系统的广泛使用，在保证产品质量前提下，使产品成本大幅降低。

（2）管理信息化。由于网络技术和数字计算技术的大规模运用，技术信息与管理信息相互结合，形成有效的信息网络，信息的生成、使用、交流与管理，能在极短的时间内完成。经济信息的高效流动，企业的首席执行官、首席财务官可以随时随地将全球企业的信息尽握手中，进行网络化操作，对企业的生产经营管理进行适时决策。

（3）交易智能化。随着电子商务的运用与普及，企业的众多业务处理活动都将在网上进行。企业的生产经营活动越来越多地依赖于客户、供应商、合作伙伴及各种虚拟企业。网络的技术支持，为企业提供了搜索工具，可以使企业按照市场需求量提供生产量，并通过电子广告、电子合同实现网上交易、网上结算，从而降低交易成本。

（4）产品个性化。人们追求个性化，导致对个性化产品的需求。企业应根据特定顾客群体的“特殊要求”（包括产品的性能、功能、质量、外观、造型、数量、价格等）量身定做，产品的研制开发模式发生了根本性的变化，由经销商根据消费者的需求，以签订产品协议的方式要求生产厂家研制开发并进行生产，改变了传统的研制开发模式。通过互联网实现与经销商和用户的零距离接触，满足人们对个性化产品的追求。

（5）经营全球化。由于知识密集型和资本密集型企业的迅速发展，经济资源在全球范围内的自由流动与组合，要求企业在全球范围内寻找更为经济的资源，资源的配置不再受到体制、国界的限制，从而导致全球范围内企业、行业间的重组、跨行业的重组，实现生产经营的全球化。与此相一致的，包括财务资本、人力资本、知识资本的快速流动，使企业经营活动将突破空间限制，成为虚拟性经济组织。在网络的技术支持下，“全球采购”“全球分工”和“全球性资源优化配置”可以使同样的物资投入取得更佳的经济效益，从而加速了全球经济一体化的进程。

企业运作面临的竞争环境，必将使传统的成本管理得到发展与创新。主要表现在以下几个方面：

1. 成本管理观念的创新

为了企业的长久发展，应对国内外激烈的竞争，实施战略成本管理成为必然选择之一。战略成本管理是运用战略对整个企业进行管理，是将企业日常业务决策同长期计划决策相结

合而形成的一系列经营管理业务。全员全过程的参与成本管理也成为成本管理领域的新现象，成本管理涉及产品生产经营的全过程，从市场预测、调查到产品设计与开发，及生产工艺的设计、样品试制、材料物资采购、加工制造、产品销售、售后服务等各个环节、各个阶段都要进行成本管理；改变过去只侧重生产成本管理的状况，企业应对产品设计成本、物资采购成本、产品生产成本、交易成本、使用成本和综合管理成本等进行管理，使成本最低。

2. *成本计算方法更加科学*

作业成本法（ABC）在美国的先进制造企业得以运用，它成功解决了传统成本计算方法导致的成本信息失真问题，在成本计算的同时进行成本控制，因此，作业成本法成为多数企业的选择。

一方面，经营全球化要求企业的生产和销售全球化，企业的生产规模日益扩大，生产的直接成本日趋下降，生产的固定成本急剧上升；另一方面，由于生产的自动化和适时生产系统的运用，企业的直接费用大幅下调，间接费用在成本中的比重日益增加。由于产品成本结构的变化和企业业务流程不断重组，使用作业成本法将使成本计算与控制更为科学。这是因为：

其一，作业成本法提供的成本信息提高了决策相关性。制造费用不是与直接人工等数量成比例，如果按直接人工工时或机器小时等单一的标准分配，会导致制造费用与分配标准的相关性消失；而作业成本计算将制造费用依据各自的成本动因追踪到产品上去，得出的产品成本信息相对来说比较准确，从而大大地提高了决策的相关性。

其二，作业成本法不仅仅是一个成本计算过程，更重要的是成本控制、资源分配的过程。作业成本计算首先根据市场发出的信息决定应该生产什么产品、生产多少，接着分析生产的产品需要哪些作业及其数量，然后再考虑完成这些作业需要多少资源，根据资源动因将资源成本分配到作业，再根据作业动因将作业成本追踪到最终产品，从而为管理者提供准确的成本信息，同时进行成本控制。

其三，作业成本法为作业分析提供了依据，有利于开展作业管理，通过对投入、产出的因果分析，揭示了增值作业与不增值作业；揭示哪些成本是必需的，哪些是不必要的，促使管理者做出改进的措施，以达到降低成本的目的。

其四，实施作业成本法有利于建立新的责任会计体系，进行业绩评价。资本密集和知识密集企业的发展，直接人工成本趋于消失，传统的责任会计体系已不再适用。作业成本法有助于新的责任会计系统的建立，因为作业成本法是以作业而不是以产品作为成本计算对象，计算时将同质的成本划归到同一成本库，建立一个成本中心。以成本库作为新的责任中心，分析、评价该中心成本、费用的合理性，从而评价该中心的经营业绩。

3. *成本控制的重点发生转移*

从注重生产制造过程的成本控制转化为事前成本控制。产品设计成本的高低，在很大程度上决定了成本水平的高低。在企业面临的竞争环境中，产品个性化要求企业在产品开发设计过程中进行有效的成本控制，事前成本控制应是新经济环境下成本控制的重点。新经济环境下，一件产品或一项服务的完成，不仅表现在“业务”信息的交流上，更重要的是信息的智能化管理。运用互联网技术，对业务全过程先进行模拟设计，并在设计阶段先确定目标成本，再采用挤压式成本设计，即从事物最初起点开始实施充分透彻的分析。网络技术可实现将原材料、部件、人工等装配成产品的同时，将成本也一并“装配”进去。在模拟设计中，与业务过程信息一起同时流动的是资金流，产品设计的完成也是成本的完成。新经济环境下的成本控制应基于“业务成本”的认识，着眼于成本的发生源泉，继而追踪与业务流程相关的内外动态关系，做周密、全盘的事前分析考察，从根源上对成本加以控制，把业务成形视为“成本成形”。

4. *成本管理手段更加先进*

网络技术、信息技术发展必将使成本管理手段更加先进。计算机管理环境下的企业资源管理系统已把市场预测、物资采购、产品设计、生产、财务、销售、工程技术等各个管理环节一体化。它的设计理念体现出：

第一，客户需求、企业内部的制造活动以及供应商的制造资源等结合在一起，体现了完全按用户需求来进行制造的理念。

第二，将作业流程看作是一个在全社会范围内紧密连接的价值链，同时将分布在各地所属企业的内部划分为若干个支持子系统，如财务、市场营销、生产制造、质量控制、服务等。

第三，提供了可以对价值链上所有环节进行有效管理的功能，考虑了“大批量生产”与“多品种小批量生产”并存时的生产管理。企业资源计划系统的运用，能使员工的工作效率大大提高、商品库存大大降低，从而使产品成本大幅降低。

5. *成本管理成效更加显著*

电子商务的普及，能使企业在最低成本条件下，信息的管理更加高效；能使企业在互联网虚拟化电子市场中，在供求双方不见面的情况下实现供销业务；它通过能够触及全球的互联网，最大范围内地了解客户的需求，从最大范围内的供应商中挑选出最佳的供应商，通过畅通于客户、企业内部和供应商之间的信息流，减少工业时代市场模式的诸多中间环节，从而以最快的速度、最低的成本响应市场，把握商机。

1.2 中国石化成本管理理念的发展与改革

1.2.1 中国石化成本管理发展与改革

1983年，党中央、国务院为了用好国内一亿吨石油资源，发展石油化工综合利用，提高整体经济效益，为国家经济建设积聚资金，决定把全国重要的炼油、石油化工和化纤企业集中起来，组建中国石油化工总公司。中国石化总公司受国务院委托，对直属企业的人财物、产供销、内外贸实行集中领导、统一规划、统一经营管理。中国石化总公司所属很多企业历史悠久，下属的南化公司可以追溯到1934年，是中国化学工业的摇篮，高桥分公司可以追溯到1945年建厂的上海炼油厂，胜利油田1961年打出了第一口工业油流井，至今已连续高产开发51年。

1998年7月27日，根据党中央十五大关于组建跨地区、跨行业、跨所有制和跨国经营的大企业集团的精神，在原中国石油化工总公司基础上重组成立了中国石油化工集团公司，实现了政企分开，明确了对国有资产进行经营、管理和监督的职责；实现了上下游、内外贸、产销一体化，业务范围由过去的石油化工扩展到石油天然气勘探开发和成品油批发零售。重组后，为了适应经济体制和经济增长方式两个根本性转变和加入WTO后激烈市场竞争的要求，中国石化集团公司按照“主业与辅业分离、优质资产与不良资产分离、企业职

能与社会职能分离”的原则，由中国石化集团公司独家发起设立的中国石油化工股份有限公司，于2000年2月28日正式成立。截至2011年年末，中国石化集团公司是亚洲第一、世界第二大炼油公司，是亚洲第一、世界第四大石化公司，也是国内最大的成品油、石化产品营销商、进口原油贸易商和国内第二大原油生产商。中国石化集团公司在《财富》2011年度全球500强企业中排名第5位。

中国石化成本管理发展与沿革主要划分为以下三个阶段：

1. *在计划经济体制下，形成了与国营企业制度相适应的成本管理特色*

在计划经济体制下，国营企业的生产计划由国家统一确定下达，国营企业是一个“成本中心”，企业的产品由国家统一定价。国家以企业的成本为基础确定产品价格，国家重视企业成本管理制度建设，通过企业成本管理制度确定企业成本项目和成本开支范围；国家重视以成本为核心的内部责任会计，以期最大限度地降低成本，提高稀缺资源的使用效率。这个时期，成本管理特色主要体现在：第一，班组核算。通过班组核算和劳动竞赛相结合，降低成本，提高劳动生产率，取得显著成效。第二，经济活动分析。1953年我国开始推广“经济活动分析”。班组核算只能反映问题之所在，而要寻找问题之根源，必须借助于经济活动分析。只有将班组核算与经济活动分析相结合，才能达到发现问题、解决问题的目的。“经济活动分析”实际上已经突破了单纯财务评价指标的局限性，强调采用多元化指标评价企业经营活动。第三，在成本管理过程中，强调“比、学、赶、帮、超”，“与同行业先进水平比”。此外，还有资金成本归口分级管理、生产费用表、成本管理的群众路线和厂内银行等都具有鲜明特色。

2. *改革开放后，石化总公司管理下的成本管理特点*

1978年之后，我国进入了改革开放时期。在20多年的企业改革过程中，从利润留成、盈亏包干，到实行企业承包经营责任制，以至进行企业股份制改造和现代企业制度试点，整个改革思路都是沿着对企业放权让利这个中心进行的。围绕放权让利展开的企业改革，为被旧体制桎梏已久的生产力释放和经营者积极性、能动性的发挥提供了契机，也取得了一定的成效。同时，政府在一定程度上对市场功能进行了培育，市场机制开始产生作用。企业开始把目光转向市场和企业内部，向管理要效益，在建立、完善和深化各种形式的经济责任制的同时，将厂内经济核算制纳入经济责任制，形成了以企业内部经济责任制为基础的具有中国特色的责任成本会计体系，与经济责任制配套，许多企业实行了责任会计、厂内银行。1984年3月，国务院发布了《国营企业成本管理条例》，1986年12月，财政部制订印发了《国营工业企业成本核算办法》，办法对成本核算的有关问题作了比较严格的规定，进一步统一和规范了企业成本管理工作。

3. *中国石化集团公司尤其是股份公司成立后，成本管理思想和方法得到快速发展*

上市以来，中国石化股份公司面对资本市场与市场竞争的压力，不断学习和借鉴国内外先进企业管理经验，追求低成本战略，成本管理思想和方法都得到了长足的进步和发展。

在成本核算上，公司严格执行国家有关的法律法规和相关政策，2002年公司制定了《中国石化股份公司成本核算与管理暂行办法》，办法在总结石化企业传统优秀管理经验基础上，吸收借鉴了当时先进管理思想，制定了全公司上下统一的成本核算与管理办法（并在2007年做了统一的修订）。办法的出台为公司统一成本核算办法、推广先进管理经验提供了制度保障。

上市以来，公司大力推行ERP为核心的信息化建设，从理念、手段和效果上为成本核算与管理创造了一个全新平台。财务工作效率和会计数据质量有了革命性的提高。生产经营的物流、信息流、资金流在ERP中实现了统一。每一步重要的业务操作都会在财务会计模块同步形成凭证，大量成本核算信息能够直接从业务部门相关数据上集成过来，财务信息做到了及时、准确。财务核算标准化、流程化、统一化，财务核算规定被固化在系统中，所有财务行为在系统中被记录、可追溯，并与内控管理制度相匹配。会计核算实现的手段也更加丰富，为成本核算管理精细化创造了条件，提升了明细核算的层次。随后，TBM等各种信息工具的出现和采用大大增强了成本管控能力。

在成本管理思想方面，从上市初期探索推行标准成本管理、作业成本法管理，到2009年，通过借鉴国际先进企业的经验，在全公司范围内推行了全员成本目标管理，标杆法、“节点”法、班组成本管理的“实时化”等方法层出不穷；成本意识深入贯彻到生产一线，各项操作成本相应被转化为各项操作指标；成本管理的触角深入生产经营的全过程，从资源的发现到开采、从项目的设计到产品的最终销售，各个环节均要满足成本管理要求。

在公司“十二五”战略规划中，中国石化集团公司党组提出建设世界一流能源化工公司的发展目标，中国石化财务管理为满足公司管理需要，为适应国内外理财环境新变化，提出建设世界一流财务管理模式的目标。在成本管理方面，提出借鉴国际先进财务管理经验，进一步解放思想、转变观念，更加注重价值管理和创造，有效控制公司整体成本，提升企业竞争力，最终实现提升公司企业价值的战略目标。

油田事业部：股份公司成立伊始，在成本核算中引入了生产过程，并将其作为成本核算对象，实现了成本核算与生产经营过程的结合，为揭示成本与资源消耗的关系打下了基础，促进了企业从生产作业方案与效果入手控制和降低成本。此后，探索和试点了油藏经营管理，从油藏发现、开发建设、开发生产直到退出全过程，用集成的思维和理念经营管理油藏，实现人、财、物、技术和信息等各种资源要素的优势互补、合理配置，达到资源合理利用和经济效益最大化的目标。从管理方法上，总结出了“节点”管理、标杆管理以及区块成本核算与管理等方法。逐步建立了一套以油气生产过程为主线，以产量目标为基础，以零基预算为方法，从工作量、实物消耗量入手，通过方案优化，综合平衡，确定各生产过程和具体生产环节的合理工作量、实物消耗量，配以预算价格形成各生产过程成本费用预算的全面预算管理体系，促进了油田企业全员参与成本管理和目标责任的落实。

炼油事业部：推行了以TBM为平台的全面预算管理，充分发挥了全面预算管理连接“市场”和“现场”的桥梁作用，使企业在执行总部下达计划的前提下，将市场信息转化为可操作的数字信息，落实到产品品种、数量、结构的排序和优化，使全面预算管理工作根植于生产经营实际，深度参与生产经营全过程，在参与中实施过程控制，全方位管控成本，降低成本费用。优化原油采购，控制原料成本；优化燃料结构，控制燃料消耗，降低燃料成本；优化内部管理，控制经营成本；强化资金管理，有效降低财务费用；提升“班组经济核算”水平，树立全员成本目标意识。多年来炼油板块面对成品油价格从紧调控，全面推进优化工作，发挥系统内的专家资源优势，“点对点”开展技术和管理服务。优化成本控制工作措施；努力对标世界一流，持续提高经济技术指标；按照效益最大化的原则优化原油采购和加工，降低原油进厂成本和加工费用。

化工事业部：工艺流程连续性和主/联产品多样性给企业生产经营决策带来很大的挑战，将化工业务划分为专业小板块进行分析和管理，为生产决策提供正确的信息。构建班组成本

管理平台，借助信息化手段实现班组成本管理的实时化、动态化，做实做精车间成本管理，实现了成本费用指标向技术经济指标和操作指标的成功转化，提高了装置平稳率，实现了班组“定性指标定量化、定量指标精细化”，增强了基层成本控制力。建立常态化的优化机制和相应的工作团队，以产品获利能力引导产品结构调整，财务测算日常化，经营决策科学化。引导企业自觉关注效益，积极主动参与成本管理，实现成本管理理念由被动管理向主动管理转变，成本控制由单一管理向全面系统管理转变。

销售事业部：从完善制度、改革体制、严格预算管理、创新管理、强化考核等方面着手，全方位地开展成本管理和控制工作。如为准确反映成品油、燃料油和润滑油等产品的成本水平和经营业绩，找准费用管理的重点，一直推行费用按受益对象核算费用，将每发生一笔的费用都落实到物流中心、商客中心、零售中心、润滑油中心和燃料油中心，通过横向、纵向的对比分析，找到差距和不足，找准降费的重点。落实预算责任主体，已建立起“以加油站、油库、营业部为业务单元，以客户经理、站长为销售责任人，以专业中心为管理线条，以地市公司为管理平台”的预算管理体系，做到费用预算指标“横向到边，纵向到底”的全面预算。实行了吨油费用和绝对额双重考核的办法，对于重点的运杂费和业务招待费等项目还实行专项考核；考核结果直接与企业的职工薪酬挂钩，超罚节奖，有效控制了费用支出。强化“全成本”“全员降费”的理念，将投资、采购成本、期间费用、各种损失和税收支出全部纳入成本管理范畴，把降费压力传递到全体员工。

1.2.2　全员成本目标管理

为了提升公司成本竞争力，满足中国石化建设“世界一流能源化工公司”的战略要求，从2009年开始，在集团公司统一领导下，全系统开展了全员成本目标管理工作，在总结公司成本管理经验，借鉴外部先进管理方法的基础上，围绕公司战略目标，通过层层完善成本管理责任体系、树形指标体系和考评奖励机制，大力开展“比学赶帮超”，“建标、对标、追标、创标”活动，全面强化了公司成本基础管理，丰富了管理手段，提高了全员成本管理意识，集团上下逐步形成了全员追求降本减费的长效机制和文化理念。

全员成本目标管理是指全员参与、以目标管理为导向、对生产经营实施全过程、全方位控制与优化的成本管理体系。其突出特点是全员参与和目标管理，旨在通过全员优化目标、分步追赶目标，形成系统化和持续改善的成本管理机制，提升成本管理水平和成本竞争能力。

1.2.2.1　全员成本目标管理的总体目标

全员成本目标管理工作以科学发展观为指导，围绕加快推进集团公司发展战略目标，以提升公司价值为核心，以“比学赶帮超”活动为抓手，通过优化体制机制，创新管理手段，进一步健全完善成本管理体系，细化成本管理单元，完善成本控制激励约束机制，形成具有鲜明石化特色的系统优化、持续改善的成本管理机制，全面提升成本管理水平，增强成本竞争力。

1.2.2.2　全员成本目标管理实施原则

1. 全面管理原则

全体员工共同履行成本控制责任，把成本管理贯穿于企业物资采购、生产运行、产品销售等生产经营全过程，覆盖规划、研发、投资、工程设计和施工、资产重组与资本运作、筹融资、人力资源等企业管理各方面。将成本控制责任落实到企业内部各个层级、各个岗位和全体员工。

2. 目标管理原则

建立健全成本管理指标体系，引导和激励各级企业和全体员工横向与先进水平比差距，纵向与自身比进步，分级确定近期、中期和远期目标，通过循环递进的“追标、创标”，促进成本持续改善。

3. 继承与创新相结合原则

认真总结和继承完善以往成本管理工作的好经验好做法，突破“成本分为可控与不可控”“存在就是合理”等固有思维定式的束缚，引入战略成本、价值管理等先进理念，创新成本管理思路与方法。

4. 成本效益原则

从增加效益和促进企业长远发展出发，坚持开源与节流结合、成本控制与做大总量相结合、短期投入与长期效益相结合，实现投入产出最大化，不断提高企业经济增加值。

5. 评价与考核相结合原则

建立科学合理的成本管理指标评价体系，定期对各项指标完成情况进行对比评价，引导企业改善成本管理。将核心和关键指标的控制情况纳入各级责任单位及负责人的经营绩效考核，促进成本控制目标的实现。

1.2.2.3 全员成本目标管理的开展

1. 加强宣传，不断提高全员成本目标管理意识

充分利用企业电视、报纸、门户网站等舆论工具，大力宣传中国石化各板块成本持续上升的严峻形势，宣传“今天的投资就是明天的成本”等成本管理理念，突破“成本分为可控与不可控、存在就是合理”等思维定式，强化全体员工的成本管理意识。将全员成本目标管理工作与“比学赶帮超”工作、“改善经营管理建议”、挖潜增效降本压费工作相融合，充分调动全员参与成本管理的积极性、主动性，形成人人关注成本、人人参与成本管理的良好氛围。

2. 建立健全全员成本目标管理责任体系

企业是全员成本目标管理的责任主体，各企业成立党政一把手为组长、基层各单位和部门主要负责人为成员的全员成本目标管理工作领导小组，负责组织开展企业全员成本目标管理工作。各二级单位相应成立工作机构，明确工作界面，建立工作制度，为全员成本目标管理工作开展提供组织保证。

完善企业、二级厂、车间（装置）、班组四级纵向和专业费用专业管理横向的全员成本目标责任架构，参见图1－7。成本目标逐层负责、逐级分解，各层级均对上一级分解的成本目标负责，对下一级成本单元设置及成本控制提出要求、提供指导帮助，承担本级成本管理责任。在落实各层级成本管控及分析责任的基础上，建立成本异常的快速反应机制，实现全员成本目标管理全过程闭环控制。

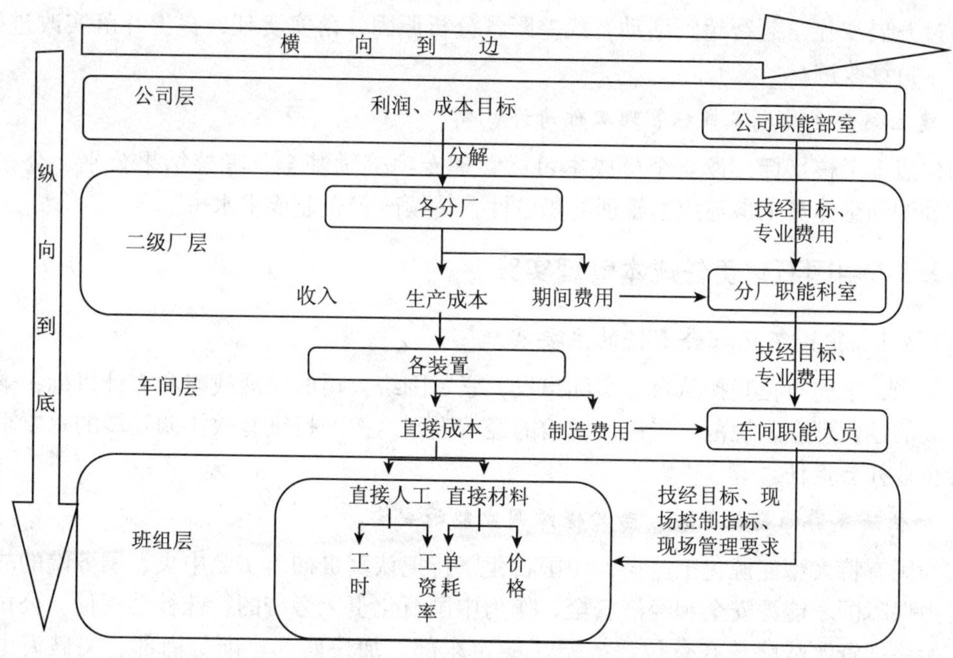

图1－7 全员成本目标责任架构

3. 建立健全指标体系

企业在细化成本管理单元基础上，按照不同业务类型，建立健全系统科学、分层级的树形成本管理指标体系。上级指标统领下级指标，下级指标对应到最小责任单元。指标体系既包括财务类指标，也包括技术经济指标；既要以价值量指标为核心，又要辅以实物量指标。因此各事业部以利润总额和EVA为核心指标，构建适合事业部业务特点、反映事业部关注重点的指标体系。

油气勘探开发业务要划分油藏类型，构建以利润总额、EVA、油气单位发现成本、单位开发成本和单位完全成本为核心的指标体系；炼油业务以利润总额、EVA、吨油完全费用、人工成本费用利润率等指标为核心，健全反应原油成本、加工物耗能耗的指标体系；化工业务以利润总额、EVA化工吨产品完全费用、人工成本费用利润率等指标为核心构建化工业务的指标体系；油品销售业务以利润总额、EVA、吨商品流通费、吨成品油商品流通费等指标为核心，健全指标体系。

企业结合自身生产经营管理特点，分业务板块将上述核心指标进一步细化、分解落实到各二级厂、管理部门。将财务指标与装置能耗、物耗、产品收率、装置加工损失率等技术经济指标有效结合，再将装置物耗、能耗等技术经济指标根据生产工艺过程控制的具体特点、要求转化为岗位控制的反应温度、压力等具体操作指标，形成班组、岗位的控制指标。各层级依据流程不断完善修订指标体系，实现动态优化，引导成本持续改善。

4. 开展“建标、对标、追标、创标”活动，持续推进全员成本目标管理

搜集各项成本管理指标，集团公司先进、国内外同行业先进指标数据，建立“对标”信息平台，并对“对标”数据进行动态管理。制定切实可行的“对标”方案，结合装置设计水平、历史先进水平、国内外同行业先进水平，分层次确定各项成本管理指标近期和远期目标。

通过开展“比学赶帮超”活动，找差距，分析原因，落实责任，提出并落实改进措施，促进成本持续改进。

5. 建立健全全员成本目标管理工作考评机制

细化成本考核指标，设立全员成本目标管理专项奖励基金，考核结果公平、公正、公开，充分调动全体员工参与成本管理的积极性，持续改善企业成本水平。

1.2.3 中国石化责任成本管理实践

1.2.3.1 中国石化社会责任的主要实践

多年来，中国石化坚持从自身实际出发，紧紧围绕公司的发展战略和方针目标，秉承竞争、开放的经营理念和规范、严谨、诚信的经营准则，按照持续有效协调发展的总要求，认真履行企业社会责任。

1. 加快油气资源勘探开发，努力保障国家能源安全

作为国有特大型能源化工公司，中国石化坚持把认真贯彻落实党中央、国务院的战略部署，努力保障国家能源安全和经济安全，作为中国石化责无旁贷的特殊社会责任。公司成立以来，始终把资源战略放在首位，按照“稳定东部、加快西部、准备南部、突破海上、加强国内、开拓国外”的要求，不断加大国内勘探开发力度，积极实施“走出去”战略，努力发现和开发更多的油气资源，保障国家经济社会发展的需要。

在国内，中国石化把勘探开发领域从东部扩展到西部、南方和海域，每年用于勘探的投入从27亿元增加到100多亿元，登记区块从6.3万平方千米扩大到100万平方千米，增加了15倍，油气资源量由110亿吨油当量增加到441亿吨油当量，增加了三倍，大大拓展了发展空间。在海外，中国石化注重抓住机遇，积极开展油气勘探开发、石油工程技术服务和炼化工程承包业务。

为提高原油资源供应的稳定性，确保国内成品油市场供应，中国石化积极开展原油商业储备。2006年完成212万吨，全部储备在国家发改委储备办××储备基地；截至2007年4月份，又安排储备原油48万吨，储存在中国石化管道储运分公司。到4月底，中国石化商业储备原油达到260万吨，占用资金约67亿元。同时，为增强进口原油安全稳定经济供应的保障能力，中国石化通过建立多元化渠道、深化与贸易商合作、加强市场运作、扩大第三方贸易等多种措施，完善进口原油采购和供应体系，努力掌握国际贸易资源，降低石油中断供应的风险。

2. 落实工程建设特别是国家重大项目建设，不断提高服务社会的能力

这几年，中国石化把盈利基本上用于国家能源和企业自身的发展上，按照“量入为出、控制总量，集中决策、调整结构，优化项目、增加回报”的投资方针，认真抓好工程项目建设特别是国家重大项目建设，积极做大做强主业，取得了明显成效。

认真落实油田勘探开发工程。近几年来，中国石化胜利油田每年新增探明地质储量均在1亿吨左右，新建原油生产能力都在300万吨以上，原油产量稳定在2650万吨以上。全力打造具有较强国际竞争力的炼油化工产业。在炼油方面，通过改造扩建形成了10个千万吨级炼油基地。积极发展终端销售网络。油品销售方面，先后投入大量资金，通过收购、控股、参股、联营、代理、特许经营等方式，逐步形成了覆盖20多个省（区、市）的成品油销售网络，初步建立起高效有序的储运、配送体系。大力发展现代物流系统。在港口码头方

面，先后建成了宁波大榭岛、册子岛、海南洋浦、黄岛二期等大型原油码头，到2006年已拥有20万吨级以上原油接卸码头7座，年接卸能力达到1亿吨以上。

3. 坚持从大局出发，全力保障国内成品油市场供应

国家从稳定经济和社会大局出发，对国内成品油价格一直实行从紧调控，以减缓国际高油价甚至超高油价对我国经济的冲击。由于国内成品油价格长期不到位，且国内外原油成品油价差长期倒挂，地方炼油企业纷纷停产减产，走私停止甚至出现国内资源外流的倒走私，导致国内成品油市场隐性消费显性化，国内市场资源持续紧张，炼油出现全行业亏损。

中国石化是国内最大的原油加工和成品油销售企业，同时又是国内最大的原油进口商，80%的原油资源需要按国际原油价格外购（其中进口原油占全国进口量的80%）。因此，因国际油价上涨造成的亏损大部分由中国石化承担，国家对成品油价格调控的影响也主要反映在中国石化。

4. 不断强化安全环保工作，坚持走安全发展、清洁发展之路

作为从事高危行业的企业，中国石化始终把安全环保放在突出位置，坚持“全员、全过程、全方位、全天候”抓安全环保工作，努力把“安全第一”、“环境友好”落到实处。一是立足长治久安，建立健全保障体系。经过多年努力，中国石化自上而下建立了一套比较完整的安全环保监督管理网络，不仅拥有一支懂专业、善管理的专、兼职安全环保队伍，一套覆盖石油石化生产经营全过程的安全环保制度，一套多层次、全天候的安全环保检查系统，而且还有与之相应的一系列管理办法和保障措施，在日常安全环保工作中发挥着积极而重要的作用。二是积极治理隐患，避免和减少事故发生。每年在安排投资计划时，中国石化都将隐患治理放在第一位考虑，对没有安排好隐患治理资金的企业，一律不安排新上项目。三是致力从源头治理，严格执行安全环保“三同时”。公司坚持以预防为主，严格执行《生产性建设项目职业安全卫生监督管理规定》等有关规章，聘请有资质的评价机构，对新建、改建、扩建项目进行安全、环保、卫生预评价，实现源头控制，严格坚持“三同时”审查，确保安全、环保、卫生等技术措施与主体工程同时设计、同时施工、同时投入使用，把缺陷和隐患消灭在源头。四是加大环保工作力度，加快清洁生产进程。中国石化加大天然气等优质高效清洁能源的开发力度，天然气储量和产量逐年增加。积极开展创建清洁生产企业活动，持续降低生产中的资源消耗。五是重视职业卫生现场管理，保护职工身体健康。以“抓四率，建四档”（职业健康体检率、职业病危害因素监测率、职业病危害因素点合格率、建设项目职业卫生审查率，职业卫生档案、职工健康监护档案、职业卫生教育培训档案和职工个人劳动保护用品发放登记档案）为切入点，夯实职业卫生基础工作。

5. 努力节约能源资源，促进可持续发展

中国石化既是能源生产大户，又是能源消耗大户，承担着能源开发和节约的双重责任。对中国石化来说，节约了能源资源就等于增加了对社会的供应。为此，中国石化坚持把节约能源资源作为持续发展的一项重要任务和义不容辞的社会责任，实行开发与节约并举，把节约放在首位，采用多种途径，提高能源资源节约水平。一是通过结构优化调整，大幅降低能源消耗。实施结构调整，促进石化和炼油装置的大型化、集约化，是中国石化降低能耗的重要途径。二是加大技术改造力度，促进企业节能降耗。油田企业实施了“老油田技术改造”和“产能系统配套工程”等技术改造措施，使机采系统、注水系统和集输系统效率平均提高了2~4个百分点。三是积极采取措施优化水资源利用。2006年与2002年相比，加工吨

原油取水量下降43%，部分企业已达国际先进水平。4年累计节水4.6亿吨，相当于2006年工业取水量的近40%。四是充分发挥一体化优势，提高资源利用效率。结合上中下游各自的优势特点，优化能源利用结构，积极实施“煤代油、焦代油、气代油”工程，不断提高资源利用效率。

通过上述主要措施，“十五”期间，在生产经营总量持续增长的同时，中国石化的整体能耗水平逐年降低，2005年的万元产值综合能耗比2000年降低了11.3%，相当于节约1000万吨标准煤；2006年又比上年下降了2.3%，基本达到“十一五”再节约1000万吨标准煤的目标进度要求。

6. *大力推进自主创新，增强企业核心竞争力*

多年来，中国石化坚持贯彻“科学技术是第一生产力”的指导思想，紧紧围绕主业发展需要，精心组织研究开发和成果转化，不断增强自主创新能力，获得并推广应用了一批重大科技成果，积累了一系列具有中国石化特色的推进科技进步经验。一是油气勘探开发理论与配套技术取得了重大突破。二是基本掌握了当代世界主要的先进炼油技术。三是石油化工重大工艺技术开发取得显著进展。四是加强可再生能源开发利用，能源多元化工作取得新成绩。

目前，中国石化已累计申请国内专利10511项，获得授权6571项；累计申请国外专利988项，获得授权398项；获国家级奖励305项。特别是自2003年至今，共申请国内专利4025项，获得授权3148项；申请国外专利382项，获得授权197项；获国家级奖励36项，其中国家技术发明一等奖1项，国家技术发明二等奖5项；国家科学技术进步一等奖2项，国家科学技术进步二等奖28项。中国石化的科技创新能力在国内企业中名列前茅。

7. *积极维护职工权益，促进和谐企业建设*

中国石化坚持全心全意依靠工人阶级的根本指导方针，在企业的生产经营、改革发展等各项工作中，注重依法维护职工权益，发挥职工积极作用，促进企业健康发展。一是严格执行有关法律法规。按照《中华人民共和国劳动法》《中华人民共和国工会法》的有关要求，全面实行劳动合同制度，妥善解决劳动争议。目前，中国石化各所属企业都已按照“平等、自愿、协商一致”的原则，与正式职工签订了书面劳动合同，劳动合同签订率基本达到100%。二是切实保障职工相关权益。中国石化严格执行国家的各项社会保险政策，按时足额为职工缴纳了养老、医疗、失业、工伤、生育等社会保险。不断改善工作环境，提高职业卫生水平，定期组织健康体检，保障职工身心健康。三是力求体现员工价值。不断深化内部分配制度改革，合理调整企业各类人员收入关系，稳定骨干、吸引人才。普遍实行竞争上岗和经常性考核，初步建立了“岗位能上能下、收入能增能减”和“岗位靠竞争、收入凭贡献”的竞争机制，公平公正地维护职工切身利益。四是提升员工职业发展能力。2003～2006年分别培训职工32.1万人、45.1万人、44.5万人、47.6万人，专门用于职工培训的经费投入分别为3.2亿元、4.41亿元、5.39亿元、6.14亿元，分别占职工工资总额的1.53%、1.99%、2.42%、2.64%。此外，还对下岗人员开展了再就业培训。五是积极稳妥推进改革。在改革过程中，中国石化坚持依法制订政策，使其既符合国家法律法规规定，又充分考虑职工的切身利益；坚持规范操作程序，维护政策的权威性和严肃性，同时尽可能帮助职工解决实际问题；坚持主动汇报沟通，争取地方政府的理解和支持。中国石化还积极创造条件，配合地方政府帮助下岗失业人员实现再就业，促进了社会的和谐稳定。

8. 强化企业诚信建设，树立企业良好形象

中国石化始终严格恪守“规范、严谨、诚信”的经营准则，守法经营，规范经营，诚信经营，靠质量、服务去赢得市场，以讲信用、重承诺来赢得顾客、投资者和社会的认同。一是坚持“质量第一、信誉至上”的原则，把诚信经营的准则落实到生产经营和管理全过程。二是严格履行对投资者和社会公众承诺。三是严格遵守国际化上市公司的监管规则和公司章程，规范经营。2012 年下半年，《财富》杂志在评选全球最负责任的500 强企业中，中国石化名列第57 位，国内排名第1 位。

9. 积极参与公益事业，推动和谐社会建设

长期以来，中国石化一直积极参与、支持社会公益事业，为科技文化教育事业、贫困地区、少数民族地区、灾区群众及弱势群体等提供支持。一是资助“春蕾计划”，帮助失学女童上学念书。二是赞助“健康快车光明行”活动，为白内障患者送去光明。三是参与扶贫援藏计划，促进落后地区发展。四是开展赞助希望学校及捐助灾区活动，积极为社会奉献爱心。五是建立内部帮困基金，促进和谐企业建设。六是关心帮助弱势群体，积极支持残疾人事业。七是赞助重大体育赛事，支持全民体育事业。近期，中国石化先后荣获中华慈善总会颁发的2006 年度“中国慈善事突出贡献奖”和民政部颁发的2006 年度“中华慈善奖”提名奖。

10. 坚持做好社会服务工作，努力为企业改革发展创造良好环境

由于历史的原因，中国石化所属企业承担了大量社会服务职能，主要包括厂矿区市政管理、社区非在职人员管理、社区卫生服务、文化教育宣传、社区居民事务管理、社区水电气暖及物业服务、再就业服务及社会保险等工作。近年来，随着企业的改革发展，公司在将一些社会职能逐步移交政府的同时，继续坚持做好各种社会服务工作，为企业所在地营造和谐环境、构建和谐社会作出积极贡献。

第2章 生产经营特点及成本核算体系

本章着重介绍中国石化整体生产经营特点，以及油田、炼化、销售三大板块的上、中、下游生产经营特点及由其决定或影响的不同成本核算方法和体系，明确成本管理面向的基本对象和过程、成本核算方法、体系、程序和要求，是第三、四、五章的基础和铺垫。

2.1 生产经营特点及成本核算

2.1.1 整体生产经营特点及成本核算

2.1.1.1 经营概述及特点

中国石化股份公司主要从事石油与天然气勘探开发和开采，以及石油炼制、石油化工、化纤、化肥的生产与产品销售，经营领域跨越石油石化行业的上、中、下游，生产链长、生产工艺复杂，生产过程符合连续大规模生产特点。由于生产原料需大量依靠进口，产品直接面对市场，经营竞争较为激烈，经营业绩易受市场影响。同时石油石化行业属于资本密集型行业，生产经营具有投资大、回收期长、技术设计要求高等特点。此外，中国石化作为大型央企，提供着石油及化工行业的基础产品，其经营情况关系到整个国民经济的平稳运行，因此公司承担着巨大的社会责任，生产经营要求安全、平稳运行。

公司根据业务类别和产品性质设立了油田、炼油、化工、销售四个事业部进行管理。油田生产符合采掘业的生产特点，生产对象是不可再生的油气资源，生产过程包括矿区权益的获取、油气勘探、油气开发和油气生产等内容，成本核算采取分阶段、按过程的模式。炼油生产属于多工序连续式复杂生产，将原料油投入装置后，经过常减压、裂化、重整、焦化等反应，产出多种炼油产品和半产品，并不断的回炼与调和，最终产生合格的炼油产品，生产原料主要是原油，生产两种以上的炼油联产品。化工生产具有连续生产、顺序加工特点，装置种类繁多，工艺各不相同，原料和产品众多，生产步骤多。销售经营方式符合商品流通企业特点，从炼厂购进成品油及其他油品，采取加油站零售、直销、批发三种销售方式，赚取差价。经营面广点多，劳务用工多，成本费用管理难度大，成本费用主要有进货环节费用、自营管道运营成本、销售费用、管理费用。

2.1.1.2 成本核算

1. 成本核算目的及任务

成本核算就是把一定时期内企业生产经营过程中所发生的费用，按其性质和发生地点，分类归集、汇总、核算，计算出该时期内生产经营费用发生总额和分别计算出每种产品的实际成本和单位成本的管理活动。其基本任务是正确、及时地核算产品实际总成本和单位成本，提供正确的成本数据，为企业经营决策提供科学依据，并借以考核成本计划执行情况，综合反映企业的生产经营管理水平。其主要内容包括：① 完整地归集与核算成本计算对象

所发生的各种耗费；② 正确计算生产资料转移价值和应计入本期成本的费用额；③ 科学地确定成本计算的对象、项目、期间以及成本计算方法和费用分配方法，保证各种产品成本的准确、及时。

成本核算是成本管理工作的重要组成部分，成本核算的正确与否，直接影响企业的成本预测、计划、分析、考核和改进等控制工作，同时也对企业的成本决策和经营决策的正确与否产生重大影响。成本核算过程，是对企业生产经营过程中各种耗费如实反映的过程，也是为更好地实施成本管理进行成本信息反馈的过程，因此，成本核算对企业成本计划的实施、成本水平的控制和目标成本的实现起着至关重要的作用。

2. *成本核算基本要求*

（1）完善原始记录。原始记录是反映企业生产经营活动的原始资料，是进行成本、费用核算，分析消耗定额、费用预算、成本预算完成情况的依据。各公司在生产经营活动中的产量、质量、工时、设备利用、存货的消耗、收发、领退、转移以及各项财产物资的损毁等，都应当及时做好完整的原始记录，并建立和健全原始凭证记录、传递流程的相关制度。

（2）健全计量验收管理。做好计量验收工作是正确计算成本、费用的重要前提。各单位必须建立严格的计量验收工作制度，应当设置计量机构，配备计量人员和计量设备、仪表、工具，对各项财产物资的进出消耗、不同责任单位之间财产物资的转移以及出入库，进行严格的计量验收，做到手续齐全、计量准确。

（3）做好财产清查工作。各单位应当对原材料、辅助材料、半成品、在产品、产成品等定期清查、盘点，保证成本、费用计算的正确性、真实性。主要原材料、中间产品及产成品要逐月盘点，年终对所有财产、物资都要进行盘点，按规定及时报批处理各种财产物资的盘盈、盘亏、毁损、报废，做到账实相符。

（4）确定成本核算的组织方式，加强基层核算管理。各单位应根据组织架构设置情况确定合理的成本核算组织方式，配备充足的财会人员，保证成本核算信息质量。各单位要加强基层核算管理，根据生产经营特点，因地制宜，按照"管什么，算什么，简便易行，讲求实效"的原则开展班组等多种方式的基层经济核算，准确核算业务量、消耗等指标数据。

（5）正确划分各种支出、费用、成本。① 正确划分收益性支出和资本性支出。企业发生的支出按相关规定符合资本化条件的，应当予以资本化；否则应当予以费用化。企业发生的支出不产生经济利益的，或者即使能够产生经济利益但不符合或者不再符合资产确认条件的，应当在发生时确认为费用。② 正确划分生产成本和期间费用。企业在生产产品、提供劳务等发生的可归属于产品成本、劳务成本等的费用，应当划分为生产成本。于确认产品销售收入、劳务收入等时期，将已销售产品、已提供劳务的成本等计入当期损益；其他费用支出应当直接划分为期间费用计入当期损益。③ 正确划分完工产品成本与月末在产品成本的界限。企业在月末计算产品成本时，应当核实月末在产品的数量，按照完工产品和月末在产品的数量，采用合理的分配方法，将当期已发生的生产费用在完工产品和月末在产品之间进行分配，以便分别计算出完工产品成本和月末在产品成本。④ 正确划分各种完工产品的成本界限。计入产品成本的生产费用应当在本月各种产品之间进行划分，凡能直接认定应由某种产品负担的费用，直接计入该种产品的成本，凡不能直接认定应由哪种产品负担，即应由几种产品共同负担的费用，则应根据合理的分配标准，在各种产品之间分配。⑤ 明确划分股份公司和存续公司费用。股份公司和存续公司互供产品和劳务的价格及费用承担，严格按照中国石化集团公司与股份公司联合下发的关联交易有关规定执行。对股份和存续公司共同承担的费用，应当分别核算；不能分别核算的费用项目，应按划分协议等相关依据合理分摊。

3. 成本核算基本原则

（1）分期核算原则。各单位应当分清当月发生和当月应负担的成本费用的界限，从时间上确定各个成本计算期的费用和产品成本的界限，保证成本计算的准确性，成本核算的分期，必须与会计年度的分月、分季、分年相一致。

（2）一致性原则。各单位在成本费用核算中采用的各种处理方法，包括材料的计价、费用的分配、完工产品和在产品的成本计算等必须前后期一致，不得随意变动。

（3）合法性原则。各单位计入成本、费用的支出必须符合国家有关财务法规、制度和股份公司规章制度的规定，严格遵守成本、费用开支的范围、标准和核算规定。

（4）权责发生制原则。各单位成本核算应遵循权责发生制的原则，根据经济权利和责任的发生与转移确定收入与费用的归属期。

（5）相关性原则。包括成本信息的有用性和及时性，各单位成本核算要为管理提供有用、及时的信息，为成本管理、预测、决策服务，促进企业及时地采取措施，改进工作。

（6）按实际成本计价原则。公司内部对原材料、辅助材料、燃料、动力等按计划成本进行日常核算的，应于月末结转其应负担的成本差异，将计划成本调整为实际成本。

（7）重要性原则。为了充分发挥成本信息对经营管理的作用，对于产品成本中重要的内容，应单独设立项目反映，如构成产品实体的原料及主要材料、燃料和动力、生产工人的职工薪酬、折旧费等主要成本项目应直接记入产品成本明细账，以便于运用成本信息进行预测、决策、分析和考核；对于次要的内容则可简化核算或与其他内容合并反映。

成本核算基本方法和程序如下：

1. 成本构成范围及成本项目

股份公司按照成本支出的经济性质和经济用途设置成本项目，生产成本是指企业生产过程中实际消耗的原材料、辅助材料、燃料、动力、直接职工薪酬和制造费用。企业为生产产品和提供劳务而发生的各项间接生产费用计入制造费用，制造费用按照经济性质进一步划分为职工薪酬、修理费、租赁费、水、电等要素。期间费用按照经济用途分为营业费用、管理费用和财务费用，并按照经济性质划分明细项目。

2. 成本核算对象

股份公司根据生产经营特点和产品成本管理的要求，确定成本核算对象，归集生产费用，计算产品的生产成本。采用的方法有品种法、分批法和分步法等。

（1）大量大批单步骤生产产品或管理上不要求提供有关生产步骤成本信息的，可以按照产品品种确定成本核算对象。

（2）小批单件生产产品的，可以按照每批或每件产品确定成本核算对象。

（3）多步骤连续加工产品且管理上要求提供有关生产步骤成本信息的，可以按照每种产品及各生产步骤确定成本核算对象。

3. 成本归集、分配和结转

企业有关成本项目的支出，能确定由某一成本核算对象负担的，应当直接计入产品成本；由几个成本核算对象共同负担的，应当选择合理的分配标准在有关的成本核算对象之间进行分配后计入产品成本。企业也可以按照经营特点和产品成本管理要求，以成本中心或责

任中心为单位归集有关成本项目的支出，选择合理的分配标准在有关的成本核算对象之间进行分配后计入产品成本。企业可以采取的分配标准包括机器工时法、人工工时法、计划分配率等。生产企业一般核算程序如下：

（1）根据各部门统计资料和原始记录，收集确定各种产品的生产量、入库量、自制半成品、在产品盘存量以及材料、工时、动力消耗等，各项数字与统计资料口径要一致。

（2）按基本生产车间（装置）、辅助生产车间（装置或部门）和规定的成本费用项目及各种产品归集所发生的一切费用。

（3）将归集的费用分清生产、在建工程及对外劳务（作业）等予以结算和分配，能够确定由某一成本核算对象负担的，直接记入该成本核算对象；由几个成本核算对象共同负担的，按照产量、系数等合理的分配标准，在有关成本核算对象之间进行分配。

（4）期末存在在产品或半成品的，炼油企业应当按照本核算办法规定的相关标准计算应当扣除的半成品成本；化工企业应将归集起来的生产成本采用核算办法规定的标准在完工产品和在产品之间分配，从而计算出完工产品的总成本和单位成本。

季节性生产企业可以按照全年停工月份制造费用计划数同全年商品产品的计划产量的比例，确定制造费用的计划分配率，根据制造费用分配率和开工月份的实际产量，计算开工月份应负担停工月份的制造费用，连同开工月份发生的制造费用，一并计入产品的生产成本。年度终了，全年停工月份制造费用的实际发生额与分配额的差额，除了为明年开工生产作准备的留待明年分配外，其余调整为当年的产品生产成本。

企业采用计划成本或定额成本进行材料日常核算的，月终须将耗用材料的计划成本或定额成本调整为实际成本。材料的实际成本与计划成本（定额成本）的差异，应当按照材料类别或品种分别计算当月实际差异率。材料的类别由企业根据本企业的具体情况和管理要求自行确定，材料成本差异须按月分摊。

4. 期间费用的核算

（1）销售费用：核算公司对外销售商品和提供劳务等过程中发生的各项费用以及专设销售机构的各项经费。

（2）管理费用：核算公司及所属单位为组织和管理生产经营所发生的行政管理费用及按股份公司内部会计制度的规定在管理费用中核算的其他事项，包括管理部门在经营管理中发生的，或者应由公司统一负担的公司经费等。

（3）财务费用：指企业为筹集生产经营所需资金等而发生的费用。财务费用核算的内容包括：利息支出（减利息收入）、汇兑损失（减汇兑收益）、金融机构手续费、筹集生产经营资金发生的其他手续费等。为购建资产发生的利息支出，符合资本化条件的，应计入有关资产的价值。

（4）其他业务成本：反映公司除主营业务活动以外的其他经营活动所发生的成本，包括销售材料与包装物的成本、技术转让与技术服务成本、代购代销手续费、出租固定资产计提折旧、出租无形资产的累计摊销、出租包装物的成本或摊销额、转供动力支出、来料加工支出、处置投资性房地产成本及采用成本模式计量投资性房地产计提的折旧额或摊销额等。

（5）营业外支出：企业发生各项营业外支出，包括处置非流动资产损失、资产报废毁损损失、非货币性资产交换损失、债务重组损失、罚款支出、捐赠支出、非常损失、资产盘亏损失、预计担保损失、预计未决诉讼损失、预计重组损失等。

2.1.2 油田企业生产经营特点及成本核算

2.1.2.1 石油开采行业概述

改革开放以来，我国经济高速发展，对能源的需求越来越大。石油作为能源的重要组成部分，在我国一次能源消费和生产中所占的比重迅速上升并基本稳定在一定的水平上，而我国也由往日的石油出口国转变为石油进口大国，石油已经成为制约我国经济增长的“瓶颈”。中国的石油勘探尚处在中等成熟阶段，石油储量仍处于高基值稳定增长时期，但勘探难度越来越大。中国的主力油田总体已进入递减阶段，稳产难度不断加大，但开发上仍有潜力可挖。

近年来，中国石化在勘探上着力开展重点领域勘探突破和老区精细勘探，积极开展重点技术攻关，优化勘探部署，油气勘探取得了一系列重大突破和进展，培育了规模增储新阵地，非常规页岩油气勘探初见成效，煤层气落实了产能建设区域；原油开发围绕东部稳产和西部上产，积极推进以水平井分段压裂为主的技术攻关和试验，国内原油产量持续增长，采收率等主要开发指标保持稳定，天然气业务保持了较快发展。

2.1.2.2 油田企业生产经营特点

油田企业石油天然气开采活动包括矿区权益的取得、石油天然气的勘探、开发、生产和弃置处理等。矿区权益取得是指企业取得的在特定区域内进行勘探、开发和生产油气的权利；油气勘探是指为了评价勘探区域或寻找油气储量而进行的地质调查、地球物理勘探、钻探活动以及其他相关活动；油气开发是指为了取得探明矿区中的油气而进行的新老区产能建设活动；油气生产是指将石油天然气从油气藏提取到地表以及在矿区内收集、拉运、处理、现场储存和矿区管理等活动；矿区废弃是伴随着单项油气资产的逐渐废弃而出现的矿区弃置活动。油田企业具有生产流程长、摊子大、点多面广、情况复杂、管理难度大等特点，是不设围墙的工厂，受资源品位、开采阶段、开发方式、产量结构等影响，油气开采难度越来越大，目前中国石化上游板块油气总量规模小，需要我们在今后的工作中更加重视资源获取、更加重视靠技术驱动、更加重视高效勘探开发。

2.1.2.3 油田企业成本核算

从事石油天然气开采油田企业主要核算矿区权益的取得支出、油气勘探支出、油气开发支出、油气生产支出和期间费用支出等。

（1）矿区权益以矿区为核算对象，分为探明矿区权益和未探明矿区权益，探明矿区是指已发现探明经济可采储量的矿区，未探明矿区是指未发现探明经济可采储量的矿区。探明经济可采储量是指在现有经济和技术条件下，根据地质和工程分析，可合理确定能够从已知油气藏中开采的油气数量。矿区权益核算的内容包括：申请取得矿区权益的成本，包括探矿权使用费、采矿权使用费、土地或海域使用权支出、中介费以及可直接归属于矿区权益的其他申请取得支出；购买取得矿区权益的成本，包括购买价款、中介费以及可直接归属于矿区权益的其他购买取得支出。

（2）油气勘探支出以勘探项目为核算对象，分为钻井勘探支出和非钻井勘探支出。钻井勘探支出是指为了解地层及油气藏情况而钻探的区域探井、预探井和评价井等所发生的支出，核算内容包括钻前准备支出（含土地征用、赔偿费等）、钻井工程支出、测（录、试）井工程支出、固井工程支出、试油（气）工程支出等。非钻井勘探支出是指对特定矿区进

行地质调查、科学研究及地球物理勘探等过程中发生的各项支出，核算内容包括二维地震、三维地震、电法勘探、重磁力勘探、垂直测井、地震测井、微测井、油气资源遥感、地球化学勘探、综合研究评价等项目以及为购买其他经营者拥有的地质和地球物理资料而支付的费用。油气勘探支出对不同项目的成本支出按下列原则予以资本化或列入当期损益，非钻井勘探支出列支于月末勘探费用。钻井勘探支出在完井后，确定发现探明经济可采储量的，转入油气资产；未能确定该井是否发现探明经济可采储量的，同时满足下列条件的，应当将钻探该井的资本化支出继续暂时资本化，否则应当计入当期损益：该井已发现足够数量的储量，但要确定其是否属于探明经济可采储量，还需要实施进一步的勘探活动；进一步的勘探活动已在实施中或已有明确计划并即将实施。

（3）油气开发支出以开发项目为核算对象，包括开发井支出和地面建设工程支出。开发井支出是指为开发油气田，补充地下能量及研究已开发矿区地下情况的变化所钻的油（气）井、注水（气、汽）井等发生的支出，核算内容包括钻前准备工程支出（含土地征用、赔偿费等）、钻井工程支出、测（录、试）井工程支出、固井工程支出、投产支出、侧钻井支出等。地面建设工程支出是指为建造油气田开发方案或初步设计中所规定的地面设施所发生的支出，核算内容包括井口装置、联合站、计量站、单井拉油站、油气集输管线、注水（汽）工程、供电工程、通讯工程、道桥工程、开发先导资本性支出、开发工艺配套以及地面设施发生的不能列入成本费用的更新改造支出等。油气开发支出通过“项目成本”科目核算。项目完工后达到设计要求时，由“项目成本”科目转入“油气资产－井及相关设施”科目。

（4）油气生产成本核算以原油、天然气、凝析油、液化气等产品为核算对象。油气生产成本按费用要素分为原料及主要材料、燃料油、水、电、折旧费、折耗费、运输费等，成本核算按费用要素设置会计科目。油气生产成本按生产过程划分为油气提升成本、驱油物注入成本、井下作业成本、稠油热采成本、油气处理成本、轻烃回收成本、测井试井成本、输油输气成本、油区维护成本等。

（5）矿区废弃是指由于油气资源失去经济开采价值，或者由于油气资产遭到损坏，不能修复等原因，导致油气资产不能再给企业带来经济利益时，对该油气资产进行的弃置活动。需要进行弃置的油气资产为井及相关设施，包括：海上部分的采油平台、油气（水）井、海底管线、海底电缆，以及陆上部分的油气（水）井、油气（水）集输设施、输油气（水）管线、储油、气设施。随着油气田开发进入后期，矿区废弃成本不断上升，要引起管理者足够重视。

（6）成本中心的设置。成本中心标准架构的设置原则一般与行政组织架构设置相一致，与主要油气生产过程及其他项目相配套，同时结合核算与管理需要进行设置。一个行政单位作为一个成本中心或成本中心组。或者按矿区设置：以油藏经营管理单元作为一个成本中心或成本中心组。按生产过程分为不同的成本中心类型，一个成本中心对应一个成本中心类型。成本中心类型有油气提升、驱油物注入、油气处理、输油输气、轻烃回收、稠油热采、测井试井、其他辅助生产、井下作业、制造费用、管理费用、销售费用、勘探费用十三种类型。以下是某油田企业成本中心设置实例。

第一，分公司级成本中心类型及核算内容：

分公司机关处室，设置为管理费用类型的成本中心，其发生的各项支出通过要素科目核算计入管理费用。

a. 分公司物探研究院主要负责非钻探资料的处理和解释，其成本中心类型设置为勘探费用类和管理费用类，发生的各项支出通过要素科目进行核算计入勘探费用。物探研究院符合新产品、新技术、新工艺的研究开发项目，按照股份公司研发支出核算与管理办法的规定执行。

b. 分公司勘探项目部主要负责分公司勘探项目的管理，其成本中心类型设置为勘探费用类和管理费用类，发生的各项支出通过要素科目进行核算计入勘探费用。符合新产品、新技术、新工艺的研究开发项目，按照股份公司研发支出核算与管理办法的规定执行。

c. 分公司销售事业部主要负责分公司油气产品的销售，其成本中心类型设置为销售费用类，发生的各项支出通过要素科目进行核算计入销售费用。

d. 分公司物资供应处主要负责原材料及设备物资的采购、发放与管理，其成本中心类型设置为制造费用类，发生的各项支出通过要素科目进行核算，期末根据一定比例分别转入油气生产成本、管理费用和其他业务成本。

e. 分公司技术检测中心负责分公司各种设备、仪器仪表等工具的检测和校正等，其成本中心类型设置为制造费用类和管理费用类，发生的各项支出通过要素科目进行核算，期末根据一定比例分别转入油气生产成本、管理费用和其他业务成本。符合新产品、新技术、新工艺的研究开发项目，按照股份公司研发支出核算与管理办法的规定执行。

f. 分公司地质科学研究院主要负责油气田在勘探、开发过程中的重大课题研究，发生的各项支出通过要素科目进行核算，期末按勘探、开发和生产分别转入项目成本、管理费用和油气生产成本，油气生产成本中心类型设置为制造费用类和管理费用类。地质科学研究院符合新产品、新技术、新工艺的研究开发项目，按照股份公司研发支出核算与管理办法的规定执行。

g. 分公司采油工艺研究院主要负责采油工程新技术的研究、引进、推广和重大采油工程方案的编制，同时承担油田采油工程规划编制和采油工程发展战略研究，其成本中心类型设置为制造费用类和管理费用类，期末按开发和生产分别转入项目成本、管理费用和油气生产成本。采油工艺研究院符合新产品、新技术、新工艺的研究开发项目，按照股份公司研发支出核算与管理办法的规定执行。

h. 分公司经济开发研究院主要负责对油田经济、发展、改革、管理等全局性、战略性重大问题进行深入研究，为领导决策提供依据。其成本中心类型设置为管理费用类，发生的各项支出通过要素科目进行核算计入管理费用。

i. 分公司海洋船舶中心主要负责油田海上平台的拖航就位、物资供应、应急守护、溢油回收、海上消防救助等，其成本中心类型设置为其他辅助生产类，发生的各项支出通过要素科目进行核算，期末根据受益对象，分别转入相应成本中心类型。

以上分公司级成本中心发生的符合新产品、新技术、新工艺的研究开发项目，按照股份公司研发支出核算与管理办法的规定执行，发生的各项支出通过研发支出科目进行核算，期末费用化支出和无法资本化的支出转入管理费用的研究开发费。

第二，采油厂级成本中心的类型设置及核算内容：

a. 采油厂所属财务资产中心、组织科、综合治理办公室、计划科、生产办等机关科室及机关直属单位，主要负责采油厂的生产经营管理工作，其成本中心类型设置为制造费用类、管理费用类，发生的各项支出通过各要素科目进行核算计入制造费用和管理费用。

b. 物资管理、地质（工艺）、信息、技术检测、消防、公共事业、培训中心等业务部门

主要负责采油厂的生产服务及后勤保障等，其成本中心类型设置为制造费用类，发生的各项支出通过各要素科目进行核算计入制造费用和管理费用。

c. 采油厂所属的集输大队主要负责油气处理、污水处理及回注、轻烃回收以及内部油气集输等，根据工作性质，将集输大队分成多个成本中心，类型分别为油气处理、驱油物注入、轻烃回收以及输油输气类。发生的各项支出通过各要素科目进行核算，期末分配计入油气处理成本、驱油物注入成本、轻烃回收成本、输油输气成本以及管理费用。

d. 采油厂所属的监测大队主要负责油区内油气水井的动态监测和地层资料的录取工作，其成本中心类型设置为测井试井类，发生的各项支出通过各要素科目进行核算计入测井试井成本和管理费用。

e. 采油厂所属的水电、运输、维修、综合、准备、海工、海港管理和车管等部门主要为厂内生产提供服务，其成本中心类型设置为其他辅助生产类，发生的各项支出通过各要素科目进行核算，期末按受益对象分别转入相应类型成本中心。

以上采油厂级成本中心发生的符合新产品、新技术、新工艺的研究开发项目按照股份公司研发支出核算与管理办法的规定执行，发生的各项支出通过研发支出科目进行核算，期末费用化支出和无法资本化的支出转入管理费用的研究开发费。

第三，采油矿级成本中心类型及核算内容：

a. 采油矿所属的采油（气）、维修、化验、治安护矿、工程管理、运输、用电管理、地质、环保、边远井站管理、综合服务、注采等部门中的采油部分等主要负责矿区内的油气的提升以及日常运行维护，其成本中心类型设置为油气提升类，发生的各项支出通过各要素科目进行核算计入油气提升成本和管理费用。

b. 注水队伍、注气队伍、注聚队伍、注采队伍中的注水（气、聚）部分以及联合站内的污水处理和回注部分，主要负责污水的处理和对地层进行注水（气）或者注入其他物质，其成本中心类型设置为驱油物注入类，发生的各项支出通过各要素科目进行核算计入驱油物注入成本和管理费用。

c. 采油矿所属的试井队主要负责油区内油气水井的动态监测和地层资料的录取工作，其成本中心类型设置为测井试井类，发生的各项支出通过各要素科目进行核算计入测井试井成本和管理费用。

d. 热采队伍、注汽队伍主要负责蒸汽的制造与注入，其成本中心类型设置为稠油热采类，发生的各项支出通过各要素科目进行核算计入稠油热采成本和管理费用。

e. 采油矿直属的离退休管理站和矿本部主要负责采油矿日常生产的组织与管理，其成本中心类型设置为制造费用类，发生的各项支出通过各要素科目进行核算并计入制造费用和管理费用。

（7）完全成本和单位完全成本的计算。完全成本是石油天然气开采企业在一定时期内从事石油天然气开采活动中发生的油气生产成本与除销售费用之外的期间费用之和。

完全成本 = 油气生产成本 + 管理费用 + 勘探费用 + 财务费用

单位完全成本是单位油气综合商品量消耗的完全成本。

单位完全成本（元/吨）= 完全成本/油气综合商品量

2.1.3 炼化企业生产经营特点及成本核算

2.1.3.1 炼油企业生产经营特点

1. **炼油行业概述**

随着石油、化工工业的不断建设发展，近些年来，国内原油一次加工能力快速增长，国际原油资源与价格的动荡变化，总体格局不断变化。炼油企业不断向生产规模化、炼化一体化、资源集约化、原油优质化、产品清洁化、效益最大化方向迈进，装置规模不断调整，深加工、精加工和适应能力不断提高，油品质量升级步伐明显加快，替代燃料发展稳步推进，企业竞争力不断增强。目前国内炼油工业已进入一个由大到强的历史发展新时期，未来将努力转变发展方式，通过调整结构、合理布局、优化配置资源、促进科技创新、推进炼化一体化和基地化建设，再继续增大规模实力的同时，持续提升盈利能力和国际竞争力，真正实现由大到强的转变。2009 年，国内炼油行业克服金融危机影响，在成品油定价机制改革推动下，走出了由低到高、扭亏为盈的过程。当前炼油企业进入结构调整的关键时期，特点就是规模化、集约化、一体化等持续提高盈利能力。

2. **炼油企业生产经营特点**

炼油工业是以石油为原料生产汽油、煤油、柴油、润滑油等石油产品的能源产业，担负着为社会提供燃动能源的重任，也担负着降低消耗、能耗、提高资源利用率的责任，具有其他能源工业难以替代的作用，对国家能源安全、社会经济发展和建设节约型社会有着直接的影响。

（1）炼油企业、装置的分类。

根据炼厂所提供产品的不同，炼油厂可以分为以下类型。

燃料油型：生产汽油、煤油、轻重柴油和锅炉燃料。

燃料润滑油型：除生产各种燃料油外，还生产各种润滑油。

燃料化工型：以生产燃料油和化工产品为主。

燃料润滑油化工型：它是综合型炼厂，既生产各种燃料、化工原料或产品同时又生产润滑油。

根据石油加工程度的不同，炼厂加工装置主要分为如下几类：

将原油蒸馏分为几个不同的沸点范围（即馏分），如常压蒸馏或常减压蒸馏等装置，称为一次加工装置。

将一次加工得到的馏分再加工成商品油，如催化裂化、加氢裂化、延迟焦化、催化重整、烃基化、加氢精制等装置，称为二次加工装置。

将二次加工得到的商品油制取基本有机化工原料的工艺，如裂解工艺制取乙烯、芳烃等化工原料，液态烃分离、聚丙烯、MTBE、芳烃分离等装置，称为三次加工装置，其中许多装置已属化工范畴。

中国石化炼油生产装置主要包括上述的各类主体装置以及气体分馏、沥青、制氢、脱硫、制硫等，部分炼厂还有溶剂脱沥青、溶剂脱蜡、石蜡成型、溶剂精制、白土精制和润滑油加氢，以及以脱硫装置酸性气和含硫污水为原料的硫黄回收、污水汽提环保装置等。

（2）炼油企业主要生产流程。

石油是由碳、氢、氧、硫、氮、金属等元素组成的各种有机化合物的复杂混合物，其中

大部分是“烃”类。原油中的“烃”类，经过“蒸馏”等物理方法以及“催化裂化”“催化加氢”等化学方法，就可以提炼出各种各样供我们直接使用的汽油、柴油、航空煤油等产品。这些产品在炼制过程中又是遵循一定的程序来完成的。

① 运用物理蒸馏方法进行初加工：经过脱水后的原油，作为主要原料进入一次加工装置进行炼制、提炼。首先通过部分换热器预热，经过电脱盐、脱水、脱酸，再经过系列换热器加热后进入温度控制在300~400℃的加热炉管道内加热，最后进入常压分馏塔进行原油的初次加工，通过加热，较轻的原油成分被汽化往上升，在不同温度下冷凝形成汽油、煤油、柴油等，有的保持液态往下流，较重的成分在塔底流出，从而使原油在分馏塔内达到分离的目的。那些重油可进入在真空状态下操作的减压蒸馏塔里，进一步分馏成各种润滑油、燃料油和沥青等馏分。无论在常压蒸馏塔还是在减压蒸馏塔，都是通过控制蒸馏温度的方法提炼所需要的馏分。上述石油的物理热蒸馏方法，被称为一次加工。常减压蒸馏是石油加工行业的“龙头”装置，后续加工装置的原料都是由常减压蒸馏装置提供的。

② 运用化学工艺技术进行后续加工：现代炼油技术，已经不再是简单地采用“加热蒸馏”的物理方法加工，更重要的是依赖于化学反应的“催化”加工工艺去改变石油馏分的化学组成，即催化裂化、催化重整、加氢裂化、加氢精制和延迟焦化等工艺。这些工艺提高产品质量、提高对有限石油资源的利用率、获得更多有价值的石油及化工产品方面发挥重要作用。

催化裂化的加工工艺主要以减压蜡油、渣油为原料，在“加热炉”管道中加热，达到一定温度后，导入装有裂化催化剂的反应器，通过催化作用，油气会很快发生复杂的化学反应，使大分子烃类裂化为小分子烃类，裂化后的产物再进入分馏塔分馏，用这种方法提炼出的汽油称催化汽油，再经过下游的脱硫、脱臭装置后产出的精制汽油，是成品汽油的主要调和组分，用这种方法也可以生产催化柴油和液化石油气，还可以作为生产乙烯、丙烯等化工产品的重要原料。催化裂化是炼厂最重要的加工手段之一。

催化重整技术就是将汽油馏分的分子结构进行重新整理，它是在重整催化剂的作用下，使辛烷值低的烃类转化成辛烷值高的烃类，可以生产重整汽油产品，这种涉及改变分子结构的方法叫做“重整反应”。能改变分子结构的重要物质就是重整催化剂，这个过程叫做催化重整技术。催化重整技术是用来生产高辛烷汽油调和组分的，同时也可生产苯、甲苯、对二甲苯的重要化工原料。

延迟焦化装置主要以常减压装置的减压渣油为原料，在通过加热炉时采用高的流速和较高的加热强度，使油品在短时间内获得焦化反应所需的热量，并迅速离开加热炉管进入焦碳塔进行裂化缩合反应。由于原料在高温炉管内停留时间很短，使焦化反应推迟到焦碳塔内进行，而不是在焦化炉管中，所以称为延迟焦化。主要产品有干气、液化气、汽油、柴油、蜡油和石油焦。

加氢裂化和加氢精制工艺是生产高质量清洁汽油、柴油调和组分的重要手段。这两项技术涉及制氢、供氢、加氢、裂化、脱硫、分馏等配套工艺技术。

所以，石油的炼制过程是很复杂的，它的基础原理包括简单的物理蒸馏原理，也包括复杂的化学变化过程。原油首先经过加热蒸馏的一次加工，再经过二次、三次及以上的后续加工，就会转化成我们需要的汽油、煤油、柴油、润滑油、燃料油、沥青、液化石油气、石蜡等一系列产品。图2-1就体现出这个过程及相互关系。

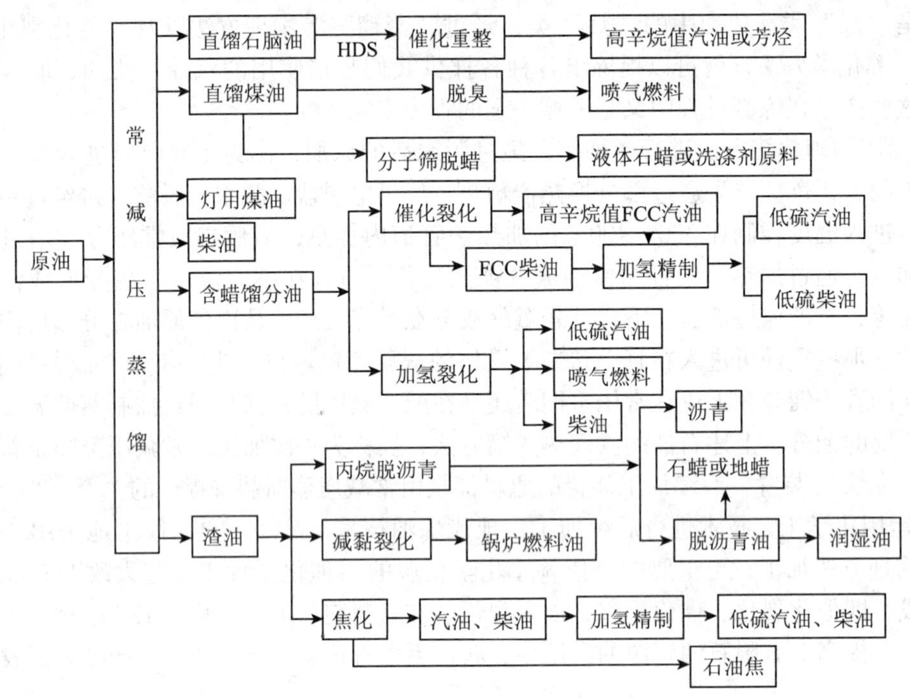

图 2－1　炼油工艺装置及其相互关系

（3）石油产品的专业化、网络化销售。

中国石化是国内最大的石油炼制商和石油产品生产商，石油炼制能力位居世界第二，主要产品有汽油、煤油、柴油、润滑油等。炼化企业集群主要分布于东南沿海、长江中下游和华北等中国经济最活跃、最发达的地区，地理位置优越，交通运输便利，市场需求旺盛，为中国经济发展提供源源不断的动力。

中国石化炼油销售有限公司前身为上海沥青销售公司，经过不断发展，业务扩展到沥青、石油焦、硫黄、石蜡等四大类产品，业务覆盖全国 31 个省市区，石油焦、沥青、硫黄的市场占有率均为国内第一。

（4）炼油装置改造升级加快，适应能力明显提高。

石油资源总的变化趋势是变重变劣，硫含量、酸含量和金属含量越来越高，加工难度越来越大；而社会、市场对环境保护、产品性能的要求标准越来越高。在此情况下，各个炼油企业加强了原油深加工、精加工能力和综合配套，全球加氢精制、加氢裂化能力占原油加工能力的比例分别达到 55%、7%（2009 年）。近几年，随着对油品质量要求的不断提高，我国炼油工业的加氢精制能力也在不断提高，其占原油加工能力的比例已经上升至 31%（2008 年），而随着成品油质量升级步伐的进一步加快，这一比例也势必水涨船高。

（5）一体化是企业发展的战略趋势。

石油化工行业正面临着原油资源紧缺、油价高企等一系列严峻挑战，作为应对措施，炼油化工一体化已成为石化行业发展的必然趋势。实现炼油和化工的一体化，有利于原料的优化配置和综合利用，提高资源利用率，共享公用工程，减少库存和储运费用，有利于提高炼厂的竞争力和风险应对能力。

常减压蒸馏作为纯物理过程与催化裂化（FCC）、连续催化重整（CCR）这些化学过程

的结合，作为第一代炼化一体化实践已被广泛应用。当前的炼化一体化已跨越炼油厂自身范畴，覆盖了化工厂，将两者建在一起，名称也不再是单一的炼油厂或化工厂，集成度明显提高，成为第二代炼化一体化技术。这种炼化一体化的结构，有助于根据下游装置对原料需求的数量和质量按照效益最大化原则提升原料与能量的互供程度。相应的一体化技术的进步更多是改进优化已有技术并形成组合技术，如加氢裂化已成为炼油化工一体化的核心主体技术，通过改进催化剂、改变工艺流程或工艺条件，广泛应用于多产石脑油或加氢尾油，其中石脑油、加氢尾油用来作乙烯裂解原料，重石脑油用来作芳烃原料。还有一些新技术，如水煤浆气化制氢技术，并通过一体化的应用，替代了原被化肥厂造气装置和炼油厂制氢装置占用的大量石脑油，大幅降低了化肥厂和炼油厂用氢成本。

第三代炼化一体化技术的特征是原料替代化。国际上炼油业务圈内已频繁出现炼气（GTL）厂、炼煤（CTL）厂、生物炼油（乙醇汽油、生物柴油）厂及分子炼油概念；化工方面出现了煤制甲醇替代石脑油制乙烯（MTO）、丙烯（MTP），煤气化制氢以及生物乙醇替代石脑油制乙烯的原料替代趋势。

总的来看，炼化一体化战略核心是提高集成度，包括提高生产企业地域分布的集成度——组建石化企业集群，提高石化生产装置的集成度——装置大型化及物流管道化，提高运行管理的集成度——建立企业标准体系，以及提高炼油化工一体化技术的集成度——培育关键性的组合技术并形成炼油－乙烯、炼油－芳烃、炼油－化肥等一体化产业链技术的四个方面的内容。

2.1.3.2　化工企业生产经营特点

1. 化工行业概述

化工市场是一个充分竞争的市场，结合中国石化事业部管理体制及原料或产品买断、统销模式下，强化成本管理，降低产品物耗能耗，降低生产成本；根据市场行情和产品价格变化实时优化产品结构是化工企业提高经营绩效，提高企业价值的主要方向和方法。而了解和熟悉化工企业的生产经营特点和核算管理方法成为降本优化的前提和基础。

目前中国石化化工板块从事化工原料和产品的生产和销售，化工原料涵盖基本有机原料、合成树脂、合成橡胶、合纤原料、合成纤维、化肥及 C_1 化学品、特殊化学品等（图 2－2）。

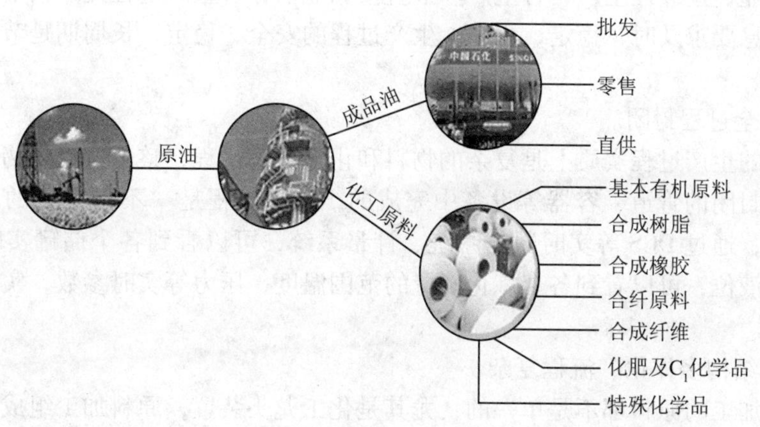

图 2－2　中国石化化工板块

中国石化化工装置分为有机化工和无机化工，有机化工包括乙烯、芳烃、合成树脂、合成橡胶、乙二醇、PTA、丙烯腈、己内酰胺、聚酯、涤纶短纤维、涤纶长丝、腈纶、化肥、丁辛醇等。无机化工主要有江汉油田的相关盐化工装置，以油田采出的盐卤资源，主要生产精制盐、烧碱、氯气、漂粉精等产品；以及南化有各种无机化工装置，主要无机产品有硫酸、硝酸、盐酸、磷酸、烧碱、纯碱、硝铵等。

2. *化工企业生产经营特点*

化工行业主要以炼油产品如石脑油、加氢尾油、液化气、炼厂气等为原料，生产基本有机原料如乙烯、丙烯、丁二烯（三烯）、精制苯、对二甲苯、邻二甲苯（三苯）等烯烃、芳烃产品；生产合成树脂、合纤原料、合成纤维、合成橡胶等化工产品，通过下游装置进一步加工成为最终消费品，满足人民群众的生活需要。

基本有机原料主要包括两大板块，乙烯板块和芳烃板块。乙烯板块典型代表装置是乙烯裂解装置，以炼油产品为原料，通过深度裂解反应，生产工业用乙烯、工业用丙烯、裂解轻油等产品及其他伴生副产品，为下游塑料与合纤原料装置提供原料；芳烃板块主要以石脑油等为重整原料，生产精制苯、邻二甲苯、对二甲苯等芳烃产品及其他伴生副产品。

合成树脂主要以乙烯、丙烯为原料，生产聚乙烯、聚丙烯，主要包括高压聚乙烯、低压聚乙烯、线性低密度聚乙烯、聚苯乙烯、EVA 等产品或产品类别。

合纤原料主要以乙烯或者 PX 等为原料，生产环氧乙烷、乙二醇、精对苯二甲酸（PTA）等产品。

合成橡胶主要以丁二烯为原料，生产油胶、硅胶等合成橡胶产品。

合成纤维主要是以 PTA、乙二醇、丙烯腈、苯、甲苯等为原料生产聚酯、涤纶、腈纶、己内酰胺等产品。

通过对化工企业生产流程的简单介绍，可以发现化工企业具有以下典型生产特点。

（1）典型的流程型生产。

企业的生产方式可以分为面向订单的生产和面向库存的生产，从工艺路线上可以区分为流程化生产和离散型生产。中石化化工企业属于典型的批量、面向库存的流程化生产模式。工艺流程从原油投入一次加工装置，按照既定的工艺路线和流程，到产出市场需求的化工产品。

流程型行业，连续性生产，各生产环节直接相互依存。生产过程是靠调节工艺操作参数实现，控制信息要求及时、稳定、可靠，生产过程的安全、稳定、长周期是节能、稳定、高产的重要保障。

（2）生产全过程封闭。

化工企业的生产过程实质上是复杂的物料和化学反应过程，整个过程从物料投入到产品产出，都是在封闭的管道、容器等设备中完成的，整个过程是“不可视”的。但这种不可视也是相对的，通过 DCS 等实时数据系统、计量系统，可以看到各个储罐实时的物料收发情况及相应的液位，可以看到各套炼化装置的范围温度、压力等实时参数，实现对加工过程的控制和优化。

（3）原料结构多样化、流程复杂。

化工装置加工的原料都不是单一的，尤其是化工龙头装置，原料加工组成复杂多样。以乙烯装置为例，参与反应的主要原料达 10 多种，主要包括液化气、丙烷、直馏石脑油、加氢石脑油、高压加氢裂化尾油、中压加氢裂化尾油、拔头油、加氢抽余油等（见图 2-3）。

各种不同的原料组分不尽相同，对应乙烯收率、双烯收率、投入产出率不同，复杂的原料搭配组合一方面是企业整体物料平衡的需要，另一方面实现较高的产品收率和结构组合，进而实现原料加工的增值优化。

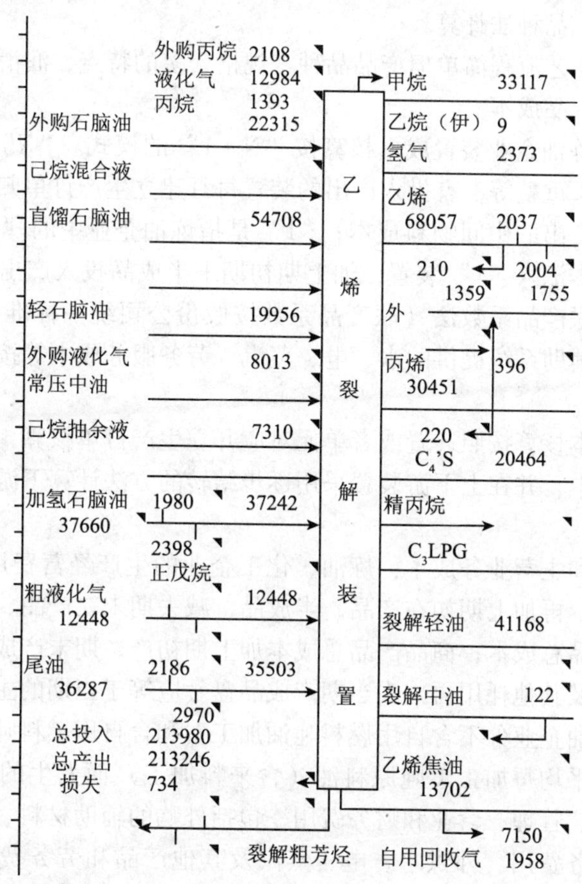

图 2-3 乙烯裂解装置

化工生产流程复杂，涉及裂解、压缩、精馏、聚合、化学反应等过程，一种产品的生产过程往往伴随着高温、高压、低温、低压等特点。

（4）主、联、副产品共存。

化工生产装置是一个原料品种多样化的同时，同一装置产出也是多样的，产出产品除包括产出预想的主要产品外，还有和主产品同时产出的联产品及价值较低的副产品。比如化工板块裂解装置，主产品是工业用乙烯，其联产品主要有聚合级丙烯、裂解轻油，副产品主要包括乙烯焦油、甲烷、回收气、乙烷、蒸汽等。

（5）产品品种繁多，一般具有易燃、易爆、有毒等特性。

2.1.3.3 炼、化企业成本核算

成本核算对象：炼油、化工企业属于多工序连续式复杂生产，在同一生产过程中用同一种或几种原料生产两种或两种以上的炼油、化工联产品，以炼油、化工联产品作为成本核算对象。成本核算对象具体划分为产成品、自制半成品、生产加工（包括转供）的辅助产品（水、电、汽、风等）和提供的劳务。

成本项目：炼油制造成本是指企业生产过程中实际消耗的原材料、辅助材料、燃料、动力、直接职工薪酬和制造费用。

产成品成本核算方法：根据炼油、化工企业同一种原料生产出多种产品的特点，产品成本采用联产品系数法、品种法计算。

根据润滑油生产工艺流程简单但产品品种、规格繁多的特点，润滑油分公司各所属企业统一采用品种法核算产品成本。

ERP 系统核算：炼油企业装置成本核算按“N + 1”的模式。“N”是指企业实体装置，如常减压、催化裂化、重整等，有投入产出的装置每月建立生产订单归集装置成本，采用联产品系数法计算装置产出的中间物料成本；“1”是指炼油企业中的“大调合”装置，N 装置产出的中间物料成本汇入“1”装置，加上期初期末半成品投入产出变化成本差额，归集当月产品成本，采用联产品系数法（联产品系数按股份公司统一标准执行）计算企业产成品成本；公用工程及辅助系统提供的水、电、蒸汽、劳务服务成本等按各装置统计量分摊至各装置。

化工企业装置成本核算按照装置或者单元对应开立生产订单核算，按照联产品系数、产品品种等计算产品成本，并在上下游装置采用逐步结转的方法计算下游装置投入原料和产出产品成本。

商品产品总成本和主营业务成本：炼油、化工企业的生产经营费用总和扣除管理费用、销售费用、财务费用，再加上期初在产品、半成品，减去期末在产品、半成品、来料加工费用转出应等于商品产品总成本；商品产品总成本加上期初产、期末产成品差额、转供产成品成本、出口退税损失及其他耗用再减去当期产成品盘亏应等于当期的主营业务成本。

吨油加工费：炼油企业分不含自用燃料吨油加工费和含自用燃料吨油加工费。不含自用燃料吨油加工费是指平均每加工 1 吨原料油（含来料加工）而发生的不含原料成本的各项付现和非付现的生产、管理、营业和财务费用，包括外购的辅助材料、燃料、动力和其他生产、管理、营业、财务费用。外供水、电、蒸汽及其他产品和劳务费作为减项扣除。公式如下：

单位完全费用（元/吨） = （外购辅助材料、燃料、动力 + 折旧和摊销 + 其他生产、管理、营业、财务费用 - 外供水、电、蒸汽及其他产品和劳务费） ÷ 原料油加工量（含来料加工）。

含自用燃料吨油加工费是指包含自用的燃料油、燃料气、催化烧焦、作燃料的其他油品成本的完全费用总额。

化工吨产品费用：是指吨化工产品平均消耗的辅材、燃料动力、直接人工、制造费用、管理费用、销售费用和财务费用。是化工事业部一项重要的考核指标。

化工吨产品完全费用 = （外购辅助材料、燃料、动力 + 直接人工 + 制造费用 + 期间费用 - 外送成本） ÷ 计算期（商品生产量 + 商品其他增加量 - 商品自用量 - 商品其他减少量 - 商品盘盈盘亏量）。

2.1.4 销售企业生产经营特点及成本核算

销售企业属于典型的商品流通企业，有着自身的生产经营特点。正确分析其生产经营特点，对于了解由其决定或影响的不同成本核算方法和体系，将起到十分重要的作用。

1998 年，根据国务院重组两大集团的决定，成立中国石化集团所属的中国石化销售公

司，2002年，开始与油品销售事业部合署办公，实行“一套机构，两个牌子”，其所属华北、华东、华中、华南分公司作为中国石化销售有限公司的派出机构，主要负责中国石化股份有限公司所属生产企业成品油的的统一收购、统一结算工作，成品油的资源配置、区间调拨、运输协调、信息沟通、销售管理等工作；

所属省市公司的主要经营范围包括汽油、煤油、柴油、液化石油气、天然气、燃料油；油（气）库、加油（气）站的规划、设计和建设；石油管道及相关设施的投资、建设、维护；普通食品；日用百货；汽车清洗服务；与经营业务有关的咨询服务、技术应用研究和计算机软件开发；与经营业务有关的培训；卷烟销售（限分支机构）等。

2000年中国石化上市后，迎来了销售企业的快速发展期。通过收购、控股、参股、联营和特许经营等方式收购地方加油站，经营规模迅速扩大，销售网络遍布全国上下，经营网点从1998年的8000座增加到目前的3万余座。

2.1.4.1　销售企业生产经营特点

1. 销售网络点多线长面广

中国石化现有销售企业37家，经营区域广、管理触角多，加油站销售网络日常运营成本高。

2. 市场竞争日益激烈

自2004年中国成品油零售市场、2006年年底批发市场相继放开以来，国内成品油市场化程度逐步提高，市场竞争日趋白热化，产品同质化程度高，市场开发维护成本高。

3. 资源渠道多元化

中国石化销售企业成品油自有资源不足，资源渠道多样化，外采渠道主要有中石油 、中海油、地方炼厂及其他社会经营单位，外采价格的多样性决定了采购成本控制也是成本管理的一个重点。

4. 运输方式的多样性

销售企业运输量和运输费用占有较大比重，运输方式多样化，主要有专用列车、汽车、轮船以及管线等，合理地安排商品的发运和装车，优化运输计划，是销售企业成本管理中的一项重要内容。

2.1.4.2　销售企业成本核算

1. 成本核算的内容

成品油销售企业根据实际可分为油库、加油站、管道及便利店四个成本管理单元。

油库是销售企业接收、储存及发送成品油的管理单元，是协调成品油供应与运输的纽带。油库主要资产价值构成有油罐及管线、土地、房屋及建筑物等，油库成本开支主要内容包括油品运杂费、为维护油罐正常使用而发生的维修费、水电费等日常性操作费用及业务招待费等公务性支出。

加油站是销售企业为汽车和其他机动车辆服务的零售汽油、柴油和机油的管理单元。加油站主要资产价值构成是加油站房屋建筑物、加油罩棚及加油机等，加油站成本开支主要内容为土地成本和水电费等日常费用支出。

管道是销售企业用于长距离输送油气的生产装置，成本开支主要内容包括防止管道打孔发生的人工费、维修费等管线维护费及电费等日常性费用支出。

便利店是开设在加油站为司乘人员提供商品和服务的商店。成本开支主要内容包括便利店水电费、便利店设备维修费、便利店间商品调拨费等。

2. *成本核算的基本原则*

（1）分产品核算的原则。

企业应规范区分成品油经营、润滑油经营、燃料油经营、天然气经营、非油品经营等各经营商品大类的成本支出界限，将成本细分至具体分批号的所有产品，为经营决策提供依据。

（2）分责任中心核算的原则。

为便于分析和考核各责任中心的经营业绩，省级公司应根据费用受益对象，将可以直接认定到各责任中心的费用归集到“物流中心”“商业客户中心”（按照批发、直销环节分别认定；不能直接认定的，月末按本公司批发、直销的销售量比例进行分摊）、“零售中心”“润滑油中心”“燃料油中心”“其他石化产品”及“非油品中心”，无法直接认定到相应责任中心的费用、省地两级公司职能部门发生的费用以及会计核算中心发生的费用归集到“综合费用”。

销售大区公司发生的费用，除可以直接认定到相关责任中心的费用外，均归集为综合费用。

油品销售事业部将物流中心费用和综合费用汇总后按合理方法进行分摊，结合各单位直接认定的批发、零售、直销费用，最终确定销售板块成品油批发、零售、直销费用。润滑油、燃料油和其他石化产品的费用，按各企业直接认定的费用汇总确定。

目前，成品油销售企业对成本的核算，是通过 ERP 系统中对成本项目的功能范围和成本中心的纵向、横向划分，使成本项目核算与责任中心成本的核算一次性完成。所得出的核算资料既能满足成本项目的核算需要，也能满足责任成本核算的需要。

3. *成本核算的方法*

销售企业在 ERP 中商品成本结转方法采用移动加权平均法，以保证商品的实物流和价值流能够达到实时匹配。从商品的入库、移库，到最终销售发货，每一步流转都会由系统按既定逻辑自动进行价值流的结转。

商品从采购到入库前所发生的全部支出暂在“待摊进货费用”科目归集，月末将“待摊进货费用”科目下归集的费用按销存比例在已售货物和未售货物中进行分配，当月销售油品应承担的进货费用按油品大类转入主营业务成本，剩余部分为未销售商品的进货费用，保留在“待摊进货费用”科目，参与次月进货环节费用的分摊。

成品油长输管线运行成本和天然气母站及标准站发生的使天然气质量达到具备客户使用条件前发生的加工成本通过“输油输气成本”功能范围归集，月末，将 ERP 系统中当月“输油输气成本”功能范围的科目发生额，全部结转至“主营业务成本－输油输气成本”科目。

非油品成本结转方法采用批次结转法，即按批次执行先进先出法，根据先入库先发出的原则，对于发出的存货以先入库存货的单价计算发出存货成本的方法。采用这种方法的具体做法是：先按存货的期初余额的单价计算发出的存货的成本，领发完毕后，再按第一批入库的存货的单价计算，依此从前向后类推，计算发出存货和结存货的成本。

目前，成品油销售企业对商品流通费是通过 ERP 系统中对功能范围和成本中心的纵向、

横向划分，使商品流通费核算与责任中心成本的核算一次性完成。所得出的核算资料既能满足商品流通费的核算需要，也能满足责任成本核算的需要。为准确核算各经营业务的绩效，按照“谁受益、谁承担”的原则，企业根据自身的组织形式和成本核算的特点，合理区分成本责任中心，成本责任中心的设定不应受到限制，不论企业的单位、部门、加油站、经营网点或员工，只要在成本管理中负有责任的，均可以根据其所承担的职责设置成本中心，在此基础上，合理利用ERP系统和其他信息系统，准确核算各责任中心、各油品的责任成本。

2.2　成本管理责任及指标体系

2.2.1　总体要求

股份公司按不同层次的成本责任中心建立成本管理责任制。

总部负责组织、指导、协调和推动成本管理工作。

事业部主任、公司经理对本单位成本管理及全部成本费用水平负完全责任，总会计师（或财务负责人）协助事业部主任、公司经理领导和组织本单位的成本核算与管理工作，并对成本核算的真实、合法性负责。

分管生产技术的事业部副主任、公司副经理及分管经营的事业部副主任、公司副经理，在生产经营方面采取有效降低成本措施，确保完成总部下达的成本指标，并协助主任、经理对本单位成本费用负责。

公司要在财务部门内设置成本管理科室或岗位，公司所属独立核算单位要设置成本岗位，负责成本费用核算和管理工作。

公司要建立健全部门、所属独立核算单位各级成本管理责任制，层层分解成本费用指标，把成本、费用控制和成本、费用责任制落实到部门、基层单位（或个人）。各职能部门和基层单位都必须把上级规定的成本费用指标，列为经济责任制一项主要内容，按月进行检查、分析和考核。

成本费用管理要贯穿于从项目立项、设计、建设到投产的全过程和从原材料采购到产品生产、销售直至售后服务的企业生产经营全过程，使成本费用的管理真正成为全员、全方位、全过程的管理。

2.2.2　各级成本管理职责分工

1. **总部层面**

总部负责组织、指导、协调和推动成本管理工作，负责制定成本管理制度，完善激励约束机制，根据发展战略要求提出公司成本管理总体目标，并通过优化管理体制、运行机制和资源配置等措施为成本管理创造有利条件。按照投资、资金、物资采购等实行总部集中管理的要求，总部相关职能部门与事业部管理部、企业一起，共同提出相关业务的成本管理目标和优化措施。以全面预算和经济活动分析为手段，不断强化专业化管理，加强各线条的成本管理，最终提高公司整体管理水平和竞争力。

2. **事业部**

组织实施公司制定的成本费用核算与管理办法，指导本事业部所属公司成本费用核算和管理工作；组织实施本事业部及所属企业标准成本管理工作的落实，制定本事业部各项成本费用单位消耗标准和单位消耗价值；编制本事业部年度、月度成本费用预算并组织实施；按年度、月度审核、分解、下达所属公司成本费用控制指标，并检查、督促、帮助其实施；审查所属企业的成本费用报表，按月做好成本费用分析工作；组织本事业部加强成本费用管理、降低成本的经验交流和推广工作。

3. 分（子）公司

执行股份公司制定的成本费用核算和管理办法，结合本单位实际情况，制定成本费用核算和管理具体办法或操作规程，并报主管事业部、股份公司财务部备案；组织本单位的成本核算与管理工作，指导所属独立核算单位的成本费用核算和管理工作；组织实施本单位内部标准成本管理工作的落实，制定本单位内部各项成本费用单位消耗标准和单位消耗价值；编制、上报本单位的年度、月度成本费用预算并组织实施；按年度、月度向所属成本中心分解、落实事业部下达的成本费用指标，并检查、督促、帮助其实施；汇总、编制、上报本单位有关成本费用报表，并按月做好成本费用分析、考核工作；按公司和事业部的规定制定本单位的内部结算价格；组织本单位内部加强成本费用管理，降低成本费用经验交流和推广工作。

2.2.3 公司职能部门职责分工

（1）物资采购部门负责编制物资采购计划，对物资出入库进行严格计量检验，控制消耗，合理组织物资采购、运输；加强库存物资管理，优化采购渠道，合理安排库存，降低物资采购成本。

（2）生产、计划、统计部门根据总部下达的排产计划和市场情况，编制和落实生产作业计划，优化生产方案，合理组织生产，严格控制支出，降低操作成本；组织生产经营活动各项计划的综合平衡，及时准确地进行生产统计，为成本核算与管理提供基础数据。

（3）技术、工艺部门负责制定、检查各项原材料、辅助材料、燃料等消耗定额，确定损失责任，搞好产品设计，采取先进工艺和技术措施，提高产品产量，降低单位消耗，节约能源和工时，降低成本费用。

（4）设备、动力部门负责编制机械运转、维修和保养计划，制定设备管理制度，保证公司各项设备正常运转，提高设备的完好率和利用率，根据股份公司规定制定维修维护费用定额，编制修理项目计划及资金使用计划，控制修理费用和保运费，制定水、电、汽、风等动力消耗定额，努力降低能源消耗。

（5）质量检验部门负责制定产品质量管理办法，组织全面质量管理，提高优质品率，减少不合格产品和废品损失，组织开展质量成本管理工作。

（6）计量部门负责完备计量手段，监督计量仪器仪表的维修和校验，处理本单位计量纠纷，加强计量管理，确保计量准确。

（7）营销部门按股份公司下达的配置计划、本单位生产情况及市场情况，负责编制并实施本单位的产品销售计划。负责货款回笼、控制应收账款，协调货物发运，降低营销费用。

（8）零售管理部门负责加油站设施的设备管理，控制和管理加油站日常支出，负责控制加油站油品保管损耗，负责营销费用的安排使用工作，协助人力资源部门管理加油站销售人员职工薪酬，协助财务部门做好本专业中心费用预算的编制、审核、分解工作。

(9) 人力资源部门按照股份公司总部的规定，下达职工薪酬和减员指标，加强控制，努力降低人工成本。

(10) 安全和环保部门制定劳动保护安全措施并组织实施，搞好日常安全生产管理，确保安全生产，消除事故隐患，免除或减少事故损失，按规定制定劳动保护开支标准并控制支出。制定环境保护措施，并组织实施，达到“三废”排放不超标，免除或减少排污费用。

(11) 企业管理部门会同财务部门根据股份公司成本费用考核规定，结合本单位实际，制定并实施本公司成本费用考核管理办法。

(12) 勘探部门应按股份公司下达的年度勘探总投资和石油探明地质储量目标，结合本单位的油气资源战略接替计划和对探区资源潜力的研究，编制出年度勘探部署、勘探投资工作量安排和勘探费用计划，提出勘探投资建议，并组织实施，完成本单位确定的储量勘探计划。

(13) 开发部门应按照公司下达的开发总投资、新建产能和新井产量目标，结合本单位的开发规划方案，精细油藏研究，优化投入结构，提出年度开发投资计划建议，编制开发投资工作量安排和新井产量计划。

(14) 科技开发部门应制定科研开发计划，组织研究开发项目的实施，提高单位产值中的科技含量，综合降低成本。

(15) 信息部门负责公司信息系统、信息设备的管理和维护，保证公司信息网络安全平稳运行，优化信息系统网络，有效降低信息维护费用和网络运行费用。

(16) 财务部门根据公司成本费用核算与管理办法，负责制定本单位的成本费用核算与管理具体办法或操作规程，组织编制成本费用预算，分解落实成本费用指标，规范成本费用的日常核算，在各成本费用责任管理部门的配合下，加强对成本费用的监督、分析，并协助综合考核部门对企业的成本费用进行考核。

2.2.4 整体指标体系

公司成本管理工作经过多年的加强管理与创新，构建形成了财务以业务为支撑、业务以财务为引领的预算责任指标体系，形成上下指标导向一致、内外指标衔接有序、多维度多层次的预算和业绩考核体系（图2－4）。

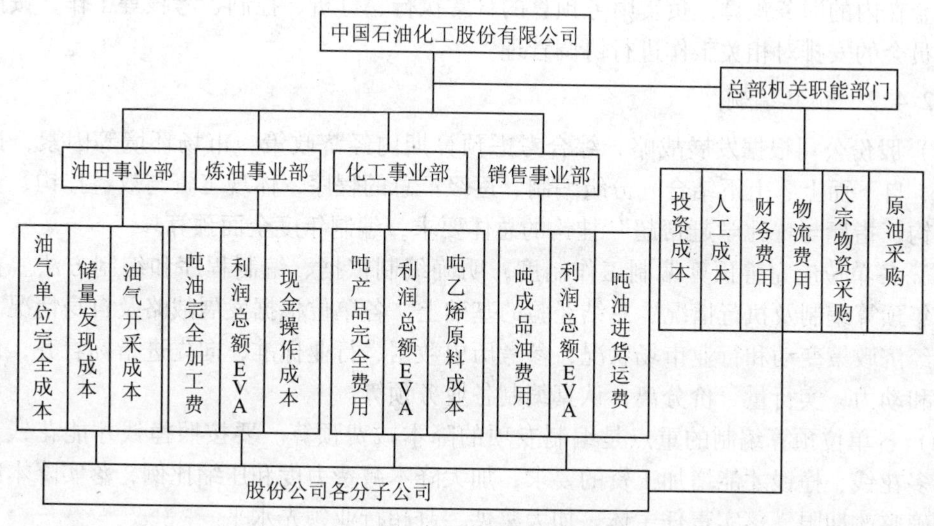

图2－4 预算责任指标体系

2.2.4.1 基本要求

（1）预算管理是对所有涉及费用支出或可能带来收入的业务、部门或其他责任主体，实行目标管理、过程控制、责任考核和资源分配的管理行为。各职能部门、各分（子）公司是股份公司预算的责任主体，根据股份公司中长期发展战略和企业愿景目标，组织开展全面预算管理工作。

（2）预算管理应当遵循以下原则：坚持战略引领、年年进步、打造世界一流。坚持效益为先、风险为重、优化配置资源。坚持量入为出、精细管理、一切收支纳入预算。坚持降本减费、挖潜增效、加快转变发展方式。坚持全员参与、突破创新、提高核心竞争力。坚持量化考核、激发活力、调动工作积极性。

（3）业务预算是指对预算期内生产经营管理活动的各项业务可能涉及的业务量、耗费、收入、风险进行具体的描述反映和目标量化。业务预算一般包括采购预算、销售预算、研发预算、生产预算、人工预算、各成本中心的费用预算、专项预算等，各职能部门对各自业务预算、专项预算的数量指标、质量指标负责。以业务预算为基础所表现的成本预算，不仅使成本预算保持市场导向性、统筹性和整体效益最大化的特点，更能激发企业业务部门、基层单位的主动性，确保企业目标的实现。

（4）各单位应加强全面预算管理的组织领导，明确各级预算管理的责任主体、职责权限、授权批准程序和协调机制。各单位设立预算管理委员会履行全面预算管理职责，其成员由企业负责人及内部相关部门负责人组成。预算管理委员会下设预算管理工作机构，由其履行预算管理工作的牵头组织、联络协调等日常管理职责。预算管理工作机构一般设在财务部门。各单位总会计师或分管财务工作的班子成员协助企业一把手负责做好全面预算管理工作。

（5）各单位预算责任分工根据企业规模、经营业务、内部组织机构等实际情况进行合理的职责划分。发展规划部门、生产计划部门、人力资源部门、物资采购部门、销售部门、科技开发部门、安全环保部门、信息管理部门、企管部门等职能部门负责专项业务预算的编制、控制、分析与考核工作。财务部门在各职能部门业务预算的基础上，负责编制包括损益、资金在内的财务预算，负责财务预算的日常执行、分析、控制、考核等工作，按照预算管理委员会的安排对相关工作进行协调管理。

2.2.4.2 预算编制

（1）股份公司根据发展战略，综合考虑预算期内经济政策、市场环境等因素，按照自上而下、自下而上、上下结合、分级编制、逐级汇总的程序，体现工资与效益挂钩、支出与效益挂钩、指标与“比学赶帮超”挂钩的总体要求，编制年度全面预算。

（2）各单位应完善预算编制工作制度，明确编制依据、编制程序和编制方法。在认真分析上年预算编制及执行情况、总结经验的基础上，各单位根据发展战略及自身情况，考虑预算期经济政策变动和行业市场状况，参考历史数据、行业标准，向先进指标看齐，传递经营压力和动力，实行量、价分离，认真编制各业务预算。

（3）各单位预算编制的重点是编制专项的降本减费预算。要按照挣钱才能花钱、多挣钱才能多花钱、挣钱才能增加工资的要求，加大降本减费力度和压缩比例，落实降本减费措施，明确整改期限，落实责任主体，加大奖惩，赶超行业领先水平。

（4）预算编制程序：

① 预算启动及初步测算。根据股份公司中长期发展规划和对下一年度经济形势的预测，9月份总部各职能部门、事业部及各单位同时启动下一年度预算编制工作，开始编制业务预算、资本预算、财务预算。各业务预算初稿需于10月初提交股份财务部。

② 确定初步目标并下发条件。事业部在年度预算启动会后，安排企业进行下年度业务预算、收入、成本费用等预算的初次编制，并于10月中旬向财务部提交下年度预算有关建议。公司于10月中下旬参考形势分析和中介机构预测，初步确定下年度的预算价格、经营规模等条件，完成下年度预算的初稿，确定下年度预算的初步目标，在征询事业部意见后，10月底前完成向总裁班子的初稿情况汇报，并修订和下达各单位预算编制基础条件。

③ 企业测算上报。11月份各单位完成预算编制工作，在预算编制过程中，要努力挖潜，向管理要效益，同时积极与股份公司各职能部门、事业部充分沟通，保证专项业务数据准确，完成测算上报工作。

④ 预算对接。事业部在完成与各单位主要预算指标的对接后，在11月底前应将审查意见、汇总结果、调整建议报股份公司财务部，同时上报各单位基本、提升与奋斗的指标。

⑤ 审议批准。在事业部对接基础上，财务部应在12月初提出综合平衡建议，编制出调整后预算方案，报股份公司总裁班子审议。经审议、调整后，提交董事会审议批准。

⑥ 下达执行。年度预算经董事会审议批准后，总部各职能部门要将次年各项业务预算指标、财务指标分解下达到各单位。年度预算指标将以签订年度绩效考核责任书的形式于年底前正式下达各单位。

⑦ 分解落实。各单位应以下达的各业务预算指标和财务预算指标为准，完成预算指标的内部分解、落实工作，并于下一年度初完成预算信息系统的填报。

（5）单位预算可以根据不同的预算项目，分别采用固定预算、弹性预算、滚动预算、零基预算、概率预算等方法进行编制。各单位应积极采用零基预算编制方法，减少预算编制过程中不必要的支出，提高支出效益。

（6）财务预算所包含的范围、采用的会计政策和会计估计应与上年度财务决算报表一致。不一致的部分应予单独预算编制和说明。

（7）各单位财务预算应全面、完整、真实、合理反映预算期内全部经营管理所做的各项安排以及预计经营成果。各单位预算编制要精心组织，仔细分析，据实编制，对各种可能发生的情况做好预案，留有余地，减少预算外因素，具有切实可行的操作性。各单位预算编制应突出挖潜增效，传递压力，统筹平衡，有保有压，不得故意隐瞒、脱离实际，或留有缺口。

（8）股份公司实施月度预算管理制度，实现预算的事中控制。月度预算围绕年度预算目标，根据月度生产经营计划以及最新市场信息编制。

2.2.4.3 预算执行与控制

（1）各单位预算一经批复下达，必须认真组织贯彻执行。各预算指标要层层分解，从横向、纵向落实到内部各部门、各下属单位、各业务岗位等责任主体，形成全员、全过程、全方位的预算执行责任体系。

（2）各单位应当灵活应对市场形式变化，根据全面预算管理要求，严格预算项目的执行和过程控制，认真组织和优化各项生产经营管理活动，积极克服困难，努力达成预算目标。

（3）各单位在日常执行与控制过程中，要健全和完善各种预算管理制度和定额标准，建立、健全资金授权审批制度，利用信息系统等技术手段，强化成本费用控制，提高月度预算控制水平。

（4）各单位应建立健全月度预算例会制度、经济活动分析例会制度。定期召集业务部门和相关责任单位，研究市场、营销、采购、降本等措施，进行专题、专项的问题研讨、攻关等活动，及时发现和解决经营过程中的瓶颈、短板和问题。定期举行月度经济活动分析，向预算执行单位和决策机构反映预算进度执行情况及差异情况，检查工作落实情况，突出异常管理和因素分析，分清外部因素和内部管理因素影响，促进各项工作目标的完成。经济活动分析会要侧重分析解决问题，落实责任部门，制定整改措施，跟踪并督促责任部门落实到位。各单位预算执行情况分析报告应于月度终了10日前上报股份公司。

（5）股份公司及各单位批准下达的预算一般不予调整。遇外部市场环境、国家政策等发生重大变动时，股份公司预算调整由总部统一研究确定。

（6）各单位年度预算中的投资、折旧、人工、科研、安保金、安全生产费按照专业预算执行。发生其他预算外事项，需要增加成本费用指标的，按照股份公司内部控制制度规定的程序和权限报批以后执行。

2.2.4.4　预算考核

（1）各单位预算考核应完善绩效考核管理办法，坚持公开、公平、公正原则，充分发挥全面预算管理的导向作用，体现自我加压、年年进步的管理要求。

（2）各单位应在“建标、对标、追标、创标”基础上，建立健全绩效考核指标体系，体现预算指标的进步程度、领先程度、贡献程度和分级考核，真实、完整评价各责任主体的完成情况，调动预算责任主体的积极性。

（3）考核机制要做到责任到位、奖励到位、处罚到位，把各级员工的努力与自身目标、团体目标和公司整体目标结合起来进行考核。

（4）集团公司业绩考核办公室负责整体业绩考核工作，各职能部门负责提出专业考核意见，作为业绩考核的依据。股份公司财务部负责对成本费用指标提出考核意见。

（5）公司考核的努力方向是不做任何还原。但为适应股份公司集中管理、统一运作、优化经营、实现整体效益最大化的管理体制，真实反映各单位经营绩效和管理水平，对影响预算完成情况的重大因素采取适当的调整还原政策。考核调整还原根据影响范围、程度、每年经营形势变化以及各板块的整体完成情况，确定统一的调整还原因素和比例，报总裁办公会或预算管理委员会批准。

（6）预算考核鼓励企业积极通过科技创新、加强管理、改革调整、降本减费、增收创收、提高劳动效率等措施，实现年年进步，逐步将成本费用指标、经济效益指标按照板块划分高、中、低三档，确定不同的进步指标、进步幅度和奖励比例，与工资指标挂钩，加大兑现力度，充分调动企业的主观能动性和积极性，提高盈利能力和管理水平。

（7）各单位、事业部应根据公司要求，完善相关考评细则，报财务部备案，并统一下发企业执行。年末考核前，各单位根据公司考核办法测算当年的预算完成情况，将结果报事业部审核。事业部报财务部审核确认，作为绩效指标考核的依据。

第3章 重点成本项目的管理

结合中国石化成本管理的实践，对重点成本项目的管理规范和管理流程进行简单介绍，阐述中国石化在具体成本要素管理上的一些具体特点。

3.1 投资成本管理

3.1.1 投资论证与决策

1. ***投资意向要突出主业***

企业投资管理部门根据国家产业政策、公司和企业发展规划，结合初步调研论证，提出对外投资意向，编写项目建议书，按规定权限审批。企业投资管理部门选择投资项目要突出主业，关注投资项目的收益和风险；境外投资还要考虑政治、经济、法律、市场等因素的影响。未经总部授权，企业不得从事股票、债券、房地产、期货、委托理财等高风险投资。

2. ***加强对可行性研究报告的编写与评估***

企业投资管理部门依据审批的投资项目建议书，组织相关部门编写或聘请具有相应资质的专业机构编制对外投资可行性研究报告，重点对投资目标、规模、方式、资金来源、风险与收益等作出客观评价，并进行评估论证，形成评估报告。对于重大投资项目，要委托具有相应资质的专业机构进行评估论证。

3. ***严格履行对外投资审批程序***

各级投资管理部门将投资项目建议书、可行性研究报告等相关评估论证资料按规定权限逐级报批。未经总部审批，企业不得擅自办理对外投资。投资方案需经国家有关管理部门批准的，要履行相应的报批程序。投资方案发生重大变更的，要重新进行可行性研究并履行相应的审批程序。

审批对外投资评估论证资料时，要重点关注投资方案是否可行、投资项目是否符合国家产业政策及相关法律法规的规定，是否符合企业投资战略目标和规划、是否具有相应的资金能力、投入资金能否按时收回、预期收益能否实现，以及投资和并购风险是否可控等。

3.1.2 合同签订与投资款支付

1. ***强化投资谈判与合同签订管理***

投资方案审批后，投资管理部门与被投资方及各有关投资方进行投资谈判，谈判过程要有记录。谈判议定事项与投资方案发生重大变化的，要按原审批程序重新报批。以非现金资产对外投资的，要组织评估和备案。投资管理部门根据投资谈判结果，按照规定签订合同。合同中投资人权利要明确、具体、可操作，维护出资人的收益权、获得信息权、决策权或建议权、监督权。

2. 选派管理人员及起草章程

合同签订后，依据合同约定的参与被投资企业的管理方式，提出拟委派到被投资企业担任董（监）事长、董（监）事及其他经营管理层人选并按规定程序审批。投资管理部门要会同有关方面共同负责（或参与）章程（联合管理协议经营）的起草、修改和变更等事项，维护投资方收益权、获得信息权、决策权或建议权、监督权。

3. 严格审核投资款支付

以货币形式投资的，投资管理部门要根据投资合同约定的支付条款，提出支付申请送财务部门，财务部门依据投资合同审核支付申请，按规定权限审批后办理支付手续。以非货币资产投资时，投资管理部门要根据投资合同约定，组织有关部门清点资产，列出资产清单，并进行资产评估，与被投资企业办理资产交接手续，交接清单要有相关方面的签字。

3.1.3 投资日常管理

1. 对投资项目进行跟踪管理

企业要建立对外投资管理制度和风险评估机制，对投资项目进行跟踪管理。各级投资管理部门负责收集被投资子公司经审计后的财务报表、每月会计报表及投资项目分析等有关资料，及时掌握被投资方的财务状况、经营情况和现金流量，发现异常情况要及时向有关部门和人员报告，并采取相应措施。企业参与投资方的管理人员，要定期报告被投资方的经营情况和重大变化。

2. 重视重大事项审核

被投资子公司对股权、资产处置等重大事项形成议案前，由公司委托的股东授权代理人、委派的董事将有关情况上报公司投资管理部门，投资管理部门会同法律事务部等有关部门审核提出处理意见并按照规定权限审批后，由委托的股东授权代理人、委派的董事执行表决权，同时委派人员督促其落实执行。

3. 加强投资项目的后评价工作

各级投资管理部门要加强投资项目经济可行性的后评价工作，检查分析投资期间经营行为是否合规，每年要对被投资子公司进行绩效评价，形成绩效评价报告报总部投资管理部门。总部投资管理部门对经济绩效极差、资不抵债的被投资子公司进行核实后提出处理意见，专题上报总部分管领导。

3.1.4 产权管理和投资处置

1. 定期进行投资清查

各级投资管理部门要会同法律、财务、资本运作等相关部门每半年清查长期股权投资项目，重点清查被投资子公司的股权证明，核对股权权属变动，核对账表数据和股权份额，清查不良投资及其形成的原因，将清查结果汇总造册，报分管领导审批。

对股权权属不明确的，各级投资管理、法律、财务等部门要按照法定程序和国家有关部门颁布的产、股权界定标准，确定股权权属，及时办理权属证明，并登记台账；发生股权纠纷的事项，要报法律事务部和投资管理部门界定。

投资账表与权属不一致的，各级法律部门要按照原投资主体、股权变更主体的有关协议，更正或取得权属证明，报本部门负责人审核。投资管理部门及有关部门按照原投资主体、股权变更主体的有关协议，更正或取得账表，报本部门负责人审核。

2. *做好产权登记、变更和相应的工商登记工作*

投资管理部门要根据投资合同、公司章程、投资款支付依据、资产交接资料、审计报告、评估报告、评估结果备案文件、原产权登记资料等，及时办理国有产权占有、变动和注销登记。同时做好相应的工商登记，取得相关证明文件。

3. *履行投资项目退出的审批程序*

由投资管理部门和有关业务部门参加，根据投资合同协议要求和投资项目执行情况，提出项目是否继续或退出方案，按规定权限审批后办理。

4. *按规定划转和转让国有产权*

国有产权划转要符合国家相关政策和公司有关规定，划转行为要经相关部门审核并按规定权限审批。划转要事先组织论证，编制划转实施方案，涉及职工安置的，职工安置措施或方案须经职代会审议通过。划转双方要协商确定划转基准日，并组织资产清查和专项审计，最终签订划转协议后，上报财务部审批。划转程序完成后，企业要及时办理产权变更登记手续。

国有产（股）权转让要符合国家相关政策和公司有关规定，转让行为要按照规定权限审批。转让要事先组织论证，编制转让实施方案，涉及职工安置的，职工安置措施或方案须经职代会审批通过。企业要对拟转让产权进行资产清查、财务审计和资产评估。转让原则上要公开披露信息，确属符合协议转让规定的，经国资委审批后组织实施。转让程序完成后，企业要及时办理产权变更登记手续。

5. *做好投资项目清算工作*

对投资项目进行清算要符合国家相关政策和公司有关规定，成立清算小组，制定清算方案，发布清算公告，登记债权债务，对可变现资产进行评估，按规定程序支付相关费用和清偿债务，分配剩余资产后形成清算报告。清算完成后，企业要及时办理产权注销手续。

6. *对股权交易进行评估及核销*

各级投资管理部门确定中介机构，评估报告由股权所属单位盖章。由公司管理的长期股权评估结果，总部投资管理部门负责出具审批意见；由企业管理的长期股权投资评估结果，企业投资管理部门提出初审意见，报总部投资管理部门审批并办理评估备案手续。

核销投资要取得不能收回投资的法律文书和相关证明文件。对于到期无法收回的投资，要建立责任追究制度。

3.2　人工成本管理

3.2.1　人工成本管理的基本原理

在国外的管理领域中，企业的人工成本的研究已经发展的相对成熟，20 世纪 30 年代美国经济学家道格拉斯与柯布根据美国 1899 ~ 1922 年的工业生产等资料，测算出了当时的美国劳动力生产力函数，该函数意在说明，在生产过程中，劳动所付出的贡献率占全部产量的3/4，资本为1/4。这一研究成果为国外企业人工成本控制奠定了基础，管理者们开始关注人工成本投入与产出的相对关系以及对改善企业管理效果的应用。

20世纪50年代中后期，美国经济学家舒尔茨和加里．贝克等经济学家重新发扬了亚当·斯密的观点，舒尔茨明确指出："人类是向其自身进行投资，而且这种投资数量是非常巨大的，劳动者变成资本家并非传说中因为股份所有权扩散所致，而是由于他们获得具有经济价值的知识和技能的结果"。到了20世纪中叶，人工成本管理的研究得到了飞速发展，管理者将企业经营战略及人力资源的人性化管理和人工成本的管理相结合。例如，哈佛大学在一项研究中论述了企业人力资源激励、劳动效率及成本支出之间的关系，将企业对人工成本控制的研究提升到了人力资源人性化管理的高度上来；波特在竞争模型框架中指出，人工成本是影响竞争优势的重要因素之一；巴克莱和卡森强调了跨国经营决策中人工成本的作用等问题；奎因和墨菲通过大量的实例研究证实了国际人工成本与本土人工成本的异同之处；戈麦斯和赫普曼认为人工成本是产品周期和价值链的基本因素等观点。企业管理者和研究学者普遍认为当今的人工成本管理水平的高低影响公司决策的反映速度和生产效率。

随着全球经济一体化的到来，在资源有限的前提下，为了更好地适应企业间的竞争，国外企业已经纷纷提出成本优势的概念，由此可见，当今企业为了高效进行人工成本的管理，企业已经将生产管理的每一个环节和步骤都与企业的人工成本相联系起来。

3.2.1.1 人工成本概念

1966年日内瓦第十一届国际劳动经济会议人工成本会议决议案通过的人工成本是指雇主在雇佣劳动力时产生的全部费用。国际上通用的人工成本包括：已完成工作的工资；未工作而有报酬时间的工资；奖金与小费；食品饮料及此类支出；雇主负担的工作的住房费用；雇主支付雇员的社会保险支出；雇工对职业培训、福利服务和杂项费用的支出，如工人的交通费、工作服、健康恢复及视为人工成本的税收等。

1995年，劳动部将企业人工成本统计表纳入了劳动统计报表制度，并对人工成本做出相应解释：企业人工成本是指企业在生产经营和提供劳务活动中所发生的各项直接和间接人工费用的总和。其范围包括：职工工资总额、职工福利费、劳动保险费、劳动保护费、职工教育经费、职工住房费用和其他人工成本等。

按照我国劳动部颁发的（1997）261号文件规定，企业人工成本范围包括职工工资总额、社会保险费、职工福利费、职工教育费、劳动保护费、职工住房费和其他人工成本等7大项。

2003年，国资委根据企业人工成本情况的调查研究，对人工成本给出界定：企业人工成本是指企业在生产、经营和提供劳务活动中所发生的各项直接和间接人工费用的总和，其范围包括从业人员劳动报酬、社会保险费、福利费、教育经费、劳动保护费、住房费用和其他人工成本等项目。

《会计准则》（2006）职工薪酬是企业因职工提供服务而支付或放弃的所有对价，企业在确定要作为职工薪酬进行确认和计量的项目时，要综合考虑，确保企业人工成本核算的完整性和准确性。职工薪酬准则规定的职工薪酬主要包括以下内容：

（1）职工工资、奖金、津贴和补贴，是指按照国家统计局的规定构成工资总额的化时工资、计件工资、支付给职工的超额劳动报酬和增收节支的劳动报酬、为了补偿职工特殊或额外的劳动消耗和因其他特殊原因支付给职工的津贴，以及为了保证职工工资水平不受物价影响支付给职工的物价补贴等。

（2）职工福利费，主要是尚未实行分离社会职能或主辅分离、辅业改制的企业，内设医务室、职工浴室、理发室、托儿所等集体福利机构人员的工资、医务经费、职工负伤赴外地就医路费、职工生活困难补助、未实行医疗统筹企业职工医疗费用，以及按规定发生的其他职工福利支出。

（3）医疗保险费、养老保险费、失业保险费、工伤保险费和生育保险费等社会保费，是指企业按照国务院、各地方政府或企业年金计划规定的基准和比例计算，向保险经办机构缴纳的医疗保险费、养老保险费（包括向社会保险经办机构缴纳的基本养老保险费和向企业年金基金相关管理人缴纳的补充养老保险费）、失业保险费、工伤保险费和生育保险费。企业以购买商业保险形式提供给职工的各种保险待遇属于职工薪酬，要按照职工薪酬准则进行确认、计量和披露。

（4）住房公积金，是指企业按照国务院《住房公积金管理条例》规定的基准和比例计算，向住房公积金管理机构缴存的住房公积金。

（5）工会经费和职工教育经费，是指企业为了改善职工文化生活、为职工学习先进技术和提高文化水平和业务素质，用于开展工会活动和职工教育及职业技能培训等相关支出。

（6）非货币性福利，是指企业以自己的产品或外购商品发放给职工作为福利，企业提供给职工无偿使用自己拥有的资产或租赁资产，比如提供给企业高级管理人员使用的住房，免费为职工提供诸如医疗保健的服务，或向职工提供企业支付了一定补贴的商品或服务等，比如以低于成本的价格向职工出售住房等。

（7）因解除与职工的劳动关系给予的补偿，是指由于分离办社会职能、实施主辅分离、辅业改制，重组、改组计划、职工不能胜任等原因，企业在职工劳动合同尚未到期之前解除与职工的劳动关系，或者为鼓励职工自愿接受裁减而提出补偿建议的计划中给予职工的经济补偿，即国际财务报告准则中所指的辞退福利。

（8）其他与获得职工提供的服务相关的支出，是指除上述七种薪酬以外的其他为获得职工提供的服务而给予的薪酬，比如企业提供给职工以权益形式结算的认股权、以现金形式结算但以权益工具公允价值为基础确定的现金股票增值权等。

3.2.1.2　企业人工成本主要统计指标

我国国有企业人工成本统计指标主要包括“水平成本指标”“结构成本指标”“水平成本指数”和“投入产出成本指标”四大类。

1. 水平成本指标

（1）人均人工成本：表示用人单位雇用一名职工所要支出的平均人工费用水平。根据人均人工成本，可以分析企业间人工成本的结构差异，对各自竞争潜力和用工效率产生的影响，为调整人工成本使用方向和提高使用效益提供参照，目前国际上通常采用小时人工成本表示人均人工成本，它可以表示：① 从业用工人员以直接和间接的方式从所服务的企业得到的平均劳动报酬水平；② 用于衡量企业聘用一名从业劳动人员所需要承担的平均费用水平，为企业提供数量化的参考标准。人均人工成本自身也存在着不足，因为人均人工成本只反映从业人员劳动报酬和企业人工成本支出的平均状况，却不能反映不同岗位（种类）从业人员的报酬状况，反映的现象过于笼统，所以要将人均人工成本指标和职位人工成本指标结合使用。

(2) 职位人工成本：表示在一定时期内，企业对某一类职位从业劳动人员在工作过程中所发生的直接和间接支出的平均人工成本指标。依照此项指标，反映企业在一定时期内(一般为一年，也可以是月、小时) 因使用某一类人员所产生的全部人工成本，同时反映这一类人员在相同时期内所获得的总体报酬水平，并将其与某一类人员所创造的价值进行比较，衡量该职位人工成本管理水平。

在职位人工成本的职位分类标准的选择上，采用劳动力工资指导价位的职位分类标准，或者从中选择若干较为典型或更具有代表性的职位进行统计分析。

2. 结构成本指标

(1) 人工成本各项结构比。人工成本各项结构比是企业全部人工成本的支出中各个项目各自占有的比例关系，它可以反映企业人工成本支出的总体结构以及各个构成项目的变动情况和优化程度。

(2) 人工成本占总成本（费用）比。目前我国企业人工成本中的绝大部分纳入企业总成本进行核算，只有很小的一部分人工成本不在企业总成本（费用）核算范围之内，如企业公益金。因此，人工成本相当于总成本（费用）的比例基本可以等价于人工成本在总成本（费用）中的结构状况以及结构的变动情况。

由于人工成本和其他成本（费用）都是企业为获得一定的经济效益的情况下所付出的代价，所以人工成本占总成本（费用）比这一指标基本可以反映企业部分代价与总体代价之间的关系。

3. 水平成本指数

人工成本水平成本指数是指当期人均人工成本（年度、月、小时人工成本）、职位人工成本与基期的所形成的对比关系，该指标以定比或环比形式反映一定时期内人工成本水平的升降幅度。

4. 投入产出成本指标

劳动分配率是企业人工成本占企业增加值的比重。其计算公式为：劳动分配率 = 一定时期内人工成本总额/同期增加值总额 ×100%。它是集中反映企业人工成本投入产出水平的指标，也是衡量企业人工成本相对水平高低程度的重要指标。

3.2.1.3　人工成本管控实践流程

1. 人工成本管控的预算

(1) 合理确定企业人工成本总量及结构。

企业依照公司年度经营目标，将人工成本总量分解到各个部门和基层单位。各基层单位对人工成本做两项分解：一是参照历史水平，依照实有人数所占比例分解到其所属部门及车间级单位，建立人工成本负责制；二是按照时间进度编制分月滚动计划，动态调整，确保控制，并作为考核的依据。

(2) 合理设计企业人工成本预算。

企业按照自身特点，优化组织结构，使人员的定岗定编制度合理化，并且将各类人员的编制纳入企业人工成本预算中，各部门要严格按照企业人员编制进行人力配备。企业的组织结构中尽量减少中间的无效环节，避免出现人员过剩现象。

2. 企业人工成本管控具体实践

相对企业来说，人工成本是一种看得见、摸得着的有形成本，其支出合理与否的判断依

据是，达到或高于国家关于相关项目的最低保障的要求，并在此基础上保持达到企业自身盈利与亏损的平衡点，并以企业的目标利润为基础水平，权衡并设定本企业的人工成本的支出水平，因此有必要设置人工成本的控制线。

（1）人工成本支出上限和下限。

本着人工成本支出的设置原则，虽然在企业经营中必须耗费人工成本，同时企业人工成本也体现着从业人员工资和其他相关福利的水平，随着经营利润的提升，人工成本的提升也是必然的，但基于企业目前生产经营特点所限，企业的人工成本支出水平不宜过高。

（2）人工成本控制线。

企业在实际人工成本控制过程中，只要遵照盈利亏损平衡法，使企业自身的人事费用率和劳动分配率不超过此种方法所确定的上限额度，就可以使得上述两个指标处于人工成本的安全区域内了。

3.2.1.4　人工成本管理过程监控

企业自身为实现人工成本管理控制的目标，在企业经营过程中，要及时建立起人工成本的监控体系，并迅速、高效地调整该体系在实施过程中所遇到的问题，以确保其按照企业预设的方向运行。通过建立企业的预警体系，实现企业人工成本管理过程的有效监控。在企业出现人工成本水平的异常情况时，会及时做出预警。人工成本管理过程监控体系主要由预警线设定、预警级别设定、预警体系运行及预警分析与改进等几部分组成。

1. 预警线设定

在企业人工成本管制体系指标的一致性要求的指引下，人工成本预警线的设定要遵从企业人工成本管制目标，人工成本预警线通过工业增加值与总成本的比值进行设定；人工成本弹性和偏差率预警线通过公司人均人工成本，人均增加值、人均营业务收入进行设定：人工成本劳动分配率和人事费用率预警线通过公司人工总成本、增加值及主营业务收入进行设定。

2. 预警级别设定

根据上述选定的一条预警线，运用形象颜色来进行界定的方法，设定企业人工成本管制预警级别。

3. 预警体系运行

企业人工成本管控预警一般以季度为周期。企业在设置人工成本管控预警周期时，可参考企业自身的绩效管理制度、工资分配制度以及企业其他业务流程的相关周期。预警体系运行流程为：每个季度末，企业相关部门及其负责人根据人力资源会计要求准确记录当季发生的人力资源获取成本、开发成本、使用成本、保留成本、离职成本，当季人工成本总额、人均人工成本等信息，收集有关人工成本管控的数据与信息，并结合公司财务部门提供的有关公司当季销售收入、增加值等信息的基础上，计算出当季企业的劳动分配率、单位人工成本产出率。同时，测算当期内人工成本费用控制率，将当季实际发生的人工成本支出与公司预算的人工成本支出比较。通过计算上述三条预警线的执行情况，公司人力资源部发布公司当季的人工成本管控预警级别报告。

4. 预警分析及改进

当期的人工成本管控预警级别报告形成后，不论人工成本管制预警结果如何，企业相关负责人员都应当对其结果进行分析。

3.2.2 中国石化人工成本管理的具体要求

3.2.2.1 人力资源规划

1. **科学制定人力资源需求计划**

企业人力资源部门依据各基层单位、部门的实际需求，根据本企业生产经营和发展需要，按照总部用工总量控制和定员管理、用工配置的总体要求，统筹考虑队伍结构优化和合理接替储备，制定本企业人力资源需求计划，经企业办公会研究通过后，报人事部审批。

人事部统筹考虑公司发展和员工队伍建设需要，核定下达企业用工总量控制目标、年度用工总量考核指标、年度增补职工计划及年度毕业生引进计划，并提出配置渠道和质量要求等方面的调整意见。

2. **落实人力资源需求计划**

各级人力资源部门根据总部下达的各项年度用工计划指标，制定具体实施方案及内部用工具体管理办法，经企业分管领导审批后组织实施。企业因各种原因如果需要调整用工总量控制目标或各项年度用工计划指标，需经企业负责人审核后，上报人事部核准。

3.2.2.2 岗位设置

1. **人员岗位设置**

各级人力资源部门负责依据总部规定权限，合理进行下属企业的岗位设置，明确各类岗位的主要职责，并报送企业分管领导，总部报人事部主任审批。

2. **合理制定岗位职责**

各级人力资源部门根据岗位设置及岗位职责，清晰界定各类岗位之间的分工关系，确保适应各类业务工作需要，对不相容岗位实施相互分离、制约和监督。对经营管理活动有关敏感、关键岗位，各级人力资源部门要结合实践经验，对某些控制薄弱、易发生舞弊行为的岗位实行定期轮岗、交流等。

3.2.2.3 规范人员招聘工作

各级人力资源部门负责内部各级管理人员、技术人员和操作人员的招聘工作，并根据不同的应聘职位采取不同的招聘程序。公司管理层根据审批权限对招聘结果进行审批。各级人力资源部门在招聘过程均遵循岗位回避原则。

总部及企业招聘各类人员，要控制在人事部核定下达的用工计划范围内，并认真执行总部规定的条件、标准和有关要求。人员招聘工作文档记录要齐全、规范。招聘人员要特别关注招聘对象的职业道德和专业胜任能力。对于会计、出纳、采购、销售、招投标、信息系统操作等易发生舞弊行为的岗位以及中、高级管理人员的招聘，要专门审核招聘对象是否有违法犯罪、行政处罚、商业欺诈等前科。对专业技术有特殊要求的岗位，招聘对象要具有相应的从业资格证书，并检查其真实性。

3.2.2.4 劳动合同及保密协议的签订

总部、企业根据国家、当地劳动法律法规和公司有关规定，对录用的全日制劳动合同工，自用工之日起一个月内订立书面劳动合同，根据合同期限的长短，试用期时间为 1 个月至 6 个月不等。

各级人力资源部门要明确界定产品技术、市场、管理等方面涉及或掌握企业知识产权、专有技术、商业秘密的工作岗位范围，并明确相关保密要求。

3.2.2.5　薪酬福利管理

1. 制定公司内部分配制度

企业人力资源部门根据国家和所在地地方政府及公司政策规定，结合市场调查，制定内部分配制度，经企业办公会审批后，报人事部审批，履行规定的民主程序后实施，实施方案报人事部备案。企业内部分配制度经人事部审批后，如有较大调整，须报人事部审核同意。日常配套或完善的有关制度、规定，经本企业办公会研究通过后实施。

2. 编制和审核年度工资总额计划

人事部拟定年度工资总额使用计划，根据年度经营业绩考核情况，提出考核兑现奖金以及年度工资总额分解的具体意见；根据用工总量计划和各类用工实际使用情况，提出企业劳务费总额的具体意见，按规定权限审批后，核定下达企业年度工资总额、劳务费和人工成本计划。

3. 合理安排工资和劳务费

各级人力资源部门根据内部绩效考核情况，按照总部下达的年度工资总额计划和劳务费总额计划，拟定本单位的工资总额（包括奖金总额）和劳务费总额使用安排意见，报本企业办公会研究通过后执行。

4. 规范工资、奖金的计算和发放

各级人力资源部门负责工资、奖金、劳务费及有关保险的计算、监督和审核，财务部门依据人力资源部门提供的计算表，发放工资、奖金，缴纳各种保险费，支付劳务费用。财务部门依据人力资源部门审批的工资发放汇总表、劳务费核算表以及其他社会保险计算表，按照公司内部会计制度进行账务处理，相关会计凭证由不相容岗位人员稽核。

企业按照总部核准的年度预算和时间进度计提工资、奖金及其他人工成本。超过规定计提的，须经企业总会计师和分管领导审核后，报人事部、财务部审批。

5. 按规定缴纳社会保险及企业年金

企业社会基本保险，均按属地原则管理。人事部会同财务部等有关部门制定公司企业年金制度、补充医疗保险指导意见（总体规划），按规定权限审批后组织实施。

企业根据公司企业年金制度和补充医疗保险指导意见（总体规划），制定本单位具体实施办法，经企业办公会研究通过后，报人事部、财务部审批，履行规定的民主程序后实施。

各级人力资源部门及财务部门根据国家和公司政策规定，研究提出住房公积金实施办法，经企业办公会研究通过后，报人事部审批。

3.2.2.6　员工培训

各单位采取上下结合的方式，分别组织制定培训规划和年度培训计划。培训计划由人力资源部门会同业务部门研究制定，按规定程序报批。各级人力资源部门要认真落实各类培训计划，保证员工按规定参加各类培训，有针对性地提高各类员工的专业素质、道德素养和履职能力。

各类培训项目原则上依托集团公司和企业内部的培训基地举办。培训经费在职工工资总额的规定比例内据实列支，劳务工培训经费按劳动报酬的一定比例纳入预算、据实列支。

3.2.2.7　人工成本分析及优化

各企业要对用工总量和用工需求实行动态管理，并对用工总量控制情况进行年度考核。各级人力资源部门会同财务部门定期进行人工成本分析，并提出优化方案，以追求效益最大化为目标。

3.3　纳税成本管理

3.3.1　纳税成本管理的基本原理

3.3.1.1　纳税成本组成

企业的纳税成本一般情况下由三部分组成：首先是实际税负，也就是企业在一定的时期内实际向国家缴纳的税款；其次是纳税成本，也就是企业在向税务机关依法纳税的过程中所实际耗费的各项成本、费用；再次是税收效率成本，也就是指企业选择税收制度造成的歪曲，这和税收制度的优化有关。在实际工作中，税收成本表现为直接成本、遵从成本、风险成本和机会成本，税收成本的构成和分类见表3－1。

表3－1　企业税收总成本表

<table>
<tr><th>项目</th><th>税收成本分类</th><th colspan="2">表现形式</th><th>属性</th><th>管理可能性分析</th></tr>
<tr><td rowspan="14">企业税收总成本</td><td rowspan="5">（一）直接成本</td><td rowspan="5">1. 税款支出</td><td>1.1　流转税金及附加：增值税＼营业税＼消费税</td><td rowspan="5">必须支出</td><td rowspan="5">可以在遵从税收法律、法规的前提下，合理安排企业的各项投资经营决策，达到不缴、少缴或推迟缴纳税款的目的</td></tr>
<tr><td>1.2　所得税</td></tr>
<tr><td>1.3　资源税</td></tr>
<tr><td>1.4　财产税</td></tr>
<tr><td>……</td></tr>
<tr><td rowspan="3">（二）遵从成本</td><td colspan="2">2. 办税费用</td><td>必须支出</td><td>可以加以管理</td></tr>
<tr><td colspan="2">3. 税务管理费用</td><td rowspan="2">可能支出</td><td rowspan="2">可以加以管理，遵循成本收益原则</td></tr>
<tr><td colspan="2">4. 税务代理费用</td></tr>
<tr><td rowspan="5">（三）风险成本</td><td colspan="2">5. 多缴税款</td><td rowspan="5">不必要的支出</td><td rowspan="5">应当避免和控制</td></tr>
<tr><td rowspan="4">6. 少缴税款</td><td>6.1　罚款</td></tr>
<tr><td>6.2　罚金</td></tr>
<tr><td>6.3　滞纳金</td></tr>
<tr><td>6.4　刑事责任</td></tr>
<tr><td>（四）机会成本</td><td>7. 机会成本</td><td>主要指：货币的时间价值和投资机会的减少……</td><td>可能性支出</td><td>重视管理</td></tr>
</table>

直接成本，主要是指企业在一定时期内实际缴纳的各项税收支出。从理论上来讲，直接成本是必然要发生的支出，但是在一定时期内，企业可以根据实际情况，通过利用国家税收法律、法规给予的特殊的税收优惠政策来进行合理安排，尽量达到不缴、少缴或延迟缴纳税款的目的。遵从成本，主要是指企业在向税务机关缴纳税款的过程中发生的办税费用，这部分费用企业完全可以根据实际情况自行加以控制和管理。风险成本，主要是指企业在生产经

营过程中多缴纳税款或者少缴纳税款所带来的税收滞纳金、罚款等一些不必要的支出，这部分支出企业也可以加以控制和管理。税收在企业的经营成本中占有较大的比重，是企业正常经营成本中必不可少的一部分，企业必须通过科学的、严密的纳税规划来选择对企业自身有利的纳税方案；也可以通过充分享受国家规定的各项税收优惠政策来减少纳税；还可以通过强化自身的税务管理来减少或者避免因税收违规、违法而被加收滞纳金和罚款等有效的措施加以管理与控制。

3.3.1.2　企业纳税成本的影响因素

总体而言，企业纳税成本主要受国家税收政策、企业税收筹划和避税行为及税务部门征管水平等因素影响。

1. 国家税收制度及政策因素

首先，税收制度影响企业税负水平。一方面，税基的规定不同，税目、征税范围和计税依据的具体规定导致行业及企业间的税负水平存在差异；另一方面，税率作为税收的直接决定因子，在很大程度上直接决定了企业的税负水平。其次，税收优惠政策影响企业税负水平。出于鼓励投资、吸引外资、优化产业结构和缩小地区差距等方面的考虑，各国政府均实行惠及企业的若干税收优惠政策，如减免税、优惠税率、税收扣除、加速折旧等。这些措施均有助于企业不同程度降低税负水平。

2. 企业税收筹划及其他避税因素

为尽可能降低税收成本，提高自身竞争力，企业一般会在符合国家法律和税收法规的前提下，按照税收政策法规的导向，事前选择税收利益最大化的纳税方案处理自身的生产经营和投资活动。税收筹划行为可在一定范围内降低企业税负。相对而言，近些年来跨国公司经常使用的以转移定价为代表的避税行为会较大幅度降低企业税负。

3. 税务部门征管因素

税务部门作为税法的执行者和税收收入的征收机构，其征管执法水平也直接影响企业税负水平。一方面，在某些税法条例的执行上，税务部门有一定的自由裁量权，导致企业间税负水平的差异；另一方面，在具体的税收征管实务中，税务部门的执法力度也直接影响企业税负水平，当税收征管水平较低时，税收流失严重，企业税负水平较低，反之，税收收入的课征数量更接近于制度的规定，企业的税负水平提高。

3.3.1.3　纳税成本管理的目标

1. 帮助企业创造更大的价值

税务管理能够为企业创造的价值一般情况下主要包括有形价值和无形价值两个方面的内容。有形价值主要是指在遵循税收法律、法规的前提下进行有目的的合理节税，采取税务管理的方式来降低企业的税收负担水平，以此帮助企业创造出更多的价值。比如合理利用“三新”技术和安置残疾人数量来达到可以享受企业所得税税收优惠的标准，以此为企业节省税收，降低企业的成本和税收负担。无形价值则主要指的是企业的税务管理，企业利用合理、有效的税务管理来帮助自身形成良好的社会声誉，提升自身的社会形象，以利于企业在提高知名度的同时吸引更多优秀的技术和管理人才，有助于企业更好、更快的发展。这两个方面的内容都可以直接或间接地帮助企业创造更大的经济价值和社会价值。

2. 实现利润最大化而不是纳税最小化

企业从事经营活动的最终目的是实现利润最大化，而不是少缴税款的纳税最小化。也就是说，企业的目的是穷尽各种经营方法保证企业实现最大化的利润，但是如果纳税人把从事生产经营的最终目的仅仅定位于采取手段少缴税款上，则是错误的。税务管理的有效实施是帮助企业在遵循法律、法规的前提下，通过开展税务管理和控制纳税风险来尽可能地避免和防范缴纳不必要的税收。如果企业仅仅是想不缴或少缴税款的话，那么该企业可以不从事任何与生产经营相关的活动，因为这样做其所负担的税款就会很少，甚至没有。

3. 可控制的纳税风险水平

税务管理的目标要求企业的纳税遵从水平与本企业对纳税风险的承担能力相符合。也就是说，一个企业的税务管理水平如何，该企业的税务管理是否有效，能否达到预期的目的和要求，一个主要的衡量标准就是这个企业对税法的遵从水平是否与其自身所能够承担的纳税风险能力是匹配的、对应的、相符的。

3.3.1.4　纳税成本管理的原则

企业纳税成本管理的原则是指企业纳税成本管理遵循的基本准则。这些基本原则是由企业纳税成本管理的特性和其在该企业所处的地位所决定的。

1. 依法管理原则

相对于企业的经营管理而言，企业税务管理主要不是依据企业自身的规章制度来进行，而是依据税收法律、法规来进行的，企业的任何涉税事务都必须依据法律、法规的相关规定来进行，因此，依法管理是企业税务管理的首要原则。当企业的经营决策、管理办法、客观需要以及规章制度等与国家有关税收法律、法规规定的要求相抵触或不一致时，必须按照法律、法规的要求修正自身的行为和安排，这是企业税务管理的基本准则。

2. 事先筹划原则

事先筹划原则指的是，企业所有的涉税行为都应该在事先整体谋划和计划安排的前提下来进行，既要避免盲目行事，又要避免事后补救。企业的涉税行为如果盲目行事，就很难做到充分、合理地利用国家税收优惠政策来选取最佳的涉税方案，自然也就无法享受到最低税负。同样，如果事后补救，就很可能出现“做手脚”或侥幸心理等情况，无法做到涉税零风险。所以，只有在事先经过认真分析研究、精心筹划安排的前提下，才有可能做到税负最低和纳税风险最小，也才有可能在客观条件发生变化的情况下从容应变，不至于因为忙中出错而加重自身的税收负担。

3. 全过程管理原则

所谓全过程管理，包含两层含义：一是从企业生命周期来讲，从筹划企业设立开始，一直到企业清算结束，整个生产经营过程都需要对有关涉税事项进行税务管理；二是指企业具体的涉税业务从头到尾都需要进行税务监管，不能有任何一个涉税环节或涉税事项处于税务管理的“真空”状态，只有如此企业税务管理才能真正落到实处。涉税业务或事项的任何一个环节出现错误，都有可能给企业带来税收成本的增加。比如，企业的一笔购销业务，可能由于在合同签订时某些约定的条款考虑不严密，而使企业垫支税款或者不能及时抵扣，或者是直接或间接地加重自身税收负担，或者由于发票开出或取得不当而导致税收受损，同时也可能由于费用处理不当而加重税收负担，还有可能由于出口退税、抵扣税款中出现差错或单证不全而受阻等。

4. 整体最优和整体协调原则

所谓整体最优是指整体效益最佳，这是管理的根本，所以，税收负担最低要服从于效益优先原则。在经济交易定价决策中，何种价值最优不是以税收负担的最低为依据，而是以企业效益最大为依据的。在局部和整体税收负担相关联的交易中，是以整体的效益最佳为原则的，既使局部税收负担有所加大也要服从整体利益最佳的原则。税务管理是一个系统的、全面的管理，整体最优是系统管理的基本要求。

所谓整体协调，指的是企业税务管理不能顾此失彼，也不能彼此矛盾，更不能就事论事、朝令夕改或者是只顾眼前不顾今后，否则，就会事与愿违。无论是企业税务管理流程，还是企业税务管理制度，都需要有连贯性和延续性，更需要有整体协调性，要求不仅前后各个环节之间要协调，部门与部门之间要协调，上级与下级之间要协调，内部制度、规定与法律、法规之间要协调，而且企业内部管理与企业外部管理也要协调。

3.3.2　中国石化纳税成本管理实践

3.3.2.1　设置税收管理岗位

财务部门要设置税务管理科室或岗位，明确岗位职责，制定具体业务操作流程，配备专职或兼职人员负责涉税业务管理。税务管理人员岗位调整或调离时，要做好业务交接工作。

3.3.2.2　做好税务登记工作

财务部门负责组织或办理税务登记、变更及注销税务登记和税务登记的年检工作。税务登记、变更、注销时要报上一级财务主管部门备案。

3.3.2.3　合理进行税务筹划

财务部门要研究国家税收优惠、减免政策，结合企业执行情况进行分析，提出本年度筹划方案，报本部门负责人。

对重大投资项目、重组改制、吸收合并、分立、对外合资（合作）等重大经营事项，财务部门要进行税收风险评估，研究涉税事项处理优化方案，并出具报告，报本部门负责人。

3.3.2.4　及时进行纳税申报和税款缴纳

各项税收（含石油特别收益金、矿产资源补偿费）的申报表由财务部门税务管理岗位人员负责填报，由财务部门负责人审核确认，并在国家规定期限内向主管税务机关（或财政等有关部门）申报。

财务部门对于税法规定需进行税务事项审批和备案管理的，要在税法规定时限内完成。财务部门负责人审批税收资金划拨凭证后，按国家规定期限缴纳各项税金。

3.3.2.5　重视发票管理工作

1. 发票的取得

增值税专用发票、普通发票要由财务部门统一向当地税务机关购买（印制），按规定使用。不符合规定的发票（如：与实际结算内容不符、未经复写、大小写不一致等），不得作为财务报销凭证，财务部门有权拒收。

2. 发票的开具与保管

发票由本单位财务人员填开或财务部门授权人员填开（其中增值税发票只能由财务人

员开具）使用，不得转借、转让、代开发票。未经主管税务机关批准不得拆本使用发票。

凡销售商品、提供服务以及从事其他经营业务收取款项时，要在实现经营收入或者发生纳税义务时，按照规定的时限、号码顺序如实向付款方填开发票。开错发票要书写或加盖“作废”字样，完整保存各联备查。

发票只准在购领发票所在地填开。到外埠从事经营活动需要填开发票的，按规定可到经营地主管税务机关申请购买发票或者申请代开发票。财务部门要安排专门人员保管发票并设置发票领购、使用、保管、缴销登记簿。

3.3.2.6　加强纳税档案管理工作

财务部门由专人负责保管税务证件及各种纳税资料，建立查阅借用登记制度。取得的增值税专用发票抵扣联或其他抵扣凭证由财务部门统一存档保管10年以上。保管期满报经税务机关查验后销毁。财务部门要指定专人负责保管已开具的发票（票据）存根联，保管期限为5年。保管期满报经税务机关查验后销毁。对于没有存根联的已开具发票（票据），建立登记簿，记录发票（票据）使用情况，并定期备份发票电子存根信息，保管期限5年。

3.4　物资采购成本管理

3.4.1　物资采购成本管理的基本原理

3.4.1.1　物资采购成本构成

采购成本有广义和狭义之分，狭义的采购成本仅指采购物资的价格。广义的采购成本是指订购、流通、消费全过程物品实体与价值变化而发生的全部费用，具体包括从生产企业原材料的采购计划开始，经过订购、物资的运输、仓储、搬运、装卸、货款的支付，以及在生产领域发生的由于供应商的过失而引起的额外作业，包括由于物资运输不及时而引起的生产延迟、由于物资质量不合格而引起的退货、停工等发生的所有耗费。总之，现代制造企业采购成本是指从原材料的采购计划开始一直囊括到原材料进入生产线，甚至包括原材料回收等在内所发生的全部采购费用，即生产物资（服务）在获得、接受、存储、适用及报废处置过程中的所有费用。

公司的采购成本可分为采购前期成本、采购过程成本和采购后期成本。其中采购前期成本是指在订购行为发生以前的前期工作所发生的成本，包括市场调查、挑选供应商、估价、询价、议价等。采购过程成本是指在原材料订购过程中所发生的资源消耗和费用指出，包括：材料成本如原材料的单价和采购数量；采购管理成本，也即采购计划编制订单和采购管理过程中采购部门正常运转所发生的人员工资、电话费、邮资、办公用品、差旅费和其他必需的管理费用；管理供应商的成本，也即供应商开发、维护和供应商绩效评估等活动的成本；物流成本，包括运输成本、通关作业成本等；仓储成本如接收入库和搬运过程中的人员、设备、物资和消耗的能源等，同时也包括储存原料所发生的储存成本，如人员、仓租、维护保养等；税务成本，指在采购过程中所发生的税务支出。采购后期成本为原材料交易完成以后所发生的成本支出，包括：支付作业成本，即在供应商交货以后，送货单据、商业发票，采购订单和月结单等文件资料的整理和核对、税务发票的处理、信用证的开具和修正、货款的支付等活动产生的成本；资金成本，即所占用资金的机会成本。品质成本，对材料品

质的检验化验、退货、报废等行为所发生的成本。

3.4.1.2 物资采购管理模式

马克·戴在《采购管理手册》① 一书中提出，组织采购的一般方案可有5种选择：集中采购，一个强有力的采购中心站在全局的立场从事采购管理；分散采购，由采购中心制定采购战略，并负责各采购部门间的协调，各采购部门均按自己的利益进行采购；细分化采购，一个小型的采购中心负责制定采购战略，而将采购与供应管理的任务交给预算部门；联盟采购，各分支机构将权力上交中心机构，由中心机构制定采购策略并负责提供各种服务；混合采购，在采购商品时，一部分采用集中采购方式，一部分采用分散采购方式。

彼得·贝利等人在《采购原理与管理》② 一书中提出，对采购组织的活动，大多数运行数个机构的集团或大型组织都会采取一些介于集中购买一切和在本地购买一切之间的折中方法，目的在于平衡实力优势和灵活性优势。基本上有3种可供选择的方法：一是完全分散，允许各个单位内部自治；二是完全集中，在实际操作中意味着除了在当地购买低值物品外，所有物品都由中央办公室购买；三是上述两者的结合。

1. 准时化采购

准时化采购，它是由准时化生产（Just In Time）管理思想演变而来的。其基本原理是以需订供，即在恰当的时间、恰当的地点，以恰当的数量、恰当的质量提供恰当的物资。JIT以订单为驱动，通过“看板”采用拉动方式，将供、产、销紧密地衔接起来，使物质储备、成本库存和在制品大为减少，提高了生产效率。

准时化采购十分重视客户的个性化需求；重视人的作用；重视对物流的控制，主张在生产活动中有效降低采购、物流成本；要求全过程各阶段都要具有高水平的质量、良好的供应商关系以及对最终产品需求的准确预测。在供应链控制管理环境中，采购管理的目标是在需要的时间，将需要数量的合格物料送到需要的地点。准时化采购使采购业务流程朝着零缺陷、零库存、零交货期的期望方向发展，增强了供应链的柔性和敏捷性。

2. 分散型采购管理模式

分散采购是指总公司/集团将物资采购权下放到分公司/子公司，由其成立独立的采购部门进行采购，主要特点是：较少的官僚采购程序，问题反馈快，针对性强，方便灵活；对利润中心直接负责，可以更好地把握和更严格地控制；对于内部用户有更强的导向。

3. 集中型采购模式

集中型采购模式下，分/子公司的采购权均集中在采购部门，通过对采购部门提交需求计划，采购部门通过对各种类别的需求进行集合和统一，构成大的采购订单，在通过比价采购、招标、定点采购、紧急物品特殊采购等多种采购方法，来满足物资需求。这样，既降低了采购成本，又提高了采购质量。

4. 复合型采购管理模式

分散采购模式和集中采购模式各有利弊，复合型采购模式既可以对通用性的物资实施集中采购，又可以有针对性的对分公司的特殊物资实施分散采购。

---

① 马克·戴．采购管理手册[M]．许春燕等，译．3版．北京：电子工业出版社，2004.

② 彼得·贝利．采购管理与原理[M]．王增东，李锐，译．9版．北京：电子工业出版社，2006.

在这个复合型采购模式组织结构中，集团或总公司的采购部常常负责以下几个方面的事情：

(1) 决定政策、标准和程序以及集团规格；对集团使用的任意数量的通用性材料进行合同谈判；

(2) 主要的工厂和设备以及固定资产项目合同；

(3) 进口材料合同以及相关出口合同；

(4) 与供应相关的法律事宜；

(5) 集团库存的整体协调；

(6) 对集团内部的采购人员进行教育和开发，对人员配备和相关招聘提供建议。

而分/子公司的采购部门主要对各自所需的特殊性材料进行采购。在一个企业内相对集中采购活动的优点依赖于被赋予该项工作的执行者能否最有效的使用公司购买的能力，这将包括统一需求、开发供应商、合同仓储、简化手续、为了共同的利益消除不必要的成本而与供应商合作、为实现企业的目标确保一个有效的信息流与同事合作。通常，复合型采购模式适合于大型集团，且要求各个子公司的通用性物资占一定的采购比例，不适合小型公司。

上面阐述了 JIT 采购模式、分散采购模式、集中采购模式、复合型采购模式的各自特点及适用环境，但是一个组织该用什么样的采购模式难以简单的定位，大多数组织想找到一个平衡点，追求利润最大化，所以在不停地依照本公司业务的调整来决定使用哪种采购模式。

5. 战略采购成本管理模式

越来越多的学者指出，采购不再仅仅是为企业提供生产物资，它最主要的作用是节约成本、创造利润和提升竞争力。战略管理和采购成本管理理论发展到今天已经相当成熟，两者的结合使有关采购成本管理的研究也不断取得新的突破和发展。战略采购成本管理是战略成本管理在采购环节的应用，由于战略采购成本管理的全面性和战略性，它的落脚点不是采购价格的降低，而是在于包括获得、接收、存储、使用和报废等全程的总费用支出和资源耗费的减少和降低，也就是所有权总成本的降低。国外理论界对所有权总成本有广泛的研究和论述。

Timothy M. Laseter[①] 在论述战略采购时指出，企业通过基础设施和组织流程的改进，提高企业的整体组织能力，与供应商发展协作关系的同时获得竞争性价格优势。他认为，企业要发展包括发展全球供应基地、利用供应商创新、整合供应网络、建立并维持供应商关系、创建双赢采购战略、TCO（Total Cost of Ownership）建模等方面的能力，以实现战略采购模式。其中，TCO（所有权总成本）被认为是获取双赢采购即战略采购的关键。John Gattorna[②] 的研究指出，战略采购有三个关键因素：TCO、基于事实的谈判、供应商关系管理。他认为战略采购的核心不是最低的采购价格，而是以最低的 TCO 作为采购决策依据，并以此为基础为企业建立供应渠道。

3.4.1.3 影响物资采购成本的因素

所谓采购价格是采购企业为采购某项产品或服务而直接支付的成本。成本结构和市场结

① 蒂莫西 M. 拉塞特. 战略采购管理—与供应商的合作与竞争[M]. 北京：经济日报出版社，2003.

② 约翰·加托纳. 供应链管理手册[M]. 北京：电子工业出版社，2004.

构是影响采购价格的最主要的两个方面。采购中，供应商都倾向于尽可能隐瞒自己的成本结构与定价方法，因此采购人员的一个基本任务就是揭开供应商定价方法及成本结构的面纱。影响采购成本的因素很多，概括起来可以归纳为企业内部因素、外部因素和意外因素三个方面。

1. 内部因素

（1）跨部门协作和沟通。

采购业务涉及计划、设计、质保和销售等部门。由于需求预测不准，生产计划变化频繁，紧急采购多，导致采购成本高；由于设计部门未进行价值工程分析或推进标准化，过多考虑设计完美，导致物料差异大，形成不了采购批量，导致采购成本高；由于质量部门对质量标准过于苛刻，导致采购成本增加等。

（2）年需求量与年采购额。

年需求量与年采购额分别为多少，这关系到在与供应商议价时，是否能得到较好的议价优势。

（3）产品的生命周期。

采购量与产品的生命周期有着直接的关系，产品有导入期、成长期到稳定期，采购量会逐渐增大，直到萎缩期出现，采购量才会逐渐减小。

（4）价格成本分析和谈判能力。

采购价格分析、供应商成本构成分析，是确定采购价格和取得同供应商谈判主动的基础。企业在实施采购谈判时，必须分析所处市场的现行态势，有针对性地选取有效的谈判议价手法，分别采取不同的议价方式，以达到降低采购价格的目的。

2. 外部因素

（1）市场供需状况。

影响采购成本最直接因素就是市场供需情况。在资源紧缺，供不应求时，供应商就会涨价；反之，则降价。

（2）供货商生产技术、质量水平。

一般供应商的生产技术先进、产品品质优秀，产品销售价格就高。因此，采购人员要根据需求部门对质量、技术功能及交货期的要求，合理选择供应商，达到良好的性价比。

（3）采购企业与供货商的合作关系。

在全球经济一体化的大背景下，供求双方建立长期双赢的合作伙伴关系，通过双方共同努力，降低供应链成本，来实现降低采购成本的目的。如果与供应商的合作关系一般，则不容易从供应商处获得较详细的成本构成明细，只有与供应商保持较密切的关系，互惠互信，才可能做到。

（4）供货商的销售策略。

供应商报价与供应商的销售策略直接相关，如供应商为开拓市场获得订单，一般开始价格比较低，在占领市场后会提高价格。

（5）供应商成本。

一般在新产品开发和投入阶段，采购数量少，供应商成本高；进入成长期后，随着采购量增加，技术成熟，供应商成本降低，供应商价格就会降低。

3. 意外因素

自然灾害、战争等因素也会导致采购价格大幅上涨。

3.4.1.4　采购成本管理措施

1. 利用内部控制管理采购成本

建好成本管理内控机制是实现成本控制管理的有效保障。企业很多采购要求和方法已经形成规章制度和流程予以明确，规范并严格执行采购内控流程及规定是控制采购成本的前提。在合同管理上，企业相关部门要从采购价格、运输方式、送货地点、验收标准、违约责任等基础工作抓起，严格监督，把好合同审核、签订和执行关；在供应商管理上，要建立供应商准入制度，实行供应商档案及供应商绩效考核动态管理化，建立对供应商定期再评价的制度，保证供应商档案的时效性；在油品采购上，公司建立统一采购平台，按照采购流程、采购程序，货比三家，降低采购成本；在货款支付上，按照付款流程本着资金成本最小化原则采取合适的付款方式、支付方式支付；在内部监督上，一是充分发挥内部审计的审计监督作用，二是充分发挥纪检监察部门的效能监察作用。

2. 推进集中采购降低采购成本

在集中采购模式下，采购部门通过对各种类别的需求进行集合和统一，构成大的采购订单，在通过比价采购、招标、定点采购、紧急物品特殊采购等多种采购方法，提高采购质量降低采购成本。中国石化集中采购模式主要体现在：一是推进总部物装集中采购，主要包括三剂消耗、备品备件等；二是进口原油的集中代理采购，发挥联合石化在进口原油采购方面的专业优势，集中需求量形成在国际原油市场上的话语权来降低采购成本；三是制定成品油自采评价体系，通过对自采的时间频率、自采资源的密度与价格比、自采区间的销价和购进价的对比、自采量与库存量的变化关系、自采价格与周边省市自采价格的对比等分析，正确评价自采质量，发现差距，挖掘潜力，促进企业降低自采成本。

3. 通过付款条款的选择降低采购成本

在采购环节中，采购付款直接或间接地影响着企业的采购成本。如果选择的付款方式不当，则会导致公司资金运转不足、资金浪费、采购成本提高，从而出现采购成本、物流成本及期间费用增长等诸多问题。因此，为降低采购成本，增加收益，企业要严格控制采购付款的相关工作。

采购付款指采购过程中因采购物品而需支付给供应商的款项。采购付款控制是指采购人员对支付供应商款项的相关活动和内容的控制。其主要包括以下 3 个方面的控制：

（1）付款方式的控制。

付款方式包括现金支付、票据支付等。

（2）支付方式控制。

根据付款进度，不同公司可以选择不同的方式支付供应商款项，主要包括以下 6 种方式：预付部分货款、货到后一次性支付现金、货到后票据支付、货到后分期付款、货到后延期付款、以上方式的结合。

（3）供应商优惠政策选择控制。

采购过程中，采购人员要结合企业的具体情况，分析供应商提出的优惠政策，选择对企业最合适的优惠方案，降低采购成本。

4. 通过购销比价体系降低采购成本

购销比价管理，通俗地讲就是企业在采购和销售两个环节上，通过“价格比较”，选择最有利的价位买进卖出，最大限度地堵塞企业在资金流动过程中的各种漏洞。比价购销是一套完整的管理体系，它有科学的价格决策机制，有规范的操作方法制度，有严格的检验监督保证。

要搞好购销比价管理，必须扎实做好以下两项基础工作。

（1）建立内通外联的价格信息网络，完善价格信息体系。

完善价格信息体系有利于找准方向用对力，在采购成本控制上做到事半功倍。实施购销比价管理离不开价格信息，只有掌握国内外广泛的价格信息，才能谈得上有价可比。主要从以下 3 条渠道收集价格信息：一是市场调研，建立价格网络收集系统。组织专职的业务人员走向市场，充分进行采购市场的调查和资讯收集，同用户进行面对面的询价，感受市场价格变化动态，写出价格信息报告，为价格决策者提供鲜活的定价依据。只有这样，才能充分了解市场的状况和价格的走势，使自己处于有利地位。建立采购价格体系既方便又快捷，能为企业采购工作提供快捷的比价体系，起到未雨绸缪的作用。二是招标询价。采用公开招标形式询价。三是建立价格查询系统，搭建一个降低采购成本的基础平台。通过该平台主要进行价格趋势分析，以及不同货源之间的价格对比，为降低采购成本提供有力的支持。四是把握价格变动的时机，价格会经常随着季节、市场供求情况而变动，因此，采购人员要注意价格变动的规律，把握好采购时机。如果采购部门能把握好时机和采购数量，会给企业带来很大的经济效益。

（2）建立集中统一的资金管理监控体系。

购销过程，实质上就是资金流动过程，实施购销比价管理，必须从加强资金监控做起，所以，确定财务管理在企业经营过程中的中心地位至关重要。一是将企业生产经营活动的资金预算、控制职能全部归口到财务部门管理。财务部门通过预算的编制、执行、考核和分析，对企业的购销资金进行全面监控。二是财务负责对资金的输入（销售）和输出（采购）部门资金流量情况进行登记、分析和核算。三是审计部门在采购行为发生之前通过参与比价管理的全过程提前介入，实现了审计工作向事前监控的转移。

5. 运输优化降低采购成本

运输优化有利于降低运输成本。优化运输尤其要控制好报价环节与结算环节。这两个环节都涉及几点：运输量、运输价格、运输距离、运输路线、运输目的地、到达时间，运输单据及信息交换等，这些关键点最终影响到运输的质量、效率与成本，因此要仔细检查与核实，以防发生错误。所有的内容最后通过运输合同来约定。在优化物流降成本方面，中国石化一是充分发挥管道管输成本低、批量大、效率高的优势，提升一次管输比例。二是与中石油加大资源串换工作力度，补充石化资源不足，减少长距离油品调运，降低一次物流费用。三是沿海油库运输以船为主充分发挥海上船运方式大批量、少批次的优势。四是内陆油库进一步优化油库整体布局，形成整体布局合理、运转高效、成本节约的油库网络体系。五是加强物流费用考核，科学设置考核指标，逐步实现向管理要效益。

3.4.2 物资采购成本管理的具体要求

3.4.2.1 物资计划管理

1. 编制物资需求计划

明确各类物资需求计划的审核部门，物资需用单位根据生产建设需要准确、及时编制物资需求计划，按规定权限审批后报物资供应部门。

大检修物资计划要提前90天提报，月度计划要在上月15日前提报，工程建设项目物资需求计划按项目统筹计划提报，其中长周期关键设备要根据合理的制造周期及早提报。未经授权人员不得修改物资需求计划。

2. 控制物资需求计划

企业物资需用单位和各计划审核管理部门在编制、审核物资需求计划时不得指定或变相指定供应商，对独家代理、专有、专利等特殊产品应提供相应的独家、专有资料，报需求计划责任主体的企业分管领导审批。企业应制订物资需求计划变更管理制度，对因生产或项目建设变更导致物资需求计划变更的，要严格规定变更程序和时间要求。

3. 控制物资采购计划

物资供应部门依据审批的物资需求计划综合平衡资源后，编制物资采购计划并按规定权限在物资供应部门内部审批。采购计划要明确采购物资的名称、规格型号、数量、交货期等要素。

3.4.2.2 物资采购管理

1. 合理制定年度物资采购策略

企业物资供应部门每年年末要牵头组织制订主要物资下一年度的采购策略，明确供应商选择、采购方式选择、采购过程控制和库存管理等方面的策略和措施。

企业物资供应分管领导牵头组织计划、生产、机动、财务、企管、审计、供应等部门和需用单位对采购策略进行集中会审。物资供应部门按会审通过的年度采购策略开展采购工作。

2. 科学制定项目物资采购策略

企业对工程项目物资采购，要提前组织编制项目采购策略，明确项目采购供应商选择、采购方式选择、采购过程控制和库存管理等方面的策略和措施。项目采购策略要集中会审。集团公司重点工程项目的物资采购策略，要报物资装备部备案。

3. 执行集中采购规定

物资装备部按照中国石化集团化采购物资目录，组织实施集团化采购，包括总部直接集中采购、总部组织集中采购和总部授权集中采购。企业物资供应部门对未列入集团化采购物资目录的生产建设物资实施企业层面的集中采购。各企业不得将工程项目采购、化工原料采购等分散到不同部门操作，不得以工程总承包等形式外包物资采购（集团公司所属企业除外）。

总部直接集中采购由物资装备部（国际事业公司）实施采购操作，并与企业签订物资供应协议，以总部直接集中采购物资调拨单履行供应协议。炼化企业所需总部直接集中采购

中的化工原料，由化工销售分公司实施集团化采购。

总部组织集中采购和总部授权集中采购由物资装备部或授权企业牵头组织优选供应商、以集中招标或联合谈判的方式确定采购价格或定价公式，与供应商签订框架协议。企业在框架协议项下实施订单采购。

4. 网上采购

物资供应部门通过中国石化电子商务网实施网上采购，建立网上采购的考核制度，确保网上采购质量。

3.4.2.3 采购价格管理

1. 采购价格的确定

物资供应部门采取招标、联合谈判、询比价、动态竞价等多种方式，按性价比最优、供应总成本最低的原则，科学理性地确定采购价格。框架采购协议通过招标、联合谈判等公开、竞争方式确定供应商、采购价格或价格公式。

2. 框架协议采购执行价格发布

物资装备部根据市场变化情况，及时发布总部组织集中采购或授权集中采购框架协议执行价格，企业物资供应部门在执行框架协议时不得突破，特殊情况由企业分管领导审批。

3.4.2.4 供应商管理

1. 准入供应商资格预审

物资供应部门对申请准入的供应商按标准组织资格审查。对供应物资涉及生产建设安全的供应商，须进行现场考察，提交现场考察报告，明确考察结论，并提出许可供应产品建议。供应商现场考察报告上传供应商管理系统，供其他企业共享。

2. 供应商年审

物资供应部门每年须对交易供应商的整体实力、供货业绩和供应风险进行综合评估和年审，淘汰年审不合格的供应商。

3. 供应商的选择

物资供应部门须在中国石化供应商网络内选择供应商，并按照供应商许可供应产品目录实施采购。需要签订技术协议的，由物资供应部门牵头组织技术交流和技术谈判，用户或相关技术责任部门对技术文件进行审核和签字确认。

在框架协议和重要采购合同签订前，拟选供应商半年内没有风险评估的，须对供应商进行风险评估，评估风险高的供应商要进行现场考察。现场考察不合格的，不得与之签订框架协议或合同。

4. 供应商考核

采购合同/订单执行完毕后一个月内，物资供应部门组织对供应商的价格、质量、交货、服务等方面进行动态量化考核。

3.4.2.5 框架协议和采购合同的签订与审批

1. 框架协议和采购合同的拟定

物资供应部门根据确定的供应商、价格等内容，拟订框架协议和采购合同，准确描述条款，明确双方权利、义务和违约责任。以框架协议方式采购的同一物资品种，供应商原则上不得少于2家，框架协议有效期最长不得超过1年或1个项目周期。

2. 框架协议和采购合同的签订

物资供应部门按照规定权限审批并签署框架协议和采购合同。框架协议要由物资供应分管领导或物资供应部门组织集中会审，形成集中审批表。通过集中会审的框架协议不再履行其他审批程序。对于在总部组织集中采购、授权集中采购和企业自行采购中已经签订框架协议的物资，物资供应部门不得另行以招投标、询比价等方式进行采购。未经授权人员不得签订、修改、删除采购订单或合同。

3. 总部直采调拨单和框架协议项下订单的审批

企业对总部直接集中采购供应协议项下的调拨单，对总部组织集中采购、授权集中采购签订的框架协议项下订单，以及企业自行采购框架协议项下的订单履行物资供应部门内部审批手续。

4. 采购变更备案与管理

企业及供应商相关信息及有关人员发生变动时，企业采购部门和供应商双方在发生经济业务前，要及时提供或索取授权书和变动公函，并将其变动情况及时书面通知相关部门。

3.4.2.6　采购过程控制

1. 过程控制责任

物资供应部门明确过程控制责任，设置相应的机构或岗位从事过程控制工作，确保采购物资安全、及时供应。

2. 采购进度控制

物资供应部门依据采购合同跟踪合同履行情况，建立合同控制台账，定期分析合同执行情况，对有可能影响生产或工程进度等异常情况要出具书面报告并提出解决方案。

3. 采购质量控制

物资供应部门对重要物资建立并执行合同履约过程中的巡视、点检和监造制度。对需要监造的物资，物资供应部门组织技术、机动、使用单位等部门审核确认监造大纲，择优确定监造单位，签订监造合同，落实监造责任人。监造报告及时向技术、机动等部门通报。

4. 采购物流控制

物资供应部门根据生产建设进度需要和物资特性，确定合理的运输方案，及时办理运输、投保等事宜。

5. 物资入库检验

物资供应部门制订必检物资目录，必检物资入库前，物资供应部门组织质量检验，由质量检验部门判定质量状况，出具质量检验报告书。验证放行物资入库前，物资供应部门检查质量保证书、商检证书或合格证等证明文件。

6. 直达现场物资的验收交接

直接运抵现场的物资，由物资需用单位、物资供应部门等有关人员现场验收（必检物资必须按规定进行检验），办理交接手续，并签字确认。

7. 不合格物资处理

企业明确不合格物资的相关管理程序，对不合格物资，物资供应部门依据相关规定办理让步接收、退货、索赔等事宜。对于质量不合格、延迟交货等情况，物资供应部门按合同约定向供应商索赔。

8. 质量反馈

企业建立货物使用质量反馈机制，明确物资采购、质量反馈收集整理不相容职能的分离。质量反馈资料是供应商评定的重要依据。

9. 统一储备

企业物资供应部门是物资储备归口管理部门，负责储备物资的统一管理、统一调度、平衡利库和积压物资处理。企业物资需求计划的审核管理部门是物资库存资金占用的责任主体。

3.5 期间费用管理

3.5.1 期间费用范畴

期间费用是指企业本期发生的、不能直接或间接归入营业成本，而是直接计入当期损益的各项费用。包括销售费用、管理费用和财务费用、勘探费用等。

3.5.1.1 销售费用

1. 销售费用核算范围

销售费用核算公司销售商品过程中发生的各种费用，包括销货运杂费、广告费、业务宣传费、租赁费、经营资产折旧费、保管和销售环节的合理损耗，以及销售人员职工薪酬等；但销售费用中无相关项目的除外，如企业管理过程中发生的业务招待费、咨询审计费、诉讼费、环保支出、研究开发费、图书资料费、车辆费、信息系统运行维护费、四小税等费用项目列入管理费用。

2. 销售费用的构成

按成品油销售的各个业务环节，销售费用分为运输环节费用、存储环节费用、销售环节费用和营销环节费用4个方面构成，具体包括：

（1）运输环节费用主要指油品收储到指定油库之后再发生的油库到加油站、油库到油库、加油站到加油站的二次运输费用，以及销售给终端客户发生的配送运杂费用。一般分为铁路运杂费、水路运杂费、公路运杂费和销售环节管输费、装卸费及其他运杂费用。

（2）存储环节费用主要指成品油在油库、加油站存储、运输和销售期间，发生的合理损耗和经批准核销的非自然灾害、非责任事故所造成的损耗。包括油库储存损耗、销售运输损耗、油气站损耗、输油损耗。

（3）销售环节费用是在为实现成品油对外销售，而发生的与销售活动相关的各项操作性费用、资产性费用和销售人员的职工薪酬支出。主要包括水电费、修理费、经营通讯费、IC卡系统运行维护费、销售服务费、代理手续费、经营资产租赁费、折旧费和销售人员薪酬支出。

(4) 营销环节费用是为企业为营销产品和塑造企业形象，提高销售能力而发生的各种业务宣传费用和广告费用。主要包括业务宣传费和广告费。

3.5.1.2 管理费用

1. 管理费用的核算范围

管理费用核算公司为组织和管理经营活动所发生的各种费用，包括管理人员薪酬、咨询费、审计费、会议费、办公费、开办费、研究开发费用、环保支出、管理部门资产折旧费等，但管理费用中无相关项目的除外。

2. 管理费用的构成

管理费用主要包括：

(1) 管理人员的人工成本：人工成本可细分为工资、社会保险费用、其他保险费用、福利费用、职工教育经费、工会经费、住房费用、劳务费用、辞退福利、非货币性福利等。

(2) 管理部门的日常操作性支出：日常操作性支出可细分为管理部门的水费、电费、取暖费、修理费、印刷费、物业管理费、信息系统运行维护费、低值易耗品摊销、环保支出等。

(3) 管理部门的公务性支出：公务性支出可细分为业务招待费、管理部门支出的办公费、差旅费、会议费、通讯费、图书资料费、车辆费、出国人员经费等。

(4) 税费性支出：税费性支出可细分为财产保险费、四小税及行政性收费等。

(5) 管理部门的其他支出：管理部门的其他支出可细分为管理资产的折旧及摊销、绿化费、环境卫生费等其他费用支出。

3.5.1.3 财务费用

1. 财务费用的核算范围

财务费用核算公司为经营活动筹集资金所发生的利息费用，包括利息净支出、汇兑净损失以及相关的手续费等。为购建资产所发生的借款费用，资本化的部分，不在本科目中核算。

2. 财务费用的构成

根据中石化内部资金管理的相关规定，企业无权在集团外筹融资，长短期借款实行系统内统借统还，资金实行“收支两条线”管理。因此，财务费用主要包括长期借款利息支出、流动资金临时贷款利息支出、票据贴息支出、银行上门收款费用、金融机构手续费和利息收入（作为利息支出的抵减）。

3.5.1.4 勘探费用

1. 勘探费用的核算范围

勘探费用的核算内容包括非钻井勘探支出；未能达到资本化条件的矿区权益支出；矿区权益取得后支付的探矿权使用费和租金等，以及未能达到资本化条件的钻井勘探支出等。

2. 勘探费用的构成

勘探费用通过“勘探费用－地质调查”、“勘探费用－物理化学勘探”、“勘探费用－矿区权益支出”、“勘探费用－探井支出”和“勘探费用－其他支出”科目核算。成本发生时先计入“项目成本”科目，期末按下列原则列入当期损益。

非钻井勘探支出在月末从“项目成本”科目转入“勘探费用－地质调查”“勘探费用－物理化学勘探”“勘探费用－其他支出”科目。

未能达到资本化条件的矿区权益支出在年度内从“项目成本”转入“勘探费用－矿区权益支出”科目。矿区权益取得后支付的探矿权使用费、租金等，在年度内从“项目成本”转入“勘探费用－矿区权益支出”科目。

未能达到资本化条件的钻井勘探支出在年度内从“项目成本”转入“勘探费用－探井支出”科目。

3.5.2 期间费用控制

3.5.2.1 分解落实费用预算指标

要加强费用预算编制，不断提高预算编制质量，经上级部门批准后，按照横向到边纵向到底的原则，将预算指标分解、下达到各部门、各单位。

3.5.2.2 实施费用控制

1. 建立费用管理制度

总部及企业建立费用管理制度，明确各项费用的审批权限，并经审批后执行。费用管理制度包括但不限于差旅费管理、业务招待费管理、通讯费管理、运输（车辆）费管理、销售服务费管理、罚款捐赠支出管理、驻外单位费用管理等内容。

2. 预算内费用支出控制

费用支出实行滚动控制，确保全年费用控制在预算范围内。各级预算执行单位（部门）负责本单位日常经费和归口专项费用的管理；费用归口管理部门对所负责费用的支付与报销事项建立管理台账，并及时与财务部门核对。对于需要进行事前审批的事项，经办单位（部门）在费用发生前，提交费用发生的依据或申请，经相关部门负责人审核确认，按规定权限审批后办理。

3. 预算外费用支出控制

发生预算外费用支出或超预算费用的，按照规定权限报批。

4. 重大捐赠事项管理

发生金额在1000万元及以上或突发灾害的捐赠事项，要按规定权限审批并向国务院国资委报备后方可实施。审计或纪检监察部门要对重大捐赠事项进行抽查。

3.5.2.3 费用核算与账务处理

1. 费用报销管理

财务部门负责审核费用报销手续完备性，经不相容岗位人员复核后，办理款项的支付或报销。

2. 费用核算及账务处理

财务部门要按公司内部会计制度规定正确计算资产折旧、财务费用、职工薪酬等费用，并按照权责发生制原则合理确认应计入当期的费用。财务人员依据审核无误的费用支付或报销单据（科研、技措等大额费用项目还应包括合同和经授权人员审定的项目结算书），正确归集、核算及入账。记账凭证须经不相容岗位人员稽核。各种费用的分摊、分配规则不得随意更改，如需更改须获得财务部门负责人审批。

3. *跨期及暂估费用管理*

财务部门对跨期费用，依据有关规定计算和分配，由财务部门负责人审批后进行账务处理；对已发生但未收到发票以及暂无结算依据的费用，根据实际情况和有关证据，经相关管理部门确认、财务部门负责人审核确认后暂估入账。记账凭证须经不相容岗位人员稽核，且相关会计凭证需附计算依据。

第4章　油田企业成本管理

本章着重以油田板块油气提升、驱油物注入、井下作业、测井试井、轻烃回收、稠油热采等主要生产过程为核心，引入油田企业成本典型应用案例或先进经验，结合各个作业流程中重点关注的经济技术指标、成本指标，阐述油田企业成本管理实务、方法和理念。

4.1　油气提升成本管理

油气提升过程是指直接生产单位（矿、区）通过各种生产方式将油气从井底提升到地面并通过集输管网输送到联合站（集气站）的过程。按照采出产品不同，油气提升过程进一步划分为原油提升、天然气提升两个过程。本节以原油提升过程为例，重点阐述原油提升过程中成本管理的思路及策略，天然气提升过程可参考原油提升过程进行成本管理。

4.1.1　原油提升过程概述

按照举升方式的不同，油井分为自喷井、抽油机井、电泵井、螺杆泵井等，原油提升过程的主要生产设备为举升设备、电机、泵、加热炉以及辅助生产设备。影响成本的主要生产指标有油井开井率、提液量、采油时率、综合含水、泵效、回压等。

4.1.2　原油提升过程主要指标

4.1.2.1　主要成本指标

包括折旧折耗费、人工成本、电费、井口举升设备耗材、化学药剂、原油拉运费、特种车辆费、洗井费、青苗赔偿费和燃料费等。

4.1.2.2　主要经济技术指标

包括提液电力单耗、吨液成本、油井单井耗材等。

（1）提液电力单耗是指在提升过程中每采出一吨液所耗费的电量，单位为千瓦时/吨。提液单耗是衡量提液方式优劣和能耗管理水平高低的主要指标。在同等条件下，提液单耗越低，消耗的电量越少。不同油田、性质不同的原油以及油井深度的差异，对提液单耗都有一定的影响。采用百米提液单耗作为对比依据，使指标在一定范围内具有更强的可对比性。

（2）吨液成本是指在提升过程中每采出一吨液所耗费的成本。吨液成本是衡量原油提升过程经济效益的重要指标，吨液成本越低，在一定程度上表明经济效益越好。

（3）油井单井耗材是指在提升过程中一定期间内消耗的一般材料费与油井开井数之间的比值，单位为元/井。油井单井耗材是衡量材料管理水平的重要经济技术指标。

4.1.3　原油提升过程成本管理

原油提升过程的成本管理主要从两方面进行管理，一是通过优化提升各种生产参数，提高生产时率，通过增加产量来降低单位生产成本；二是对各种实物消耗进行对比分析，找出优化成本支出的潜力，采取措施降低实物消耗，提升经济技术指标，从而实现减少成本支出的目标。

4.1.3.1 生产指标管理

（1）提高油井采油时率。通过对造成采油时率低的主要因素分析和存在问题判断，从井下管柱、地面流程、设备管理、油水井管理、资料管理和新技术应用等方面着手，提高采油时率。

（2）加强油井开井管理。主要根据地层因素，从井下管柱、地面设备、管网等诸多因素考虑，制定合理有效管理措施，全面降低油井躺井率，提高油井免修期，从而提高开井时率，降低自然递减率。

（3）加大设备管理力度。搞好电机设备的管理，降低电机损坏率，建立管理网络图，将电机承包到个人，强化电机的日常管理，做好电机防雨、防雷及保养维护工作。定期检查接地接零、五率一线，保障设备的正常运转。

（4）选择合理的开采方式。油井的举升方式包括有杆泵生产、潜油电泵生产和螺杆泵生产，其中又以有杆泵生产最为普遍。螺杆泵适用于开采黏性较大的油层，在含砂、高油气比的直井或斜井中也可以适用，缺点是排量小、定子易损坏；潜油电泵具有排量大、地面设备及向井下传递能量的方式简单等特点，常作为高产井及中、高含水期油井提高排液量的一种采油方式；有杆泵的种类比较多，除最大排量、斜度受限外，适用于大多数条件的生产，更换及检泵费用相对经济。所选举升方式要投资少、效益高，对油井的生产状况具有较强的适应性，适合油田野外工作环境和动力供应条件，充分发挥油井的生产能力，满足开发方案规定的配产任务。

（5）降低地质因素影响。针对油井出砂、结蜡、泵腐蚀、气体过多，油井原油黏度高等一些特殊井，采取适应的工艺措施，降低地质因素影响。

（6）优化工作参数提泵效。泵的工作参数选择不当也会降低泵效，如参数过大，理论排量远远大于油层供液能力，造成供液不足，泵效自然很低；冲次过快会造成油来不及进入泵工作筒，而使泵效降低；泵挂过深，使冲程损失过大，也会降低泵效。必须通过优化工作参数提泵效。

4.1.3.2 成本费用管理

1. 折旧折耗费

根据中国石化股份公司的财务核算规定，目前油气资产采用产量法提取折耗，固定资产采用直线法计提折旧。产量法是以单位产量为基础对探明矿区权益的取得成本和井及相关设施成本计提折耗。采用该方法对油气资产计提折耗时，矿区权益应以探明经济可采储量为基础，井及相关设施以探明已开发经济可采储量为基础。产量法下当月计提折耗额 = 期末油气资产账面价值 × 矿区当月产量/计算本月折耗的剩余储量。

油田生产具有范围广、投资大、设备多、生产周期长的特点，决定了资产的折旧折耗在油田成本中占有相当大的比例。通过优化投资方案，提高油气资产利用率，可最大限度发挥油气资产的创效能力。

2. 电费

电费是原油提升过程中较大的费用支出项目之一。主要包括抽油机、电泵、螺杆泵等举

升设备的耗电、计量站（中转站）输油泵及其他设备的耗电、掺水伴热系统的耗电等。日常管理中，通常从三个方面发现节电机会：降低单台设备耗电、积极推广节电新技术、加强用电系统管理。

（1）管理重点。

加强源头控制，减少低效无效提液。低效无效排液耗能耗材，加强源头控制必须多部门统一联动，积极开展技术攻关，大胆探索，对症下药，实施堵水、调层、优化地面参数、优化配液等措施。

优化油井举升方式，优化抽油机生产参数，降低单台设备耗电。依据不同地质情况，选用合适的抽油机设备；根据油井负荷变化实施动态管理，提高抽油机调平衡率；优化生产参数，提高抽油泵效，提高系统效率；根据沉没度，优化抽汲参数；通过优化高沉没度井、优化抽汲参数、优化杆管组合等措施，提高系统效率。

推广变频节电技术，对电机、变频器等节能设备采购实施效益分成。通过对原有抽油机电机、泵等设备安装变频器，降低无效负荷，起到节约电费的作用。同时在节能电机、变频器的推广过程中，坚持做到合同前期不直接购买厂家设备，实施一定时间后，根据设备的节电量跟厂家实施效益分成，用节约的电费来充当购买电机的费用，实现风险共担，以此降低采购成本。

加强管理，对低效井实施间开。随着油田进入开发后期，部分油井会出现动液面下降，供液不足等问题，建立合理的间开制度，减少电机运行时间，在不影响产量的情况下可有效减少电量消耗。

（2）具体做法。

① 加强源头控制，降低无效提液量。

为控制无效提液量，节约电费，降低开发成本，某采油厂成立了降低无效提液项目组，依托项目化管理，从源头着手，有针对性地开展技术攻关，对不同区块油井、油层等进行系统、全面地分析和研究，精心制订方案，优化工艺和参数，取得明显效果。

全面评价，突出重点。为搞清强水淹低效井和无效排液层的现状，项目组从三个方面进行了调查、分析、研究。一是开展了强水淹低效井大调查，从小层、井组着手，搞清油藏的注采关系、连通状况、受效方向、水淹状况、能量分布及动态变化状况、分层分区域动用状况；二是对近几年油田产液结构进行分析评价，搞清不同含水级别和产液量的变化趋势，分析强水淹低效井和无效排液量增加以及产出水油比的增大，对油田稳产和生产成本的影响；三是深化地质研究，采用精细油藏描述、动态分析等技术，对单元主力层优势通道分布形态进行描述，在此基础上确定降低无效排液的工作对象和目标，实施“一井一层”分类治理措施，有效地挖掘不同区块的油藏潜力。

优选井层，分类挖潜。实施降低无效排液措施，优化选井选层是关键。为了找准出水点和高含水层，项目组根据强水淹储层水淹状况、井下技术状况、注采关联程度，优选井层实施降低无效排液措施；优化不同井层不同方向的配液，以实现液流转向；利用成熟的工艺技术，采取堵水、调层、限液、补孔、强水淹井关停等措施手段，做到“治理有目的、治理见成效”。

协调推进，过程控制。降低无效排液措施能否成功，成功后效益的高低，与地质研究、井层优选、注采调整、工艺技术、措施后的维护调整等各项工作密切相关。针对控水稳油难度越来越大的问题，项目组成员转变观念，树立“资源有限、潜力无限”的理念，从源头牵住治理无效产液这个“牛鼻子”，精细管理，积极应对挑战。不管是治理地质方案的论证、工艺技术对策的优化、实施效益的预测评价，还是措施后的优化调整，各个工作环节始终坚持找准经济技术的最佳结合点，坚持日常分析研究、定期集中研讨会审与方案分级审批把关相结合，确保“油藏—井筒—地面工艺”有机结合，人、财、物紧密结合，促进了生产、经济、技术有机融合。

在实施过程中，技术人员深入到油井现场，开展调查研究，查找问题，根据开发实际情况，适时进行调整。对达到预期效果的措施井，技术人员及时搞好注采对应关系调整，以延长措施有效期；对效果较差的井，及时跟踪分析，找出症结所在，提出针对性的调整意见，提升治理效果。

② 对简易开采井实施“两减一降一增”管理。

某油矿项目部自所辖区块投产以来，一直采取简易开采、罐车拉运的生产方式，由于油井原油物性差、黏度大，采用了井下电加热采油工艺，每天消耗大量电量，导致吨油成本居高不下。该项目部摸索出一套“两减一降一增”管理法，有效地降低了电耗和维护作业工作量。

“两减”是指减少油井无效开抽时间和减少电加热开启时间。在确保产量不降的前提下，对参数低、冲次低、泵效低、间开周期长的间开井，调大抽油机参数，加大抽汲时段的排量，以减少抽汲时间，降低抽汲电力消耗。对 24 小时生产的低产油井，通过示功图分析，实施隔天开抽。对地层能量低的油井，采用定液停抽法。通过示功图和电流数据监测分析，对停止井下电加热后电流和抽油机负荷相对较稳定的油井，实行停抽前 1 ~ 2 小时先停止井下电加热的办法，减少电力消耗。

“一降”是指降低电加热档位。对部分油井调低电加热档位，降低井下电加热单位功率。

“一增”是指增加电加热预热时间。在抓实“两减一降”的基础上，针对由于高凝高含蜡易造成作业频繁的现状，对部分油井增加开抽前电加热预热时间，杜绝由于加热不充分造成的抽油杆磨损现象。

3. **材料费**

根据消耗材料性质不同，原油提升过程的材料支出可划分为化工材料支出、普通材料支出两类。加入化工材料的目的是降低原油黏度，减少采出液在提升和输送过程中的结蜡；普通材料主要消耗在维护抽油机、油井电机、降压泵、加热炉等设备的正常运转上，根据消耗设备的不同，材料消耗又分为井口及配件、抽油机配件、计量站耗材、车辆配件、其他材料。

（1）管理重点。

对生产特性相同、技术标准一样的常用消耗物资建立“标准件”制度。其含意就是在新建或选择一件生产设备时，要尽量与原有类型的生产设备保持一致，最大限度保证该种类型设备配件的通用性。

合理选择化工料，及时调整加药方案。定期定量给含蜡量高的油井加入化学药剂，可以起到清蜡降黏和降低生产负荷的作用。油井加药方案的选择，一是根据原油性质不同，选择合适的降黏剂、清蜡剂等；二是根据采出液温度及黏度变化情况，选择合适的加药量；三是采取多次少加的灵活加药方案，最大限度发挥药剂的清蜡降黏效果。

充分利用废旧物资，大力开展修旧利废。对废旧物资的修旧利废，成败的关键在于技术

手段能达到的程度以及使用位置的安全要求。通过维修、改造，使废旧物品恢复原有性能，达到“技术上可行、运行中安全、经济上合理、质量上可靠”的要求，得以重新使用。在专业技术人员准确鉴定修复设备的基础上，考虑到油田生产高温高压的特点，对安全要求高的高压闸门、抽油机配件、泵配件等物资，在配备使用对象上，可考虑在原安全等级的基础上降低一个或多个安全等级后使用，如高压闸门在修旧利废后在低压设施上使用。

（2）具体做法：

①“一库三定”材料管理法。

某采油厂在物资管理方面推行“一库三定”材料管理法，建立区域中心库房 8 个，取消矿（大队）基层库房（管箩）25 个，通过月度材料计划联席会审例会，随时检查推行情况，既保证了原油生产所需，又有效降低了材料费用。

“一库”：即以油矿（大队）为基本区域单元，成立一个中心库房，逐步取消下属基层队所有库房，由矿（大队）对材料进行集中管理，以便资源共享、相互调剂、降低库存、规范出入、杜绝流失。

“三定”：即定性领料、定量消耗、定额库存。

定性领料：区别队伍工作性质，规范各自的领料范围。例如划分为禁止领用、谨慎领用、正常领用三大区块。

定量消耗：指对一部分材料的消耗制定量化指标，严格限量发放。例如：对办公用品、润滑油等，按单位、人数和各类设备数量，全年一次性把定量指标核算到单位，禁止超额领用。

定额库存：经过科学测算，结合正常的采购周期，计算出各中心库房的合理库存量，在保障供应的前提下最大限度地节省采购资金。

通过实施“一库三定”材料管理法，全厂库存下降了 20%，全年可控材料消耗同比下降 125 万元。

② 油井耗材的“PDCA”循环管理法。

“PDCA”循环管理法具体操作方法如下：

计划（P）：油矿每月分析现状，下达计划，按项目化管理模式运作，与基层队签订目标控制责任书，实行定额投耗，节约有奖，超耗处罚。

实施（D）：基层队把油矿下达的成本指标分解到班站，承包到单井和个人，加强生产全过程消耗控制管理，控制非生产料的流失，加大修旧利废的力度等，降低单井耗材。

检查（C）：油矿和基层队进行不定期的六项检查：一查是否完善项目运作过程监控流程，通过月度项目运行会，做好前期核算、过程分析、事后总结，确保项目置于受控状态；二查材料费是否层层分解；三查巡回检查制度是否落实到位；四查抽采设备是否按规定保养；五查油井生产参数是否最优化；六查修旧利废工作是否落实。

处理（A）：油矿召开月度经济活动分析会，分析油井材料的消耗情况，总结好的做法，对消耗出现的偏差及时分析原因，提出解决或控制办法，并将下月的材料消耗计划进行分配。

每月按照 PDCA 程序，进行再循环管理。通过对油井耗材实行 PDCA 循环管理，强化节点控制，可有效控制材料费支出。

③ 油井加药专业化管理。

某采油厂一油矿对加药队伍进行重组，成立专门的加药班，把原在计量站由采油工进行井口加药的工作改由加药班代替。加药班配备加药车辆，建立油矿内部甲乙方加药监督机制，对油井实行以专业人员固定加药为主，岗位职工临时加药为辅的油井维护管理机制。

固定加药：固定加药由加药班每周对全矿确定的油井加药，不论节假日或双休日，加药工作风雨无阻。计量站承包油井的职工现场进行考核监督，加药工作达到标准后签字验收，否则不予签字。

补充加药：补充加药就是计量站岗位工人根据油井电流变大、液量降低、载荷变大等生产状况，及时进行临时性的补充加药，保证油井正常生产。

通过对油井加药实行专业化管理，克服了以前节假日因计量站人员少无法按时加药的缺陷。固定加药与补充加药相结合，有效地提高了清蜡降黏效果，降低了油井维护作业工作量。

4. 运输费

原油提升过程的运输费主要分为两部分，一是为油井维护发生的洗井费，包括泵车、罐车的费用；二是未建设输油管线的油井，采用罐车运输的方式发生的费用。运输费管理重点是优化生产组织运行，合理匹配运量，优化调度，提高设备利用效率。

某油田在建设卸油码头过程中，公司将海上船运卸油点运输距离大大缩短，节省了大罐和码头租用费，并节约了大量的船舶运费及职工薪酬。同时公司优化资源配置，提高船舶利用率，采用招标方式降低船舶租赁费用，船舶总数下降了77%，日租赁费降幅达50%以上，上半年发生船舶运费较上年同期节约1.1亿元。

5. 燃料费

原油提升过程的燃料费主要是为伴热系统提供热水或蒸汽，其支出的多少主要跟掺水量的大小有关，要降低燃料费支出，主要是减少掺水或蒸汽量。燃料费管理重点是实行按需定量管理。掺水伴热按照系统设计能力，结合不同季节的生产特点，合理调整掺水量，尽可能在满足生产需要的情况下，减少掺水量。

某油矿通过对掺水实施“低一度”管理，有效减少了掺水量的使用，降低了掺水费用。“低一度”管理就是在保证原油正常输送的前提下，通过逐步调低掺水量，一度一度地降低混合液的输油温度，寻找最佳温度点，达到减少掺水量、降低掺水费用的目的。主要有以下几个方面：

摸索“低一度”管理。计量站岗位工人对回站温度进行“低一度”摸索，3天内回压不升，再降低一度，直至回压开始出现上升的信号（不超过0.1兆帕），该温度即为最佳温度控制点。采油工可随着环境温度的变化对掺水量进行动态调整，站内温度则始终保持恒定，在掺水量最小的情况下，确保油井生产安全、平稳、经济运行。

制订掺水温度基点。采油队技术干部根据每口油井出油温度、产液量、含水、距离计量站远近、结蜡程度等生产参数，制订相应的掺水配热方案，以回站温度为掺水基点。

落实夏季“低一度”管理。夏季地表温度高，为进一步降低掺水温度和掺水量提供了空间。油矿实施夏季“低一度”管理，在原基点温度的基础上，再适当降低掺水量。

工艺流程改造。将能耗较高油井的三管伴热工艺流程，改为两管掺水流程。

掺水泵拆级改造。技术人员对掺水泵进行拆级改造，使热水压力保持在1.8~2.2兆帕，满足了计量站配热的要求。同时电机由132千瓦更换为90千瓦，日减少电力消耗1008千瓦

时，全年可节电36万千瓦时。

该矿通过推广应用“低一度”管理法，使掺水配热井数下降了30%，日掺水量降低了63%，减少热水用量、节约天然气、节省电力消耗，年创经济效益600多万元，而且消除了以前入冬后因掺水量增加而引起的原油产量下降，保证了生产平稳运行。

4.2　驱油物注入过程成本管理

4.2.1　驱油物注入过程概述

驱油物注入过程是指为提高采收率，对地层进行注水（气）或者注入其他物质的过程，包括水源、水处理、注入等。

按照注入物的不同，驱油物注入过程主要分为注水过程、注气过程、注聚过程。在中国石化油田中，常见的驱油方式是注水驱油和注聚合物驱油，注气驱油比较少见，本节不做详细阐述。

精细驱油物注入过程管理的途径，包括深化地质研究，优化注采结构，做好动态调配，降低无效注水，提高驱油效率；对水源和地层的物性进行研究，确定合适的注入水型；对水质进行监测，保证水质达标，避免伤害储层；按地层配注要求，确定合理的注入参数，实施注入；优化注聚方案，适时调整注入量、注入浓度，提高注聚效果；优化注聚方式，加强注聚现场管理，提高聚合物、交联剂的有效利用率，节约注聚原料；优化机泵匹配运行，优化、改造增压注水系统，提高注水（聚）系统效率。

4.2.2　注水过程成本管理

4.2.2.1　概述

注水过程就是把达标水质通过高压注水泵加压后经注水井注入油层，在整个油层内人工建立起水压驱动方式，恢复和保持油层压力的一整套工艺。注水系统是由水源采水处理系统、注水站、注水管网、配水间、注水井等基本单元组成。注水站主要设备有高压注水泵、大型电动机。配水间主要设备有分水器、流量计及辅助设备。影响成本的主要生产指标包括注水井开井率、注水量、注水系统效率、注水合格率、水质达标率等。

4.2.2.2　注水过程主要指标

1. **主要成本指标**

包括电费、材料费、劳务费、折旧费、人工成本、运输费等。

2. **主要经济技术指标**

包括注水电力单耗、注水单位成本、水井单井耗材等。

注水电力单耗：是指每向油层注入一立方水的耗电量，单位为 $kW \cdot h/m^3$。

注水单位成本：是指注水井在一定生产时间内注入1立方米水的成本，计算公式为注水过程的总成本与注水量的比值，单位为元/立方米。

水井单井耗材：是指在注水过程中一定期间内消耗的一般材料费与注水井开井数之间的比值，单位为元/井。

4.2.2.3　注水过程成本管理

1. 生产指标管理

（1）管理重点。

提高电机效率。优先选用节能型高效电机；加强优化调整，使电机功率与负荷合理匹配，避免“大马拉小车”现象。

提高注水系统效率。一是根据实际，合理选择注水泵，优化泵组合，使泵的排量与实际注水量匹配相当，稳定在高效区运行，达到节能目的；二是优化参数，提高机泵系统效率，主要是提高注水泵、增注泵的运行效率；三是优选输送管线的管径和流速，减少流动阻力。

提高注水管网效率。做好管网规划设计，分区分压、局部增压，减少系统节流损失；合理选择注水管管径，降低管道内壁粗糙度，采用耐腐蚀材料并采用防腐工艺，改善注入水水质，防止流程内沉积物增加，降低管网损耗；平衡系统管网压力。

提高注水合格率。针对管柱腐蚀结垢严重井，采取注水井刷井器配合洗井除垢法及酸洗除垢法去除管柱内垢屑；针对地缘井，除了定期冲洗干线外，还要不定期反洗末端井，以保证干线末端井注入水质，减轻对地层的破坏。

（2）具体做法。

① 多措并举提高泵效。

某油田注水泵泵效低，分析原因后，该油田提出以下几项提高泵效的措施：一是增加泵的品种，与生产厂家及有关科研部门合作开发新型泵。二是淘汰低效泵，在满足流量、压力要求的情况下，优先选用高效大排量离心注水泵。由于大排量离心泵过流面积大、阻力小，使容积漏损和水力能变换损失小，泵效较小排量泵有显著提高。三是根据采油区块的注水实际需要，对低效泵进行技术改造。主要方法有打光泵流道，提高叶轮和导叶流道的表面光洁度，减少摩擦损失；在大修时，采用风砂轮打光、水力抛光等方法，可明显提高泵效；将叶轮换成不锈钢的新型叶轮，修改原来叶轮和导叶的几何尺寸，提高泵的水力性能。四是离心注水泵的运行特性要与管网状态相匹配，使泵在高效区运行。主要方法有当泵压高于注水干线的压力时将泵适当拆级使用，从而降低泵内漏损和泵管压差控制损失；采用变频调速技术，实现离心注水泵恒压变量供水，满足油田注水开发需要。五是对注水量小、注水压力高的小采油区，选用高效柱塞泵。

② 提高注水管网效率，降低管网能耗。

某油田在分析管网能量损失的基础上，采取以下措施提高注水管网效率，降低管网能耗。一是根据注水需要，合理选择注水泵，使注水泵与管网运行特性相匹配，避免节流控制；二是注水站应尽量布置在所辖注水区块的中心位置，缩小注水半径，将注水站出口至最远点注水井口的管网阻力损失控制在1兆帕内，一般辖井范围半径不应超过5km。三是对现有不合理的注水管网进行调整改造，调整局部注水井与注水站的隶属关系，使之负荷均匀，减少配水控制点。四是对注水管网及注水井筒应定期及时清洗，以减少管网阻力损失，同时水质也得到了较大改善。五是降低管道内摩阻。注水管线可采用高压注水玻璃钢管，根据该油田的应用情况，在相同的流速下，其摩损可降低10%～20%。

③ 科学分析，提高注水效率。

某采油厂针对多层段注水井，分析研究各种数据和资料，以寻求提高分层注水合格率对策。在对欠注井层进行科学分类的基础上，项目组按潜力大小分类治理，对油层物性差、启

动压力高的注水井实施升压增注；对由于注水水质或作业等因素造成油层污染、堵塞的采取酸化或分子膜非酸增注措施实施降压增注；对疑难井开展增注攻关，不断提高中低渗透层注水量；对注水管柱不正常、封隔器失效的注水井，及时采取换管柱换封、综合固井质量、层间夹层及注采动态响应分析，项目组对可能存在套管漏失、层间窜槽的注水井，组织相关技术人员集体讨论分析，制订出有针对性的层间封窜或下封隔器等措施，确保注入水进入目的层段，减少无效注水量；对于层间干扰严重的注水井层，通过化堵、超细水泥封堵、打塞封堵等措施，解决采用机械封隔器难以封堵的与高采出强水淹层相对应注水井严重干扰层的问题，高采出强水淹的注水井严重干扰层，减少无效注水；对层间及平面矛盾突出的井组，开展注水井调剖工作，提升注水效率，以达到降低高渗透层段的吸水指数，控制这部分层段的注水量，提高中低渗透层段的注水量，改善吸水剖面的目的。

④“以质付费”提高注水合格率。

为保证注水压力平稳和水质达标，实现精细高效平稳注水，某油矿模拟市场化运作，确立采油队、聚合物站与联合站之间的甲乙方收付费关系。当联合站注水管压、注水罐出口含油、机杂达到规定值时，油矿全额付费；未达到规定值时，油矿可以扣费甚至不予支付。

该油矿“以质付费”管理方法，既明确了甲乙双方的责任，又监督联合站及时、准确、科学地加药，清理罐内污泥，减少地层污染，油水井酸化作业费用大幅度降低，注水水质明显改善。

2. 成本费用管理

(1) 电费。

注水系统耗电量是巨大的，开展注水系统节能改造的潜力也很大。注水过程电力消耗主要在注水泵电机耗能上，研究实施节能注水生产方案及注水工艺，研制新型的油水分离技术和装备，不断开发高效注水泵产品，推广应用大功率注水泵调速装置，提高注水系统运行管理水平，开发注水系统节能技术和装备一直是油田节能降耗重点工作。

① 管理重点。

合理选用高效节能型电机。注水站内由于设备、管线腐蚀穿孔等原因，经常泄漏污水。污水温度高，蒸发快，使空气中含有大量盐分，易导致电机内线圈受潮、电阻增大，电机效率降低。因此，设计时应尽量选用全封闭式上水冷电机；要与注水泵合理匹配，避免造成电机损耗大，无功功率损失等问题。

在注水系统中应用同步电动机。现今绝大多数油田采用三相异步电动机拖动注水泵，其容量之大已成为石油生产过程中的主要耗电设备之一。异步电动机是一种感性负荷，其额定状态下的功率因数为0.80~0.85，大量的无功消耗增加了电能的损耗。目前，在提高功率因数方面只是依靠电力电容器进行无功补偿，虽然此方法简便、易行，但电容器寿命短，故障率高。采用同步电动机对于提高电网功率因数、改善电压质量是一种行之有效的措施。

合理搭建注水管网。相邻泵站注水主管线并联成网，使站与站之间形成流量互补，相互平衡注水系统，从而减少开泵台数。及时调整注水管网，保证系统正常高效运行。

加强注水系统的运行管理。在保证注、采体积平衡的前提下，利用非均衡注水的特点，有计划地将用电尖峰负荷转移到用电低谷使用。

应用变频调速，提高自动化管理水平。变频不仅能解决供注能力不平衡的问题，还能实现电机的软启动，延长电机寿命，起泵时能减缓水流对注水管网的冲击，减少水力损失。变频调速装置具有完善的保护功能及故障检测显示功能。当系统出现故障时，其故障系统将自动显示故障部位并报警，同时将系统自动关闭，保证系统安全运行。变频器供电，自动稳定出力，完全改变电动机原有的满载、空载周期性变化的工作方式，使工作处于恒定负载状态。

② 优化调整，降低注水系统电力消耗的具体做法。

某采油厂针对注水系统电力消耗居高不下的现状，运用管理创新和技术优化的手段，对症下药，一一破解难题。

行政管理单元之间统筹管理，实现资源合理匹配。利用压力等级相同、水性一致的相邻各区域注水站的资源，通过互利互补，使两站的注水泵工作点向高效区移动，两地区注水系统联网运行从而提高效率，节约电量；通过调整局部注水井与阀组、注水站以及泵与站隶属关系，对运行不合理的增压泵进行调整改造，实现资源共享、互利互补。

注水泵运行优化。注水泵运行梯级组合，与注水量变化匹配，针对大功率离心泵站注水泵型号排量单一，在实际运行中无法满足水量波动情况下最优化运行的问题，建成梯级注水泵，并在实际运行中进行了优化组合；优化变频运行组合，充分发挥变频自动控制效果；注水泵与增压泵资源互补技术。

加强节电技术的引进与应用，彰显技术的活力。基于注水井洗井流程的特点，设计了高低压两用注水流程，对洗井流程进行改进或参照洗井流程对具有两套压力系统的计量站配水阀组进行改造，实现注水井根据注入压力情况调整相应的压力等级；根据现场情况采取保持扬程调节流量和同时调节扬程、流量两种方式，同时配套应用高低压两用注水流程、采取站内流程置换等技术，应用后综合节电率达20%以上。

油藏和地面技术改造相结合，降低无效注水（回灌）。应用污水生化处理技术，实现剩余污水回注利用；从油藏源头优化，降低无效注水。

（2）材料费。

注水过程中发生的材料费主要是在水净化处理中，为去除水中固体悬浮物、污油和铁质等，以达到符合油藏需求的水质标准，以及在注水过程为保持水质稳定而采取的阻垢和缓蚀等技术措施所发生的化学药剂费。

① 管理重点。

合理选用药剂。认真分析了解区块水质状况，选择适用的药剂，使得化工料的使用更加精细化，减少不必要的材料浪费。

开发新技术，降低化学药剂消耗。注重解决注入水与地层流体及岩性的配伍问题，深入研究影响注入水水质稳定的因素，研究出适合各油田的良好的水质稳定剂并继续加强新型水质剂的开发。

② 应用水质处理新技术，降低化学药剂消耗的具体做法。

某油田以往采用“除油—沉降—过滤”并加入杀菌剂、缓蚀剂、净水剂、阻垢剂的三段式水处理工艺，处理后水质不达标且不稳定，腐蚀十分严重。对此，该油田提出了调整水中离子、改变水性的水处理方法：将油田产出污水和清水（或其他污水）混合，加入pH调节剂（石灰乳）和絮凝剂，经沉淀、过滤后加入水质稳定剂，达到水质合格标准并稳定地注入水。此方法不仅简化了水处理工艺，还降低了化学药剂的消耗。

4.2.3　注聚过程成本管理

4.2.3.1　概述

注聚过程是通过对地层注入聚合物等化学药剂提高油田采收率的过程。注聚过程的基本生产流程为聚合物干粉与配聚水在配聚站生成注聚母液，母液经稀释后注入单井。

注聚过程的生产设备主要包括水处理设备、配聚设备、单井注聚泵、计量设备等。影响成本的主要生产指标包括注聚井开井率、注聚量、聚合物母液浓度、黏度等。

4.2.3.2　注聚过程主要指标

1. **主要成本指标**

包括聚合物及仪表仪器等材料费、注聚泵消耗的电费、配聚的水费、为聚合物注入提供的劳务费、设备设施的折旧费、人工费等。聚合物材料费是对注聚过程消耗化工料的统称，包括聚合物、表面活性剂、交联剂、碱等。

2. **主要经济技术指标**

包括吨聚合物换油量、注聚电力单耗、单位注聚成本等。

吨聚合物换油量：注入1吨聚合物干粉所增产的原油量。

注聚电力单耗：是指注聚过程总耗电量与注入的聚合物溶液量的比值，单位为kW·h/m³。注聚单耗是衡量聚合物注入电耗的管理指标，通过对注聚单耗进行对比分析，可以查找电力设备生产效率存在的差距，为降低生产能耗成本指明方向。

单位注聚成本：是指注聚过程总成本与注入聚合物溶液量的比值，单位为元/立方米。因不同油田地质情况不同、使用的聚合物种类不同、生产流程不同，单位注聚成本差异较大。

4.2.3.3　注聚过程成本管理

注聚过程的成本管理思路，一方面是通过加强地质分析，细化三采开发方案，从提高三采开发效果入手，实现增产增效；另一方面是综合采取多种措施，减少成本支出，实现降本增效。具体：一是优化注聚方案，降低聚合物费用，减少注聚泵配件及计量仪表仪器支出；二是加大配聚工艺技术研究，减少配聚水费；三是优化生产流程，减少注聚泵等设备的电力消耗；四是优化注入工艺，减少注聚对采出液、地面环境的影响，降低其他相关费用支出。

1. **生产指标管理**

（1）管理重点：优化调整，提高三采开发效果。

通过优化聚合物驱油技术，采取配套的工艺，降低三次采油技术成本，提高聚驱效率，改善开发效果，最终实现三采产量最高化、效益最佳化、提高采收率最大化等目标。

（2）具体做法：三次采油集约化管理增效益。

某采油厂综合运用科技生产力生命周期理论、立体管理理论等，在聚驱规划的四年生命周期内，遵循科技生产力主体技术不断换代原则，对不同的注聚阶段，以“调、堵、分、解、修”五字诀动态调整技术体系为指导，综合效益显著提高。主要做法是：

油藏工程“一层一策”调整体系

确定动用二类储量技术路线：跟踪评价新型耐温聚合物，确保聚合物黏度和驱油效果；探索高浓度、大段塞技术，保证聚合物在油层深部有扩大波及体积能力；加大井网调整力度、改变液流方向，提高储量控制程度；注聚前整体深度调剖、全过程深度调剖，防止聚窜、改善储层非均质性；提高注入系统压力，保证注入，动用相对中低渗层；地面工艺单泵对单井，一井一制注入；采用污水配制母液，污水稀释。

注聚合物前期油藏准备及综合调整。注聚前，根据精细油藏描述结果，精心优选注聚区块，筛选与油藏特征相匹配的聚合物驱剂，确定关键注入参数；强化注聚区的前期综合治理调整，进一步完善注采井网，提高注采对应率和均衡地层压力场，确保注聚效果。

注聚过程中总结运用“调、堵、分、解、修”五字诀动态调整技术体系实施调整。调：细化动态调整，提高见效比例。重点是“一井一制”均衡注入和“一井一策”差异调整，促进不同区域、不同井层开采对象整体见效；堵：堵水调剖封窜，扩大波及体积；分：分采分注，降低层间干扰；解：分类解堵，改善储层产状；修：修换并用，保持井网完整。

后续水驱注采调整。在转后续水驱前，合理测算单元配产配注，实施早期分层注水；分类治理不见效和失效井，提高油井见效效果；对特高渗透条带实施调剖，控制注入水的突进，有效地控制含水上升速度，延长注聚有效期。

采油工程“一井一策”工艺配套

一方面开展配套的聚合物采油工艺技术攻关，重点推广应用聚合物调剖技术、低剪切分层注聚合物工艺技术、聚合物解堵技术、控制聚合物反吐技术，另一方面开展聚合物驱后进一步提高采收率组合接替技术攻关。

地面工程“一站一制”简约建设

一方面严格控制项目投资，节省生产建设资金。在地面建设方案编制中，进一步加大了规划方案的综合对比优选力度，进行简约化、优化设计方案，努力做到既有利于降低一次性建设投资，又有利于投产后高效低耗运行和方便生产管理。另一方面改进注聚工艺流程，降低污水中氧、硫对聚合物降解，提高注聚黏度。

生产管理“一块一法”组织运行

主要是按照扁平化管理的思路，实施组织优化；建立三采例会制度，实现垂直无缝管理；实现人员集中管理，创建专业化技术队伍。

人本管理“一岗一责”激励机制

为确保优化管理目标的完成，该采油厂实行“目标分解、按曲线检查、严考核硬兑现”的管理方式，建立了科学规范的业绩目标管理机制，有效促进了三采管理水平的提高。

取得成果

该采油厂实施难动用区块三次采油集约化管理，有力地缓解了员工专业技能水平高低悬殊、注入聚合物驱油成本控制难度大、注入聚合物驱油开发水平提高慢等问题，使该厂注入聚合物驱油生产各项开发指标顺利完成，取得了社会与经济效益的双丰收。

2. *成本费用管理*

（1）材料费。

注聚过程的材料费分为注聚化工材料费与其他材料费，控制重点是注聚化工材料费。

① 管理重点。

筛选符合油田生产实际、满足油田开发需求的、性价比高的产品。对具有研发能力、自己生产聚合物的大油田，可通过研究改善聚合物性能，寻找适合油田实际的、更环保、性价比最高的聚合物；对采购的聚合物，要通过多项指标对比，在满足生产技术指标的前提下，选择价格较低的聚合物产品。

对聚合物材料作好现场管理。注聚过程中水、聚合物的混配及加药注入过程都是连续的，通过实施自动化控制加药、计算机控制操作可有效克服因人工操作不标准引起的浪费。

加强方案优化，提高驱油效果，减少聚合物用量。从三采技术发展中寻找突破口，采用适合油田特性及开采阶段的聚合物驱技术、价格更低的新型聚合物驱材料来达到提高聚合物驱油效果的目的。

② 具体做法。

双管分质分压注聚法。双管分质分压注聚法，是一种对分层注入的注聚井实施双管注入，实现了注入浓度、注入量的合理调控的方法。

传统的注聚井分注工艺是采用井口自动调节阀控制的方法分配控制油管和套管两个分注层的流量，由于油管层和套管层存在注入压力的差异造成聚合物溶液剪切降解，聚合物黏度损失大（当油套管注入压力差异达到2兆帕以上时，黏度剪切力损失40%左右），影响注聚驱油开发效果。

为解决该问题，某油矿注聚队提出了油管套管双管分注方案，采用双管分质分压注聚法解决聚合物黏度损失问题。该方法对分层注入的注聚井，在原有油套分注的基础上，实施双泵、双管注入配合井下油套分注管柱，满足油管和套管在不同注入压力下实现注入浓度、注入量的合理调控。

科研创效显威力，工艺改进创效益。某油田进入高含水开发后期，三采技术成为油田稳产、增产的主要措施。近年来，随着聚合物驱油技术攻关研究的不断深入和聚合物驱矿场应用规模的不断扩大，现场逐渐暴露出井口聚合物溶液初始注入黏度较低，达不到设计要求，影响注聚效果，尤其是采用污水配置聚合物母液，经现场取样对比，聚合物初始配制黏度与井口黏度相差40%。为达到方案设计的井口黏度，不得不增加聚合物用量，造成化学剂成本投入过大。

为解决上述问题，该油田成立污水配聚项目组，对聚合物配制过程中合理利用污水开展攻关，保证在相同聚合物浓度下，聚合物溶液黏度提高，减少聚合物用量，实现降本增效。

项目组经过分析认为，造成聚合物黏度损失大的原因是配制聚合物母液和母液稀释过程中，污水中含有大量的氧和硫，会破坏聚合物性能，造成聚合物黏度大幅下降。通过室内实验及单井现场验证得出结论，采用除硫污水配母液+除硫污水稀释的方式，在相同的聚合物浓度下可以保持较高的黏度，节约聚合物的用量。

该项目实施后，在相同聚合物浓度下溶液黏度得到提高。目前在聚合物浓度1800毫克/升条件下，井口黏度提高了50%。改用除硫污水配母液+除硫污水稀释，在相同聚合物黏度下，聚合物用量可以节约11%。

（2）水费。

配制聚合物母液的用水，有比较严格的生产水质指标，一般用清水作为配聚用水。随着三采范围的扩大，研究采用污水配聚工艺，是减少清水用量、降低水费的主攻方向。

① 管理重点。

通过对采出水进行物理化学手段处理，使其满足配聚标准。

一方面可以缓解采出水回注困难，解决环境污染的问题；另一方面可以节省大量的配聚清水用量，降低开发成本。

② 具体做法。

油层污水循环利用配注聚合物。

某油田随着每年新井的大量投产，地下采出污水量也在不断增加，在地面处理能力有限无法做到达标排放的情况下，这个问题严重影响着生态环境，制约着油田的可持续发展。

该油田一注聚区块投产时，共有生产井221口，日产液2万立方米，按照常规的开发方案设计，应采用清水配制清水稀释聚合物注入，但是如果这样，2万立方米污水将无法解决。方案设计人员制定了《北一区断东二类油层污水配制聚合物驱油方案》，通过现场取样在室内开展堵塞实验研究后，在地面加装污水暴氧装置，用处理后的污配聚，各项指标均达到了生产要求。

该方案实施10个月后效果显著，已有见效井198口，累计增油12.22万吨，含水下降10.6%，节约清水174万立方米。

4.3 井下作业过程成本管理

4.3.1 井下作业过程概述

井下作业是指为了恢复油气水井的正常生产，提高油气产量（采油速度）和采收率，通过各种技术工艺方法对井筒或油层进行维护和改造的辅助生产过程，包括压裂、酸化、补孔改层、大修、找（堵）水、转抽、检泵、防砂等。

井下作业依据施工内容划分为措施作业、维护作业、新井投产投注作业三类。新井投产投注作业列入投资管理。措施作业包括大修、补孔改层、压裂、酸化、下电泵、下水力泵、泵升级、泵加深、机械堵水、化学堵水、防砂、调剖、解堵、分注、转注等。维护作业包括检泵、检管、机械排液、换封、调配、封井、井况监测、油气藏监测、稠油热采等。

井下作业设备主要包括修井作业设备、特种作业设备和其他辅助设备。修井作业设备包括修井机、泥浆泵、固控系统、发电机和液压远控房等。特种作业设备包括压裂酸化泵车、混砂车、仪表车、高压管汇、水泥车、罐车、地锚车、吊车等。

影响成本的主要生产指标包括作业总井次、作业频次、作业一次成功率、措施有效率等。

4.3.2 井下作业过程主要指标

4.3.2.1 主要成本指标

包括材料费（油管、抽油杆、井下工具、电泵、电缆、化学药剂费等）、燃料费、运输费、折旧费、人工成本以及各种外委劳务费用。

4.3.2.2 主要经济技术指标

包括油管更新率、抽油杆更新率、措施吨油成本、单井作业成本等。

（1）油管更新率是指一定期间投入新油管数量与该期间在用油水井井下油管数量的比值。一般分为油井油管更新率和水井油管更新率，油管更新率是衡量井下油管新旧程度的一个指标，保持适当的油井更新率可以有效地减少维护作业工作量，是编制作业费用预算时的一个重要参考依据。

（2）抽油杆更新率是指一定期间投入新抽油杆数量与该期间在用油井井下抽油杆数量的比值。抽油杆更新率是衡量井下抽油杆新旧程度的一个指标。

（3）措施吨油成本是指通过油井作业措施每增一吨油所支出的作业成本，措施吨油成本是反映措施作业经济效益的一个重要指标。通过对比措施吨油成本，查找措施作业经济效益盈亏平衡点，可以为制定措施作业方案提供依据。

（4）单井作业成本是指总作业费用与总作业井次的比值，单位为元/井次，可细分为措施单井作业成本和维护单井作业成本。单井作业成本的高低除与地质条件、井况、开发方案、修井工艺技术设计、作业结构有关外，还与作业队伍的成本管理水平有关。优化方案设计、优化作业结构，提高作业队伍的精细化管理水平，可以有效降低单井作业成本。

4.3.3　井下作业过程成本管理

井下作业过程成本管理，一是优化产量结构，保持合理的措施产量比例，减少措施作业工作量；二是对井下作业设计的优化管理，包括井下作业地质设计、井下作业工艺设计和井下作业施工设计；三是下井材料的管理，主要是对管、杆、泵、井下工具等的管理；四是直接作业成本的管理，主要是作业队伍消耗成本的管理，包含作业施工过程中消耗的燃料费、材料费、人工折旧费及其他辅助费用等。

4.3.3.1　生产指标管理

1. 管理重点

建立工作制度，精细日常维护管理。一是在抽油机平衡上下功夫，保证抽油杆的运动平稳，减少抽油杆的疲劳断脱几率；二是优化抽油机工作参数，尽可能地采用长冲程、慢冲次，协调供排关系，提高泵的充满系数，减少因工作制度不合理造成泵的干磨，保证油井的正常生产；三是通过注水一体化治理，注够水、注好水保持或恢复油藏能量，减少偏磨腐蚀维护性作业；四是精细作业现场管理，改善施工工艺，改进下井工具，优化管杆组合，强化作业监督，提高作业质量。

建立合理的加药制度。在日常管理中要求油井维护人员根据油井的不同特点按时按量向油井中注入相应的化学药剂。对易结蜡的油井，通过向井内注入清蜡剂，可以防止油管结蜡，影响油井泵、抽管杆正常工作。对结垢严重的油井，通过加缓蚀杀菌剂降低油井的结垢；对油稠、乳化油严重的井，通过加破乳剂、降黏剂，降低了原油黏度，减小油井负荷。在每次修井作业完成之后，通过环空向油管内倒入缓蚀剂，在管杆表面形成一层保护膜，减缓油管杆的腐蚀程度，延长油管杆使用寿命。通过摸索合理的油井加药制度，降低油气提升过程中黏度、结蜡等对生产的影响，延长油井检泵周期，减少维护作业井次。

优化井下作业设计，提高措施有效率。对作业设计进行优化选择，可以从源头上控制无效作业、提高措施有效率，降低作业成本。油水井的作业方案，一般包括地质方案、工程方案和施工方案。通过建立井下作业全过程分析和监控措施，可以达到提高作业成功率、提高措施有效率、降低单位作业费、提高经济效益的目的。

地质设计源头把关。作业工序中，地质设计是龙头，工程设计和施工设计都是围绕地质设计、为达到地质设计目的而展开，通过对地质设计，尤其是大型措施如压裂、酸化、大修等实施综合效益评估，提高措施有效率，可减少作业井次、降低作业费用、提升作业效益。

工艺设计优中选优。遵循“高水平、高效益、可持续发展”的油田开发方针，根据作业队伍能力，采用引进与自主摸索相结合的方式，优化作业工艺，降低作业成本。在水驱方面，以控水挖潜为目标，发展完善增产改造工艺和封堵工艺；在加密井开发方面，以提高加密井储层动用程度为目标，积极发展薄互层细分挖潜工艺技术；在聚驱方面，以适应提高注入能力为目标，发展完善聚驱增注工艺技术；在大修方面，以提高修复率和油水井完善程度为目标，发展压裂、修井、射孔工艺技术。

现场施工精细管理。通过优化组织运行，减少作业等待时间，缩短作业工期；建立标准工序消耗制度，对不同工序制定实物消耗工作标准，降低无效支出；建立单车组核算制度，制定管理考核目标，提升精细管理水平；在内外作业队伍之间、不同作业班组之间实施市场化竞争，通过竞争降低作业成本，提高管理水平。

2. **具体做法**

（1）延长油井免修期，提高采油时率。

某采油厂是稠油生产单位，为降低维护作业频次，提高油、水、气井的免修期，降低单井能耗，提高经济效益，根据稠油生产特点找到了一条有效的管理方法。

一是开展“提高作业施工质量”活动，进一步落实作业监督“五到位”制度。即作业现场落实到位、开工完工验收到位、关键工序监督到位、作业问题处理到位、无效作业跟踪到位。

二是进一步规范工程设计审批流程，强化前期论证，提高方案科学性、经济性。规范维护工程设计编审流程，增加编制油水井维护申报书，强化油矿及采油队对维护作业的责任意识；完善多轮次维护作业预警机制，对年维护二次作业井实行申报制度，年维护达三次，维护井必须制定具体对策，并提高设计审批级别，由油矿编审升级到由工程所编审、总工程师批准。

三是加大防砂、治砂力度。该采油厂对因出砂影响检泵作业的井进行调查分析，配套应用稠油热采井防砂工艺技术，减少因出砂卡泵、埋油层导致泵漏失等因素造成的维护性作业工作量。

四是推广应用成熟的工艺技术，减少维护性作业井次。这些工艺技术包括：抽油杆三防技术、暂堵冲砂工艺技术、空心杆电加热工艺技术、定压洗井阀技术。

五是加强生产管理、精细节点控制，降低无效、低效、多轮次维护作业工作量。配套应用井下工艺技术，培育长寿井。针对热采井注汽放喷、转抽初期易砂卡的问题，严格控制放喷速度，并摸索规律建立定期洗井制度；常采井定期清蜡和应用空心杆掺水、强磁防蜡、防蜡抽油杆等井下防蜡工艺技术，从源头上控制维护作业工作量。

六是完善维护作业决策体系，降低无效作业工作量。推行由计量站提出、采油队核实、油矿批准的维护作业控制流程，对作业必要性做好充分论证，实行作业前诊断制度，发挥基层队的源头作用。

七是加强维护、措施、动管柱测试作业的结合实施，压减多轮次作业。配套应用不动管柱作业工艺，减少作业工作量。推广应用隔热注采一体化工艺技术，实现不动管柱隔热转抽定点测压井改换偏心井口，实现不动管柱测压。

（2）开展优质方案评比，把好源头降本增效关。

方案的优化是降本增效工作取得成效的关键。所有降本增效项目的实施效果，都依赖于先期方案是否最优化、最经济。优质方案评比活动是技术降本最直接、最有效的手段。

某采油厂对每月所编写的地质方案初评出 10 个优秀方案，每季度对月度初评的 30 个优秀方案进行再评比，最终评出 5～10 个“优质方案”，年终予以考评。尤其注重增产增注和注汽注水两方面的地质方案，同时对油矿在维护性措施方面取得的成绩给予奖惩，方案得以

优化，实现源头降本。具体做法：

一是涵盖内容广，方案设计精细。地质方案主要包括各类油水井增产增注、注汽实施地质方案、注水调配地质方案等。方案设计做到动态分析清、油水关系清、开发现状及规律认识清、存在问题清、治理挖潜思路清、产出效益预测清。

二是油藏、工艺有机结合，方案可操作性强。在深化地质认识的基础上，清楚目前井筒、地面工艺现状，充分了解历年来施工工艺及施工过程，了解最新、最先进的工艺技术，地质要求适应当前工艺技术现状，使地质方案可操作性强，提高了地质方案的实施率。

三是方案全过程优化，立体运行。明确了“超前培育，提升增产效果；优化设计，释放增产潜能；油水联动，稳定增产能力”的挖潜思路，坚持多角度、多方面、多层次优化地质方案，确保动态分析最优，工艺结合最优，产出效益最优；做到措施“选井、培育、跟踪、评价、调整”的五位一体运行，提高措施挖潜效益。

四是注重方案编写规范化，求同存异。据近几年来开展优质地质方案评比活动取得的认识和经验，完善和细化了不同类别、不同层次的地质方案编写规范和标准，形成适合采油厂实际、适合稠油开发的地质方案编写技术规范。

（3）精查细找，优化方案设计，提高措施有效率。

近年来，某采油厂加大措施挖潜力度，措施工作量占总工作量、措施产量占总产量比例逐年增大。但是，由于措施难度越来越大，导致措施增产幅度小，有效期短，平均单井增油能力降低。为了提高措施成功率，提升措施效果，该厂通过精查细找，优化方案设计，从作业源头入手，取得了较好的经济效果。

一是做好地质分析，找准措施潜力。面对产量增加、成本紧张的严峻形势，该采油厂眼睛向内，找准产量主阵地，深挖内部潜力，制订切实有效的挖潜措施，提高油田开发效益。按照油藏驱动类型进行单元分类，对油藏、单元、井层进行全面综合的分析评价，精心选井选层，突出效益最大化的原则，最大限度地挖掘措施潜力，提高措施成功率。通过加强地质研究，找准剩余油潜力，减少措施投入。

二是做好方案论证，优化措施工艺。精心论证，精选措施井层，不断对措施方案进行优化，确保方案有效。深化油藏地质研究，优化补孔措施方案，减少无效补孔作业；利用剩余油监测资料，结合油井开发动、静态资料，找准剩余油潜力，封堵无效生产层，挖掘可利用潜力层，优化堵水方案；优化工艺措施方案，提高措施施工质量，加强措施后的跟踪管理，提高工艺措施成功率，减少低效或无效的工艺措施。

三是优选措施项目，提高措施效果。根据油藏开发阶段和现状，优化平衡不同措施的比例，最大限度地挖掘措施潜力。

针对生产层出砂严重，多次防砂无效，生产已无效益的油井，该采油厂优化措施方案，将效果差的生产层下返到油层较好的层一同吞吐生产，提高了油井产量。

针对地面冒油井的实际情况，不断完善复杂井治理工艺措施，优化方案设计，从源头上控制成本，对高成本、潜力小的井进行关井不再大修；对有潜力的井采取更新或下返层位生产等措施，降低成本。

针对热采吞吐后期汽窜严重，调剖剂量大，投入成本高的现状，该采油厂优化调剖方案，对厚油层汽窜井实施分段调剖；对于汽窜井区，实施对子井注汽、面积注汽等组合注汽，减少了汽窜。

4.3.3.2　成本费用管理

1. **材料费**

井下作业材料费用主要包括油管、抽油杆、抽油泵、电泵、井下工具、作业化工料等。降低井下作业材料费用，主要是减少井下工作量，保持合理的管杆更新率，减少管、杆、泵、工具及压裂酸化料的投入。

（1）管理重点。

优化施工设计，减少材料消耗。井下作业施工设计用料最小化是降低井下作业材料成本的前提条件。因此，无论是维护作业，还是措施作业，都要对作业设计用料情况进行详细研究。在设计过程中，应使作业用料最小化，设计编写科学，并且在编写后严格执行。

优化管杆组合，加大废旧管杆利用力度。按照“油藏分类、梯次使用”的思路，对管杆分级分类分年限管理，跟踪监督管杆使用和消耗情况，从根本上改变以往油水井管杆矿区混用、新旧混用的粗放管理状况，提高管杆修复利用率。盘活库存管杆，优化管杆组合，达到“物尽其用，降本降耗”的目的。在工作中加强管杆修复质量管理，强化修复线设备管理，做到废旧管杆多轮次使用。

优化工艺技术，减少新材料投入。通过规范井下器具修复使用管理制度，引进先进技术，完善技术体系，优化施工工艺，实施技术攻关，来降低成本投入。推广新工艺应用，扩大修旧利废范围，减少新材料投入。

（2）具体做法。

实施差异化管理，大力提升管杆精细化管理水平。

某采油厂探索实施了管杆分矿区、分年限等寿命管理，从根本上改变了过去管杆各矿混用、新旧混用、修复利用率低、作业费用居高不下的粗放管理模式。管理链条得到进一步延伸，服务内涵得到进一步拓展，保障能力得到进一步提升。

全面分析管杆管理现状，进一步精细管杆管理。该采油厂因管杆原因造成的作业井逐年增多，致使作业费用持续上升，成本控制难度加大。分析其主要原因：一是管杆新旧混用。二是管杆使用管理不科学。三是管杆现场管理标准低。为从根本上扭转这种局面，该采油厂积极探索实施管杆分矿区、分年限、等寿命管理模式。“分矿区”即对管杆分采油矿、分特种井进行管理；“分年限”即在用管杆按照一年、二至三年、三年以上进行管理；“等寿命”即每口井管柱组合使用同一年限的管杆。工作中，建立并坚持“四标准”，即收送发放标准、修复标准、储存摆放标准、检查考核标准。做到了“五规范”，即规范场区建设、规范交接流程、规范修复过程监控、规范发放流程、规范使用过程监督。实现了“六确保”，即建立单井管杆管理台账，确保单井管杆数据准确，等寿命管理标准得到有效执行；建立新管杆发放台账，确保新管杆更新标准落实，发放数据准确；建立各矿区修复管杆日报，确保掌握每天修复数量，保障生产运行；建立各矿区分类回收、发放台账，确保回收、发放管杆分类清楚，资产明晰；建立摊销管、尾管、内衬管管理台账，确保摊销管、尾管、内衬管管理有序，提高管材利用率；建立网上作业信息管理系统，确保各矿适时掌握各自的新旧管杆使用数量、库存情况及主材成本。

优化节点控制，实施全程跟踪，推进管杆实现按梯次使用、规范化管理。通过规范运行流程，提升了节点控制水平，工作中做到了“四个精细”。

一是精细管杆回收管理，做到“四有、一对照、一交接”。对作业井起出的管杆坚持

"全部回收"的原则，在运行过程中做到"四有"：即回收有计划；交接记录有签字；井号、年限有记录；分类摆放有标记。"一对照"，即把回收的管杆与原作业日报记录的管杆规格、数量进行对照，保证规格、数量准确无误，实现全井回收。"一交接"，即发放班和清洗班详细交接，为分类清洗提供保证。

二是精细管杆摆放管理，做到"四区、六个分清"。严格划分了待清洗、待修复、成品和报废四个区，为管杆管理实现矿区、井别、数量、新旧、规格、年限"六个分清"提供了保证。

三是精细管杆修复管理，做到"四个清楚"。即修复质量标准清楚；矿区标识清楚；使用年限标识清楚；存放位置清楚。

四是精细管杆发放管理，做到"三不发、一分类"。即没有设计不发；没有分类登记不发；没有管杆管理班的监督不发。"一分类"即对深井、浅井、偏磨井和高腐蚀性井进行分类。

加大设备配套投入，强化革新改造，最大限度地提升生产保障能力。在日常工作中，坚持在提高管杆修复率和利用率上下功夫，经过积极努力，取得了明显成效。一是加大修复设备配套投入，提高管杆修复能力。二是挖掘下线管使用潜力，进一步提高油管利用率。积极挖掘下线管使用潜力，对不能做生产管柱的下线管进行再挑选，按照标准要求加工成内衬油管、泵下尾管和采油矿地面流程管。

2. 燃料费

井下作业过程的燃料主要分为四方面，一是小修作业施工燃料消耗；二是大修作业施工燃料消耗；三是压裂酸化能源消耗；四是作业过程中运输车辆的燃料消耗。管理重点：

(1) 精细油料考核管理，降低能源消耗。

对于作业工期短的小修作业队采用标准井次单耗的考核方式。这类队伍主要包括稀油小修作业队、稠油小修作业队。小修作业队伍在工作量核算时采用的是标准井次，该标准井次的核算在石油石化行业已有一套标准的核算体系，这使得核算能源单耗具有科学性和可操作性。

对于工期长、技术含量高的大修队以及辅助工作队采用万元产值单耗的考核方式。主要包括大修队、试油队、压裂酸化队等。这些工程队伍由于其工作性质所决定，工期长，工序多，工艺复杂，技术含量高，用标准井次不能有效反映和评价能源消耗的实际情况。用万元产值单耗能相对科学的评价能耗的真实情况。

对于工程运输车辆采用百公里耗油的考核方式。主要的耗能设备就是车辆，包括运输车辆、工程车等，最直接反映工作量的就是行驶路程，所以采用百公里耗油可以科学的反映能耗的实际情况。

对于工程车台上设备及作业配套设备采用工时单耗考核方式。对于工程车辆台上部分设备及作业配套设备只有在工作时才会消耗能源，在运输途中不会有能耗产生。因此工时单耗能有效地反映该设备的能耗情况。

(2) 精细油料现场管理，降低能源消耗。

试油工序加油办法。试油作业由于工期长，地点偏僻，耗油量大，给油料管理带来了困难，为此采用修井工序加油法，根据设备、井深、工序的不同，测定了相应的耗油标准，并根据该标准给设备核油。不仅清楚地记录了油料的发生情况，还可以很明确地记录作业工序与油耗之间的关系。

分队别管理办法。把作业队伍分为稠油作业队、稀油作业队、大修队、试油队、特车队等，进行分类对比排名。通过该评价标准进行能耗管理，对于同一类型的作业队伍进行排名，排名第一的为标杆队，把平均指标下调 10% 设定为预警值。通过发布标杆队能源单耗标杆值和预警值，设定本系列的赶超目标和整体争优目标。同时分析扣罚单位和标杆单位差距产生的原因，实现“学、超、控”，达到降本增效，提高基础管理水平的目的。学：在同类队伍之间对照目标找差距，学习和借鉴先进经验找不足，使先进经验为我所用，在学习中发展创新，逐步形成符合具有自身特色的管理理念和管理方法。超：通过查找原因，创新管理水平，达到更新、更高的经济技术水平。控：使能耗管理工作始终处于受控状态，特别是低水平出现征兆或有所反映时，能够及时预警，并制订和实施应对措施。

“一车一案”油耗管理法。由于特种车辆油耗高，在以往单车核算的基础上，结合各项指标数据分析需要，为每台单车建立一本基础能耗数据台账。台账共分为工作量完成情况（让驾驶员清楚地明白当月出勤与休息、休假情况，运行公里与工作小时）、能源消耗情况、单车万元产值单耗情况三大部分。台账在完成工作量、能源消耗、单车单耗部分做到了“三个对比”：即与计划指标对比、与上期对比、与同类车型对比，使每台单车既有与上期指标的纵向对比，又有与同车型单车的横向对比，很直观地反映出单车能耗指标的细微变化，为单车的能耗情况分析、制定改进措施提供依据。

现场加油实行一单二表制度。一单二表包括：油料使用申请单、油料入库登记表和油料现场使用登记表。作业队伍在加油站加油时由节能管理员持加油本和油料使用申请单，并由队干部签字。油品拉送到队部后要建立油品入库台账，并建立现场设备加油记录，加油记录上注明施工内容、加油时间、加油数量、加油设备等，有加油人和值班干部签字。

超计划增加油料采用逐级审批制度。当单位油料使用超出使用计划时，三级单位管理人员需要写出增油申请，详细说明油料超计划的理由，以后增加油料的测算依据，由三级单位主管领导签字认可后到作业处根据工作量变化的实际需要给予办理增油手续。

3. 运输费

井下作业过程的运输费主要分为四部分：一是施工前和完井后吊装井口房和拨抽油机驴头使用吊车发生的费用；二是作业过程中使用特种车辆发生的费用；三是使用卡车和吊车收送油管杆发生的费用；四是员工交接班及运送工具等使用值班车发生的费用。管理重点是：

（1）优化生产组织运行，减少等停时间，提高车辆使用效率。

对需要使用吊车吊装井口房和拨抽油机驴头的油水井，按使用的时间和地点排出最佳使用顺序，尽量减少吊车等停时间和路途时间，提高吊车的使用效率，节约使用吊车的费用。

抓好等停治理，提高特车计划申报的准确率和特车服务正点率，减少特车等停时间。重点是抓好使用特车计划申报的准确率，作业过程中出现问题不能按时达到作业进度时，提前与特车单位沟通，及时更改计划，保证特车到达现场后能及时进行施工，并做好特车施工时的配合工作，确保施工顺利进行，从而减少特车使用时间，节约特车费用。

收送油管杆时充分利用平板车，尽量减少吊车的使用；加强用车计划准确性及使用合理性，对于大宗管杆的收送，提前落实井场情况，对于有问题的井提前与相关单位和部门结合解决后，再进行收送，避免出现等停；出车前设计合理行车路线，减少车辆路途时间，保障车辆使用时间，提高运输车辆的使用效率。

一个作业队或一个生活点的不同作业队两口井在同一区块施工时，合并使用生产值班车；各作业队互相调配使用，值班车辆紧张时，最大限度地在各队之间进行调剂，尽可能避免临时租用车辆。

(2) 认真做好合同谈判，控制租赁费用价格。

组织外租车辆租赁合同的谈判及审批工作，根据各单位工作性质不同，合理确定租赁价格。长期租用车辆根据实际出勤天数进行结算，每月固定扣除维护保养时间和合理的节假日时间。

(3) 优化车辆运行，降低运输费用。

针对试油队生产区域相对固定的特点，每次搬迁只进行试油井之间的施工设备搬迁，驻地不搬；大修队搬迁时，根据施工目的、队伍状况及现场情况等因素，合理调配修井机车型，从而大大减小了搬迁规模。

事先做好大型搬迁协调工作，减少搬迁等停时间。大型搬迁时，提前做好地方协调工作，对问题较多的井，搬迁时协调区域办、保卫部现场保驾护航，出现问题及时解决，确保搬迁顺利，减少等停时间，降低运输费用。

在压裂及压裂防砂比较集中时，充分利用转罐用的卡车，转罐时把罐提前集中转到各施工井上，从而减少卡车使用台班，收罐时也采取集中回收，从而减少费用支出。

4.4 测井试井成本管理

4.4.1 测井试井过程概述

测井试井过程是指油气生产过程中为取得油气田地下油气水分布动态及井况资料而进行的测井、试井作业。测井试井分为常规测试和生产测试，常规测试主要包括：油气水井测压、生产试井、水井投捞测试等；生产测井主要包括：硼中子寿命测井、示踪剂监测、PND测井、水井吸水剖面、油井产液剖面、工程测井等。影响成本的主要生产指标有测井资料合格率、解释符合率、按时完成率等。

4.4.2 测井试井过程主要指标

测井试井过程成本指标主要包括折旧折耗费、人工成本、材料费、燃料费、电费、青苗赔偿费、运输费及外委测试费等。

4.4.3 测井试井成本管理

一是优化测试方案，根据地质认识的需要，优选测试项目；二是严格测试过程管理，规范操作；搞好测试软件技术配套，强化测试资料解释工作；做好测试资料应用分析评价工作；开展技术革新活动，改进工具仪器，解决生产需要和技术难题，提高测试一次成功率，减少维护作业；加强与井下作业措施和维护的结合，减少无效工作量。

4.4.3.1 生产指标管理

(1) 管理重点。

加强测试仪器管理，提高测试合格率。

仪器仪表设备是能否做好测试工作的保障和前提，一是要管好、保养好仪器设备，保证仪器仪表设备精度，降低维护费用；二是紧盯前沿科技，淘汰落后技术和仪器。

(2) 具体做法。

加强剩余油饱和度监测，增强措施挖潜针对性。

某油田经过30多年的高速开发，稀油老油田已进入特高含水开发后期，地层能量逐渐变弱，含水率不断攀升，剩余油分布零散复杂。认识剩余油分布状况，挖掘剩余油潜力，成为该油田开发工作的一项关键任务。

该油田利用4年时间，致力于开展剩余油饱和度测井项目。

优化选井。采油生产单位成立项目组，对项目的效果进行全过程跟踪。项目组地质技术人员选择重点区块，进行动态分析，选择有生产潜力、井况好的油水井，实施剩余油饱和度测井，4年共优选剩余油饱和度测井280口。

协调推进。采油生产单位制订测井工作运行大表，组织测井队伍招标。每年与测井承包单位签订测井工程施工合同，内容主要包括测井技术、质量、时效等相关要求和提交测井解释成果、违约责任等。

一体化操作。根据测井承包单位提供的资料，项目组组织技术人员分析讨论，验证解释结果与动态分析结果是否相符，摸索并掌握油水井或区块剩余油分布规律。

经过几年的饱和度监测与现场应用项目开展，该油田摸索出了一套适应油田不同油藏类型的饱和度主体监测技术—稀油油田以RMT测井技术为主，硼中子测井技术为辅；稠油油田以硼中子测井技术为主，RMT、PNN测井技术为辅；低渗透油田以PNN测井技术为主，中子寿命测井技术为辅；已射孔层以硼中子测井为主，未射孔层以RMT、PNN、中子寿命测井为主。各种监测体系，为油田认识潜力层段、堵水增油、措施挖潜提供出可靠的依据。

实施效果。该项目实施4年，饱和度测井工作对认清剩余油分布起到了关键作用。下属三个采油生产单位测井解释符合率分别提高了3.3%、5%、3.3%；测井资料合格率、按时完成率、解释成果数据全准率均为100%。

4.4.3.2 成本费用管理

1. 燃料费

(1) 管理重点。

加强日常管理，精打细算，有效控制燃料费。

制订符合本单位实际情况的绩效考评体系，充分调动员工积极性，提高劳动效率；发挥职工主观能动性，小改小革、修旧利费，有效控制测试设备燃料消耗、降低可控成本。

(2) 具体做法。

把好测试“六关”，降低油料消耗。

油水井在测试过程中，需要反复起下测试仪器，不断投捞水嘴，消耗大量油料，某采油厂测试大队通过经济分析，找准节点，从把好“六关”入手，降低油料消耗。

把好油料消耗定额关。每月根据生产任务、车型和车辆新度系数，确定单车单层油耗定额，节约有奖，超支扣罚。

把好油本集中管理关。测试队派专人集中管理“车辆加油本”及油箱钥匙，杜绝串用油本加油及非生产用油。

把好定量加油控制关。控制汽油车、柴油车每次的加油量，培养驾驶员节约用油的习惯。

把好限速行驶监护关。测试往返途中，车组人员共同监护，确保车辆在最省油的中速行驶，既节省油耗，又保障安全。

把好现场油耗记录关。现场测试过程中，在“一井一策”手册上，严格记录每次起下

仪器的油料消耗量，逐步掌握每口井正常测试的最低油耗，不断优化油料消耗定额。

把好油料消耗分析关。每月坚持对车组、测试队的单层测试油料消耗进行分析，查找超支因素，及时采取措施，确保油耗趋于合理。

采取上述措施后，全大队每年节约油料 25.4 吨，降本增效 12.7 万元。

2. *劳务费*

（1）管理重点。

优化测井试井方案，减少劳务费支出。

根据油井在钻井、测井、录井过程中的相关资料，采用优化测试工艺的方法，在保证施工工期和质量的前提下，提高经济效益。

（2）具体做法。

加强精密仪器管理，提高测试合格率，降低测试成本。

测试仪器多是精密电子产品，价值高、易损坏，使用不当或管理不善都会造成机械故障，维修费较高。测试大队为了节约开支，进一步规范了仪器管理工作。

规范仪器存放管理。更新仪器标准货架，将仪器裸露垂直摆放改为装箱后水平放置，确保仪器不弯曲不变形。

规范仪器运输管理。在测试往返途中，要求车组将仪器装箱水平放置，采取防护措施，避免震动，确保仪器性能良好。

规范仪器使用管理。测试队、车组均由专人管理仪器，健全仪器使用台账，确保仪器使用规范，保养及时。

规范仪器维修流程。在购置全自动检定装置的基础上，由大队所属的仪表检定站自行开展测试仪器标定工作，根据仪器维修的难易程度等进行分类，统一负责测试仪器送厂家维修业务。

规范特殊仪器集中分类管理。将测压、验封、取样工作量分别整合到三个测试队，实现井下电子压力计、验封仪、取样器的集中管理。

实施规范管理后，测试仪器完好率由之前的 95% 提高到 98%，测试合格率达到 100%，单井平均测试工期缩短 0.5 天，同时减少了维修费支出。

4.5 轻烃回收过程成本管理

4.5.1 轻烃回收过程概述

轻烃回收过程是指通过分离、冷却、稳定、压缩等工艺方法从原油或天然气中回收凝析油和液化石油气的过程。

轻烃回收工艺主要有三类：油吸收法、吸附法、冷凝分离法。当前，普遍采用冷凝分离法实现轻烃回收。

工艺流程七个环节：原料气预处理－除油、游离水和泥砂；原料气增压；净化；冷凝分离；制冷；凝液的稳定与切割；产品储罐。

轻烃回收装置中的关键设备有气液分离器、压缩机、膨胀机、冷换设备、液烃分馏塔等。

影响成本的主要生产指标包括轻烃回收量、轻烃回收率等。

4.5.2 轻烃回收过程主要成本指标

轻烃回收成本分为液化气和凝析油成本，主要费用包括材料费、电费等，材料费主要是用于轻烃回收过程中各种流程设备的维护消耗的费用，电费主要是轻烃回收装置消耗的能耗费。

4.5.3 轻烃回收过程成本管理

轻烃回收过程的精细管理主要是优化运行参数，根据工况变化及时调节温度、压力和液位，提高轻烃可回收成分的回收率；对轻烃供液泵，实行变频运行，保证装置进料在更平稳的工况下运行，提高装置生产效率；进行工艺技术革新，及时解决生产中遇到的疑难问题，减少故障停运时间，增产增效；加强装置的日常维护保养，消减安全隐患，确保系统平稳运行；优化轻烃装置检修方案，科学安排检维修的时机、工序，加强检修过程管理，控制检修费用，同时提高停工检修时效，减少生产装置停工时间。管理重点是：

1. *加大研究开发力度，提高轻烃回收率*

优化操作条件。天然气组成、分离温度和系统压力都要影响天然气中 C_3、C_3^+ 液化率即轻烃回收率。在相同温度、压力条件下，气体组分越富，液化率越高；对同一种天然气，增压、降温均有利于液化率的提高。因此，可以采用平衡计算方法绘制 C_3、C_3^+ 与温度、压力的关系曲线，适时调整、优化操作条件，提高轻烃回收率。

改变制冷方法。目前我国浅冷装置普遍采用氨压缩制冷，其制冷温度一般在 -8℃ ~ -25℃。如果换用丙烷制冷剂，把制冷温度降至 -30℃以下，可以大大提高轻烃的回收率。从发展角度看，采用复合制冷法（即深冷工艺）是提高轻烃回收率的很好途径。其典型例子是氨冷加膨胀机制冷或丙烷制冷加膨胀机制冷两种，冷凝温度可达 -80℃ ~ -100℃，使轻烃回收率达到较高水平。近两年新建的中深冷装置大部分采用了复合剂制冷方式，C3 收率可达75% ~85%。

采用先进和高效的设备。工艺流程是由各种工艺设备组合而成，工艺设备的合理选型和设计是流程达到较高轻烃回收率的关键。设备选型和设计中应体现效率高、技术先进、工作可靠、维护方便等原则。

具体做法：液化气充装系统节点降耗法。

某采油厂净化站液化石油气充装系统每年为放空储罐压力，需将部分液化气通过站外烟囱排入大气，造成能源浪费。对此，该净化站采取降低液化气充装损耗法，使浪费能源的现象得到有效根治。

降低液化气充装损耗法包括以下三方面内容：

一是减少装槽车时放空损耗。将原放空气体接回收管线进行回收，通过控制接管气相连接阀的开启度大小，改善操作压力低的现象；对只反映液阀前压力、槽车内压力无法在接管上显示的问题，增加测压点。

二是灵活应用凉凉胶技术。每年夏季，为了防止液化气储罐受热发生超压现象，通常采用向罐壁喷淋大量冷却水的做法。喷淋水升温后无法重复利用，还造成罐壁及罐上附件锈蚀。该站对液化气罐外壁除锈后，配刷专用防腐漆作底层，然后用凉凉胶刷 3 ~5 遍，刷漆厚度 0.5 毫米左右，颜色呈银白色，具有很好的反光性和隔热效果，大大降低了放空次数。

三是液化气储罐安装高低液位报警装置。针对接管上没有槽车测压点的情况，给液化气储罐安装高低液位报警装置，当储罐的液位高于80%时，装置自动报警，岗位操作人员及时将生产流程倒换到备用罐，既减少了由于储罐超装而造成的溢罐和超压隐患，又降低了液化气的损耗，为安全生产提供了可靠保障。

该净化站通过采取降低液化气充装损耗法，有效地降低了液化气在储存及充装过程中的损耗，保证液化气装出系统的相对稳定，提高了装出液化气质量的稳定性。

2. 合理选择设备型号，优化制冷方案，降低电力消耗

一是膨胀机节能。对于应用最为广泛的膨胀机制冷工艺，膨胀机—压缩机组是关键的工艺设备，也是整个装置的主要能耗设备，降低设备耗电量，提高设备效率是每个设备生产厂家的技术发展方向。操作上要保障膨胀机的稳定运转，关键是要保障进料的稳定以及出料的平稳。在稳定工况时，膨胀机的功率、转速和压缩机的制动功率、转速以及管网阻力都处于平衡状态。这时透平膨胀机的功率消耗最低，实现了能耗最低。

二是优化制冷方案。对低压气而言，采用复合制冷工艺是非常经济和节能的选择。另外，采用多级节流、多级压缩和节流前的冷剂预冷工艺是提高制冷能力，降低功率消耗的有效手段。

三是采用新工艺。国外发展起来的气体过冷工艺（GSP）和液体过冷工艺（LSP）是对工业标准膨胀制冷工艺（ISS）和多级膨胀制冷工艺（MPT）的改进，在保持较高 C_2 收率(80%以上）的情况下，可降低功耗约20%。应合理设定轻烃收率，过高的 C_2、C_3 收率会导致投资费用和能耗的大量增加，一般认为60%～85%的 C_2 收率和50%～80%的 C_3 收率从总体经济效益上来讲比较合适。另外，优化设计、优化生产操作，以及推广轻烃回收新技术都有利于轻烃回收装置的节能降耗。

具体做法。

优化制冷工艺，节电降耗。

某油田LPG装置采用丙烷制冷工艺，其中干气最低冷凝温度为－32.5℃，对其冷量的有效回收可降低能耗。装置设计了一台气/气换热器，让低温干气与原料气换热，随着原料气温度的降低，丙烷压缩机的电耗也就相应降低了，达到了降耗的目的。

低温级丙烷制冷压缩机承担着将127.6kPa的低压丙烷增压至1503.1kPa的任务，是整个工艺过程中的核心设备之一，能耗较高。对于丙烷制冷压缩机来讲，当气体压缩比大于8时，一般采用两级压缩，所产生的冷量比一级压缩多，因其压缩比小，等熵效率高，消耗的功也就很少。经计算LPG装置低温级丙烷制冷压缩机的压缩比为11.8大于8，故采用了二级压缩方式降低能耗。

4.6 稠油热采过程成本管理

4.6.1 稠油热采过程概述

稠油热采过程是指通过向地层注入热介质，降低原油黏度，增加原油流动性，以获取稠油、高凝油的开采过程。主要流程为经过水处理系统软化后的净水经锅炉加热成高温高压蒸汽，通过注汽干线、支线注入地层。主要生产设备包括高压蒸汽锅炉、水处理及配套设备、制氮设备等。辅助生产设备包括储罐、燃料混配设施等。影响成本的主要生产指标有产汽量

（注汽量）、产汽干度、产汽压力和温度、热效率（包括锅炉热效率和注汽有效率）、注汽量、注汽速度等。

目前稠油热采过程按照注采方式的不同可分为蒸汽吞吐开采和蒸汽驱开采两种主要工艺，并主要以氮气辅助吞吐配合生产。蒸汽吞吐是指通过单一油井实现注汽和开采，采出单个油井附近油层中原油的热采工艺。完整的蒸汽吞吐热可细化为“注汽”、“焖井”、“放喷”、“开抽”四个环节。蒸汽驱是指注汽井与采油井分离，一井或多井注入，同层的其他油井采出原油的生产工艺。氮气辅助吞吐是指在蒸汽注入时，采取多种工艺方式，加入氮气和增效化工助剂，提高开采效果。

4.6.2 稠油热采过程主要指标

4.6.2.1 主要成本指标

稠油热采成本是指在生产、注入蒸汽（氮气）或其他热介质和保温过程中发生的成本费用支出，包括原材料及主要材料、燃料油、水费、电费、折旧折耗费、人工成本、青苗赔偿费、运输费等。

4.6.2.2 主要经济技术指标

此处涉及单耗指标均以产汽量为核算对象，计算各项注汽单耗以注汽量替换产汽量即可。

吨汽完全成本（元/吨）= 当期发生的所有与产汽有关的热采成本/当期产汽量

吨汽操作成本（元/吨）= 当期发生的扣除当期折旧之后所有与产汽有关的热采成本/当期产汽量

吨汽燃料费用（元/吨）= 当期发生的所有燃料费用/当期产汽量

吨汽耗材（元/吨）= 当期发生的所有与产汽有关的材料费用/当期产汽量

吨油热采完全成本 = 当期发生的热采完全成本（包含制氮发生的费用）/当期热采商品量

吨油热采操作成本 = 当期发生的扣除折旧后的热采成本（包含制氮发生的费用）/当期热采商品量

吨汽耗标油（kg/吨）= 当期产汽消耗的燃料种类按照一定的热值标准转换为热值相当的标油之和/对应的当期产汽量，反映每生产一吨蒸汽消耗的燃油量。

吨汽耗电（kW·h/吨）= 当期产汽消耗电量/当期产汽量，反映每生产一吨蒸汽消耗的电量。

吨汽耗水（立方米/吨）= 当期产汽消耗水量/当期产汽量，反映每生产一吨蒸汽消耗的水量。

油汽比 = 当期热采产量/与该热采产量匹配的注汽量。该指标反映了一定期间内注入蒸汽产生的效果，能直接反映注蒸汽开采的经济效益。

4.6.3 稠油热采过程成本管理

提高注汽效果，降低无效低效注汽量。优化注汽方式，抓好优势注汽、控制注汽、单注注汽、一注多采、温和注汽、复合注汽等注汽方式的优化调整；优化注汽参数，抓好注汽压力、注汽速度、周期注汽量的历史分析和有效调整；优化注汽组合，分析每一轮注汽组合的

整体效果和单井效果，不断进行优化调整。

优化燃料结构。抓好燃料结构调整，实现燃烧效益最大化；同时加强燃料采购、储运管理，降低外购燃料成本。

加强锅炉节能技术应用，提高锅炉热效率，降低燃料单耗，并配套高效保温技术、变频节电技术，提高注汽系统效率。

4.6.3.1 生产指标管理

1. 管理重点

（1）优化燃烧，强化传热，提高直流注汽锅炉产汽干度。

优化锅炉燃烧。一是通过定期校验燃油蝶阀和风门连杆的线性关系，确保二者之间的线性关系在科学的范围之内；二是调整好燃油压力和雾化压力的配比，确保燃油能够充分雾化燃烧；三是控制好燃油温度，避免燃油温度过高或者过低导致燃烧效果劣化。

强化锅炉炉管传热。一是控制好水质质量，确保进入锅炉的水是合格的软化水，避免锅炉炉管结垢；二是及时清除锅炉炉管表面的积灰，确保锅炉炉管具有良好的吸热能力；三是做好锅炉炉膛的保温，减少热损失。

（2）应用新工艺、新技术，提高锅炉热效率。

降低排烟热损失。一是通过除灰除垢、增加尾部辅助受热面等方式降低排烟温度；二是控制好燃烧，降低过剩空气系数。

降低未完全燃烧热损失。科学调整燃烧，合理配风，保持合理的炉膛火焰位置及形态，使燃料在炉膛内充分燃烧。

优化伴热工艺，提高热能利用率。产汽量主要用于注汽、锅炉系统伴热、管线伴热，一部分为损耗。通过优化伴热工艺、结合热能梯次利用，提高蒸汽热能利用率，对节约燃料支出、降低热采费用具有极大的意义。

（3）细化因素分析、加强效果分析、提高注汽有效率。

地质因素：包括油层条件、稠油特性、边水影响、采出程度、距断层远近、汽窜、出砂影响等。工艺因素：包括工程技术适应性、工艺参数是否优化、地面配套工艺、注汽是否发生偏流等。井况及作业因素：管外窜、套管错断、套管漏、管柱卡及作业影响。系统及管理因素：注汽锅炉是否匹配、注汽管网问题、系统压力高低、蒸汽注入连续性、注汽井组合合理性、注入参数优化等。

2. 具体做法

（1）应用保温新技术，提高锅炉热效率。

某油田2011年投入使用高铝纤维砖保温技术，该技术是降低锅炉散热损失、提高炉管吸热能力的有效方法，可使注汽锅炉燃料单耗降低2%以上，从而节约燃油量。

主要做法：一是用耐热不锈钢勾钉替代炉壳体钢板内壁上原残缺勾钉；二是对辐射室保温层进行定型高铝纤维砖整体砌筑。三是对高铝纤维砖整体碗筑表面三次喷涂高温红外辐射涂料。第一层喷涂主要起纤维砖与涂层的粘结作用，厚度控制在1mm左右。12小时后，进行第二层涂料的涂抹，起向炉内定向辐射的作用，厚度控制在2mm左右。约48小时，待第二层涂料干燥后，再人工涂刷第三层涂料（属纯辐射层），厚度控制在1mm左右。三层涂料完成后，用液化气炉将炉内涂层烘干，清除炉管上的包装和炉内杂物，烘炉后即可交付使用。

对杨楼9#注汽站2#炉进行了节能改造前后对比测试，其结果为采用新型保温措施后炉体表面散热降低，符合标准要求，锅炉热效率提高了2.28%，吨汽单耗下降4.7%。

（2）优化注汽细节，提高注汽效果。

某油田针对制约稠油热采开发效果的关键问题，不断优化注汽实施方案，加强注汽过程管理，注汽有效率得以提高，促进了稠油热采区块的高效开发。

一是优化注汽实施方案：

优选注汽井。“三注”指油层认识清的新投井、措施井；低周期且吞吐效果好的井；高周期有配套改善措施的潜力井。“三不注”指高周期、高采出程度没有吞吐效益的井不注；原因不清的高含水井不注；无配套改善措施或注汽理由不充分的C_3类井不注。

优选注汽层段。对一些中厚油井通过动态分析或剩余油监测手段，寻找潜力层段，封堵高采出层段，对潜力层段实施单注单采，最大限度地挖掘层间层内潜力。

优选注汽方式。实施动态配汽，按所需注汽量的多少将注汽井分为四种注汽方式：预处理、热处理、短周期、正常周期。

优化注汽参数。根据四种注汽方式选择对应的注汽参数（注汽量、注汽速度、注汽压力、注汽强度等）。

优化注汽组合。同层、采出状况相当、汽窜井区组合注汽，且组合后汽窜通道最少的原则；油藏埋深接近、压力等级相当（压差不超过1.0MPa）、分炉分压注汽的原则；类型相同井分别组合的原则；地下、地面相结合相适应，不超过地面注汽管网注汽能力的原则。

掌握现场动态。组合时尽量避开A类生产井、作业、钻井时段。及时了解作业、钻井进度，提前采取短周期或热处理的方式维持油井生产。

二是精细注汽过程管理：多部门配合，确定地质方案和工程方案发放时间，确定措施作业时段，确保注汽及时。注汽前落实地面、井筒工况，及时整改问题，保证注汽后正常生产。注汽过程中严格执行注汽方案设计，适时监控及调整。放喷生产合理控制生产压差和产出液温度，减少热能损失，防止出砂。开抽生产落实油井生产管理制度，跟踪分析生产特点，及时采取强排、洗井等措施，缩短排水期，防止砂卡。

三是精细注汽效果分析：油井多周期吞吐后，对拟组合注汽的每一口油井分析每一周期组合注汽生产效果，在此基础上，优化每一口井下一周期注汽参数及下一轮次注汽组合。同时依据每一口油井潜力类型、大小、分布状况，优化工艺措施配套，从而编制出下一组合注汽轮次最优的注汽方案，这个过程简称为“一轮一井一分析”，即为浅薄层稠油油藏蒸汽吞吐效果分析模型（图4-1）。

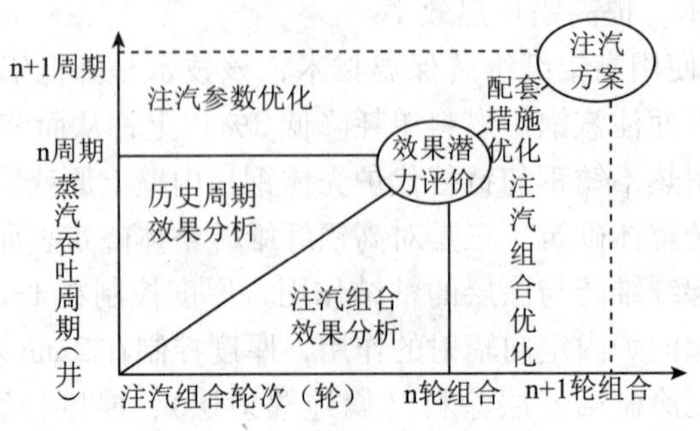

图4-1　一轮一井一分析图

通过精细注汽优化，实现了“两升一降”：注汽有效率提高了3.7%，油汽比提高了7%，注汽量节约了8.05%。

4.6.3.2 成本费用管理

1. 燃料费

目前注汽锅炉使用的燃料主要有渣油、原油、天然气、燃煤，制氮设备燃料油主要是柴油。优化燃料结构、降低燃料消耗，是转变经济发展方式、提高经济效益的关键。

（1）管理重点。

做好前期的市场调查。多方收集燃料的采购信息，货比三家；从质量、价格、服务技术力量等方面对供应商作出选择。

加强日常管理，减少管理费用。一是加强燃料的拉运管理，减少路途损失；二是加强存储管理，保持合理现场储备，降低蒸汽站不安全系数，减少管理费用。

进一步优化燃料结构，以气顶油、以煤顶油。一方面有效地优化燃料结构，降低燃料价格，节约成本费用，另一方面可提升原油商品率，提高开发效益。

精心管理，依靠技术进步，提高资源利用率。开展提高“热能梯次利用率、燃烧效率、保温效率”工作，分析瓶颈因素，明确挖潜方向，制定技术对策，提高锅炉系统效率，降低燃料单耗。

（2）具体做法。

① 加强管理堵漏洞，控制节点提效率。

某油田通过对锅炉热效率、日常运行燃烧效率、各项单耗、自用汽情况等进行摸底普查，完善能源计量器具，建立锅炉能耗统计日报，制定单炉燃料消耗基准，形成初步的能耗管理机制。具体开展了以下工作：

一是提高锅炉运行效率，减少因停炉造成的燃料损失。注汽锅炉在停炉后重新投入运行时，不仅造成注汽连续性的中断，同时也造成点炉升温时燃料的浪费。项目组人员通过计划性的月度检修、转轮时有针对性地整改、日常巡回检查时及时处理等措施，减少故障停炉次数。

二是加强燃烧管理，增强燃烧效果。项目组根据炉膛里火焰的轮廓、颜色等来判断燃料的燃烧情况，并结合实际情况对燃料油的温度、雾化压力和油嘴等影响燃烧效果的因素进行调整，发现燃油蝶阀的刻度最小时风门全关，燃油蝶阀的刻度指到“7”时风门全开，此时风门间距达到10厘米，由此推算，燃油蝶阀每增加“1”个刻度，风门刻度增加1.43厘米。找到两刻度之间的比例关系，风门调整准确后，油、风配比效果明显提升。

三是优化空气过剩系数，减少燃料浪费。注汽锅炉过剩空气系数偏低，会导致燃料油燃烧不充分；系数偏高，增大排烟量，会带走一部分热量，同样造成燃料浪费。通过定期对锅炉过剩空气系数进行检测，调整配风系统，保持合理的过剩空气系数，节约燃油。

经过管理及技术的双重优化，吨汽燃油单耗下降了2.89%。

② 优化燃煤注汽锅炉的燃烧控制、降低燃煤单耗。

某油田通过3年来不断地摸索调整，在提高燃煤注汽锅炉的燃烧效率和降低燃煤单耗等方面取得了一些经验。主要做法：

分析运行参数、排查节点。通过对运行参数分析，共计找出影响节点10项，确定控制重点14项。

表 4－1

序号	影响节点	影响性质	控制重点
1	煤粉细度	锅炉固体燃烧热损失	1. 调整折向挡板角度
			2. 调整球磨机入口风压
			3. 调整球磨机钢球数量及大小
2	二次风门配比	火焰中心高度和风粉的扰动混配情况	调整二次风的配比
3	一次风温、风压	锅炉结焦，燃烧切圆的形成	1. 调整乏气送粉时，一次风温、风压
			2. 调整热风送粉时，一次风温、风压
4	二次风温	炉膛温度	调整二次风温
5	含氧量	锅炉过剩空气系数	调整锅炉送引风的配比关系
6	飞灰含碳量	锅炉固体燃烧热损失	调整飞灰含碳量在经济运行范围内
7	煤渣含碳量	锅炉固体燃烧热损失	调整飞灰含碳量在经济运行范围内
8	风粉比	锅炉的燃烧、着火情况	调整锅炉风粉比
9	吹灰频次	锅炉的吸热能力	调整吹灰方案
10	漏风	本体漏风，影响炉膛温度和过剩空气系数；含氧分析仪后漏风，影响引风机的出力	1. 及时消除漏风现场
			2. 加强日常管理

细化控制重点，制定保障措施。

严把煤质四关。批次原煤化验关、煤粉细度化验关、飞灰含碳量关、煤渣含碳量关，指导锅炉燃烧。

完善细节管理。煤粉细度从原来的 R90＝9 左右，调整至 19 左右；优化吹灰打焦频次，由原来的有焦才打，改为每两小时打焦一次，避免打焦引起停炉；由原来的自动全部吹灰，改为手动有选择性的吹灰。

控制锅炉含氧量。锅炉含氧量控制在6%左右，在保证锅炉炉渣和飞灰含碳量合格的情况下，锅炉排烟温度稳定在145℃左右，保证了锅炉燃烧，排烟损失控制在合理范围之内。

调整二次风门的配比。飞灰含碳量达到设计值，稳定在 3% 左右；煤渣含碳量下降1.57%。

修正锅炉一次风量的风煤比。经过上述措施的落实，75t/h 燃煤注汽锅炉的吨汽耗煤下降了5.27%，全年节约原煤3517.4t。

2. ***材料费***

稠油热采过程的材料可划分为化工材料、机泵配件、锅炉配件及其他材料。化工材料分为两部分，一是蒸汽锅炉及水处理系统消耗的化工材料，主要包括树脂、工业用盐及乳化剂；二是氮气辅助吞吐消耗的化工材料，主要包括发泡剂和降黏剂。

具体做法：利用亚硫酸钠还原复苏法，降低化工材料消耗。

因管道锈蚀，造成锅炉进水中带有铁离子，需运行水处理系统予以净化。锅炉水处理使用的树脂是阳离子树脂，树脂遇铁离子易中毒。当铁离子积累到一定量时，树脂的离子交换能力下降，造成水处理周期缩短，加大再生用盐、用水、用电量。

亚硫酸钠还原复苏法对树脂进行处理，把亚硫酸钠溶解后，注入树脂罐内，和树脂进行充分的化学反应，从而把树脂里的铁离子置换出去，恢复树脂的软化及交换能力。该方法提

高水处理再生能力，延长了水处理使用时间，减少了再生次数，既避免了更换树脂，又节约了盐的用量，同时减少了离心泵的运行次数和时间，降低了耗水、耗电量。

该项目共对能效低下的8台水处理装置进行树脂还原跟踪，还原后的树脂运行时间均延长至原来的3倍，提高了新树脂的运行交换能力。

3. 水费

稠油热采过程水消耗主要是锅炉用水，包括锅炉给水、锅炉水处理用水。

（1）管理重点。

提高锅炉用水系统的利用效率。

采用能够节水的生产工艺及设备、流程，如蒸汽冷凝回用、冷却水循环利用，提高水的重复利用率；定期检查水管，避免漏损。

（2）具体做法：“吐”出来再“喝”进去，循环用水降能耗。

蒸汽锅炉每年外排冷凝水、冷却水和大量的软化水，造成了极大浪费。某采油厂为了让锅炉把“吐”出来的水再“喝”进去，立项研究攻关锅炉外排水回收再利用问题，节约用水。

注汽锅炉干度取样冷却水回收再利用。项目人员通过现场研究，将干度取样器的冷却器出口放空管连通到锅炉水处理供水泵入口，中间加上手动控制阀的方式回收冷却水。因冷却水是从水处理出口引过来的，压力高于供水泵入口压力，靠这个压差完全保证冷却水能够返回供水泵入口，再利用手动阀开度控制冷却水流量，保证冷却效果。此项目投资小，安全可靠，使冷却水全部得以利用。

注汽锅炉放空水回收再利用。从扩容器底部排污出口连接管线至回收水池，回收水池上架设卧式单级离心泵。为确保锅炉用水水质，将放空水回收至注汽锅炉水处理入口，形成从水处理—注汽锅炉—各类点、停炉放空—扩容器排污—回收—水处理的一套闭合循环再利用的生产工艺。

实施效果：软化水及放空预热得到有效的利用，全年共计节约软化水0.14%，回收热量折合23.51吨燃油。

4. 运费

稠油热采过程发生的运费主要是拉运渣油、原油、原材料及管理部门值班车辆发生的运费。

管理重点：在燃料油拉运中，控制车体油量高度，增加每批次运输的数量，减少运输次数；加强指挥用车的节假日管理，提高本单位车辆出勤率，减少外委运费；合理安排生产车辆，一车多用或者多部门合车；对按照工作时间结算的值班车辆加强审核，提高车辆运行效率。

4.7 油气处理成本管理

4.7.1 油气处理过程概述

油气处理过程是指通过一定的工艺流程使油、气、水分离，并对油气进行提纯净化的生产过程，包括原油脱水、天然气净化、原油稳定、污水处理等部分。主要工艺流程是对前端生产过程来液（气）通过分离器、电脱水器、储罐等设备，辅以化学药剂进行油气水分离。

主要设备有分离器、含油水缓冲罐、脱水泵、脱水加热炉、脱水器、原油缓冲罐、稳定塔送料泵、稳定塔、稳定塔加热炉、稳定原油储罐等。影响成本的主要生产指标有来液（气）量、处理液（气）量、油气组分、外输含水量、污水机械杂质含量、污水含油量、酸碱性等。

4.7.2 油气处理过程主要指标

4.7.2.1 主要成本指标

油气处理成本是指油气田企业运用专业站库、设施在对油田产出液（气）进行提纯净化过程中发生的成本费用支出。主要包括折旧费、折耗费、人工成本、材料费、燃料费、水电费、运输费、外委劳务费等。

4.7.2.2 主要经济技术指标

单位原油处理成本（元/吨）=原油处理总成本/处理的液量

单位处理耗电（kW·h/t）=原油处理总电量/处理的液量

单位处理化工材料消耗（元/吨）=原油处理消耗化工材料费/处理的液量

4.7.3 油气处理过程成本管理

优化运行方案和生产运行参数，保障系统平稳运行，提高系统的运行效率；精细可控成本管理，将成本指标分解到班组和个人、责、权、利相统一；通过优化掺水配热输送工艺参数，优选加药方式等措施，有效降低油气处理成本。

4.7.3.1 生产指标管理

（1）管理重点：强化安全管理，确保安全、平稳、高效运行。

牢固树立“生产、安全、成本”三位一体的管理理念，从管理细节入手，防患于未然，强化安全生产管理，确保安全生产无事故。

（2）具体做法：联合站的“清查监管”安全管理法。

某联合站依照HSE体系，认真排查设备操作运行中存在的隐患，严格管理外来施工队伍，形成“墙内清查、墙外监管”的安全管理机制。

在“墙内”清查上，通过日常化辨识与实际操作中辨识相结合，逐一进行危害辨识和风险评估，按照个人辨识、班组讨论、集中汇总、队部评定的步骤，使每个职工认识到自身工作环境和操作过程中存在的危害，实现墙内清查目标。

在“墙外”监管上，严格实行承包商“3122”管理模式。

“3”是三个对应：施工人员身份证、施工准入证和本人相对应，才能具备进入站区的条件。

“1”是一个强化：强化施工前对外来施工队伍的资质审查、安全教育和签订HSE协议约束。

“2”是突出两个落实：依据“谁引进、谁负责；谁主管、谁负责”的原则，落实外来承包商现场负责人和本单位现场负责人的责任。

“2”是强化两个告知：现场监护人对施工中可能发生的危害和采取的措施告知；施工前对相关生产运行岗位操作人员告知。

该联合站通过实施“墙内清查、墙外监管”安全管理新机制，全面开展隐患排查和隐

患治理工作，做到了检查到位率100%和问题整改率100%，实现了安全检查从“不怕查”到“怕不查”的过渡，确保了安全生产无事故。

4.7.3.2　成本费用管理

1. **材料费**

（1）管理重点：加强破乳剂使用管理，降低材料费支出。

油气处理过程中材料消耗主要是用于油水分离的破乳剂，降低材料消耗重点是做好破乳剂的选型、投加点、投加量的优化等。

（2）具体做法：优化破乳剂投加方案，实现降本增效。

某联合站对破乳剂脱水加药工艺与现场不同区块原油脱水效果进行深入细致的对比分析，针对不同破乳剂类型在系统分散及作用效果进行室内实验分析，然后对现场破乳剂投加方案进行优化，保证和提高了原油脱水效果，具体做法：

优化完善站外破乳剂投加工艺。破乳剂投加分为两部分，一部分是在计量站（集油站）点投加，一部分是在联合站分离器进口投加。针对不同的投加点，根据不同油水性质和生产情况不同特点，实施动态加药，对加药工艺进行优化完善。

优化筛选破乳剂投加类型。重新评价不同类型破乳剂的性质和站内、站外不同破乳剂之间的协同效应，进行破乳剂优化组合，提高和改善原油破乳脱水效果。根据站外来油性质变化，跟踪、调整和重新筛选了新型破乳剂，在不提高破乳剂使用量的情况下，保证原油脱水效果。

其次，结合反相破乳剂特点和使用范围，利用反相破乳药剂有效脱出乳化油的有利性质，在破乳剂中调配适量反相破乳剂，在不影响原油脱水率的情况下，进一步有效降低污水中含油率，污水处理阶段的污油回收量和污油重复处理量，降低污油处理成本。

取得的效果：

系统运行平稳，原油脱水效果进一步提高改善。原油脱水指标平稳，外输混油含水率持续保持平稳，污水含油率明显降低。

项目实施后系统运行处理指标数据如下表所示：

表4－2

项目	原油区块 时间	井楼分离器－1出口	井楼分离器－2出口	新庄分离器出口	古城分离器出口
净化油含水率	2010年12月	4.6%	5.2%	6.5%	3.2%
	2011年1～11月	3.6%	4.2%	4.2%	2.8%
污水含油率	2010年12月	768mg/L	865 mg/L	543 mg/L	342 mg/L
	2011年1～11月	486 mg/L	574 mg/L	432 mg/L	253 mg/L

破乳剂用量减少，浓度降低，节约了药剂成本。实施后的破乳剂使用浓度159ppm，较之前的175ppm减少使用浓度16ppm，节约破乳剂使用量86.4吨，节约药剂费用121万元。

2. **水费**

（1）管理重点：依靠科技创新，实现污水回收利用。

油气处理中污水外排：一是污染环境，二是余热浪费，三是增加清水消耗。加强污水回收利用可以有效避免环境污染事故的发生，同时降低了水费支出，并利用余热降低了能耗。

（2）具体做法：深度处理变废为宝，实现污水回用。

某采油厂通过项目改造，将稠油污水进行深度处理，实现变废为宝，获得较大的经济效益和社会效益。

项目改造采用的主要技术：

一是应用新型稠油污水分离装置——DAF 气浮装置。该装置实现稠油污水的油水分离，提高了污水中的污油及机杂的去除率，其去除率分别达到 98.6% 和 89.8%。

二是应用精细过滤装置。通过滤料对污水中悬浮的颗粒杂质的迁移和粘附作用，水中携带的杂质颗粒被截留在滤料中，达到去除悬浮物的目的。

三是应用高温、高含盐、高含有机物污水硬度去除装置。比较国内外各种树脂的性能和特点，研发适合油田生产特点适应高温、高含盐、高含有机物污水硬度去除的树脂。

工艺完善改造情况：

一是完善站内污水处理工艺。该采油厂在老站系统增加两个 2000 立方米除油罐，对原油脱出污水首先进行除油。除油后的污水进入污水罐沉降，然后进入新建的 2 套 DAF 气浮装置气浮处理，气浮以后满足锅炉回用、开发注水、污水生化处理系统的处理要求。

二是完善回用部分工艺。回用锅炉系统设计日处理规模为 4000 立方米。污水回用系统配套双滤料滤罐 3 台，多介质滤料滤罐 3 台，弱酸树脂软化罐 6 台；污水经过深度处理后达到注汽锅炉使用标准，满足了注汽锅炉用水标准。

实施效果：

日均回用污水 3200 立方米，年节约清水 116 万立方米；利用回用污水与清水温差 32 摄氏度，年节约燃油 4450 吨；处理后稠油污水中的含油、悬浮物两大指标分别达到 2 毫克/升以下；年减少污水外排 116 万立方米，保护了油区的周边环境。

3. 劳务费

具体做法：优化运行参数，减少浮渣处理量。

某采油厂通过优化系统运行参数，减少浮渣处理量，降低劳务，效果明显。具体做法是：

一是选择出最适合本联合站污水处理的药剂（60mg/L 混凝剂（Q/PHY－Ⅲ）＋3mg/L 助凝剂（Q/PHY－Ⅱ））。

二是合理调整斜板倾斜角度，使浮选机的表面负荷小于 2.5m/h，提高了油水浮选分离的效果。

三是制定合理的出水闸口调节方案。根据出水水质及时调整浮渣液面的高低。

四是在浮选机上安装排气管线，加装排气阀。当原水进口管线内有空气时，可以自动通过排气阀排出，避免了浮选机内翻花，破坏浮选机内部的气液平衡。

五是改造污水处理流程，使 3000 立方米出口的一部分污水不经过浮选机处理，经由 200 立方米缓冲罐缓冲、新过滤罐过滤后，直接去生化处理外排。既减轻了浮选机的污水处理量，又减少了浮渣的产生量。

六是不定期对污水罐油层厚度进行测量，及时回收污水罐中的污油；对 3000 立方米沉降水罐的油层厚度，不定期进行顶油，提高沉降效果；做好 3000 立方米沉降水罐污油含水监测工作，品质好的污油直接回收进污油罐，不到新污水池，减少了经过污油处理器的污油，从而减少浮渣。

七是改造浮渣压滤出水流程，板框压滤机出水先进污泥固化浮渣池沉降再进系统；引进

质量好的滤布，减少压滤机浮渣的漏失量；在浮渣固化产生的污水进入污水池前增加过滤功能，避免浮渣进入污水处理系统。

取得的经济效益：实施后平均每天产生干渣量比之前减少 13m^3，年共节约浮渣处理费 133 万元。

4.8　输油输气成本管理

4.8.1　输油输气过程概述

输油输气过程指油气生产单位通过油气专用运输管线从联合站（采集气站）向首站（配气站）输送油气的过程。

输油输气过程的主要设备包括输油泵、加热炉及辅助设备，费用主要包括材料费、电费、运输费、燃料费等，影响成本变化的主要生产指标是输送量。

输油输气的成本管理，主要是通过选择合适的设备、优化流程、控制消耗量来减少电费、材料、燃料费支出。

4.8.2　输油输气过程成本管理

精细输油输气过程管理，主要是优化系统运行参数，保证系统安全平稳运行；优化工艺流程，加强过程监控，控制原油含水率，降低油气损耗；加强输油管网、机泵设备的维护保养，减少维修大修费用；科学优化匹配外输泵的运行参数，优化调整储油罐罐存，减少原油外输能耗；加强站点材料消耗管理，控制好材料费用。

4.8.2.1　电费

（1）管理重点：加强输油泵管理，减少电力消耗。

减少输油泵的电力消耗，一是根据原油输送量、原油物性等生产要求选择合适的输油泵；二是在输油泵上使用变频技术，通过加装变频器等方式降低电量消耗。

（2）具体做法：低能耗输油精细管理。

某采油厂集输大队认真分析输油系统现状及存在的问题，以降低原油输送过程中的油气损耗、输送能耗为目的，对集输系统实施精细化低能耗输油管理，起到了较好的效果。

优化末站工艺流程，降低原油外输过程中的油气损耗。对输油管线来油流程进行改造，由单进单输流程改为油罐旁通流程输油，既减少原油进罐造成的油气损耗，又提高了外输泵的进口压力，减少电量消耗。

针对各联合站外输泵与实际输量不匹配的问题，根据原油输送量的大小，科学优化匹配外输泵的运行参数，减少原油外输耗电量。

优化输油温度、压力参数，降低各联合站原油外输能耗。一是优化原油稳定塔参数，既保证轻烃回收量，又减少了天然气燃料消耗。二是动态调整出站温度，根据气温、来油温度、输油量及进站温度，及时调整出站温度，降低天然气的用气量。三是优化输油参数，降低原油外输温度；每年 3～11 月份，停运外输加热炉。四是科学分析原油凝固点及黏度，逐步降低原油出站温度，停运外输加热炉，若原油产出量少，采取少量掺水伴热。

从联合站大系统综合考虑，优化调整储油罐罐存，实现原油集中储存。对储油高度低于 3 米的油罐，进行罐存转移并停用该罐，降低各站储油罐伴热能耗。

4.8.2.2　材料费

（1）管理重点：提高化工料使用效率，降低材料费。

降低输油输气过程的材料费，主要是减少降黏剂、稳定剂等化工材料的消耗量，提高化工材料的使用效率。因此，根据原油的物理化学特性，研发或选择合适的化工产品是降低化工料成本的最佳途径。同时，以“低一度”管理方法通过摸索原油运输的生产特性，在满足运输条件下合理减少化学药剂投入，也是减少化工材料投入的有效办法。最后，加强化工材料的现场管理，减少加药过程中的浪费。

（2）具体做法：CE－H 降凝剂输油技术在长输管线上的应用。

某油田通过论证，在输油管线中加入 CE－H 降凝剂可以取得较好的经济效果，针对输油生产实际情况，对输油管线采用先进的“改性处理工艺”加降凝剂输油进行可行性研究。室内实验结果表明，只要在每吨原油中加入 50 克所筛选降凝剂，该输油管线春、夏、秋季只需 1#、5#站进行加热．冬季只需 3#、5#、7#站进行加热，就可以保证输油管线的正常输油。通过现场实验，CE－H 降凝剂对该管线管输原油具有显著的降凝降黏效果，现场测点凝固点由加药前的 26℃降至 10～18℃，并且原油黏度也有大幅度的降低，输油管线运行更加安全。

该油田输油管线在加入 CE－H 降凝剂后，取得了较好的经济和社会效益。在一定输量下，取消了中间加热，减轻了中间加热站工人的劳动强度；降低了管线回压，减少了管线穿孔次数，延长了管线安全停输时间。

4.8.2.3　燃料费

管理重点：优化提高热效率，减少燃料消耗。

一是通过对加热炉进行优化改造，使燃料充分燃烧，发挥燃料的最大热效应；二是确定最佳原油运输参数，减少热水或蒸汽的消耗量；三是做好输油气管线的防腐保温，根据季节气温变化调整输油温度，减少热损失。

4.9　油区维护费管理

4.9.1　油区维护过程概述

油区维护指以生产为目的、维持和保护油气生产条件的活动。包括修建小型防洪浪堤、防火墙、防风防沙林及井场维护、油区道路维护、工农关系协调费等，对油田的稳产、增产起到积极的作用。

4.9.2　油区维护主要成本费用

（1）井场维护费：指为维持井场及周围的设施及设备、管线正常运行和保持地面清洁进行定期的维护和保养发生的费用。

（2）环保费：是指为了维护、治理和保护油区自然环境而发生的费用。

（3）安全技措费：安全技术组织措施费用的总称。指为保证工人在生产中的安全和健康，防止伤亡事故发生，在生产技术和劳动组织上采取各种安全措施而支付的费用。

4.9.3　油区维护过程成本管理

加强日常监管力度。对已经修建好的防护设施加强日常管理、维护，随时发现问题随时整改，保持其随时可用的防护状态，做到“护而不修”。

加强与地方政府沟通协调，构建和谐油地关系。把创建“和谐模范油区”作为一项重大的政治任务，减少和地方机关、地方民众的利益冲突，确保生产顺畅有序。

具体做法：

（1）安全管理部门尽其职、负其责，安全工作到位。

一是理论普及全面。专职安全管理人员现场讲解操作规程和安全岗位责任制，结合编写的《岗位安全操作手册》，对井（站）人员进行相关操作要领的抽考。

二是隐患预防到位。狠抓隐患排查治理各项措施的落实，重点对要害部位的安全状况、安全防范措施进行检查并落实整改，确保安全生产万无一失。

三是应对能力提高。通过职工技能比武活动、“比学赶帮超”活动、开展事故应急预案演练等，全面提高职工的安全技能和处理突发事故的应急应变能力。通过以上措施保障了生产工作顺利进行，为企业顺利平稳发展保驾护航。

（2）基层队员工，多动脑、勤动手，油区维护到位。

某油田树立“抓好环保也是增效益”的经营理念，积极开展标准化井场创建活动，针对造成油井污染的根源，连续组织人员攻关，取得了一定成效。如：井口安装接油盒，将盘根漏油导入下方袋内，解决了盘根偶尔漏油造成的油花污染；在取样口加装1.5米软管，防止取样放空造成的污染等。广大职工积极主动、各显神通，改造了批灰刀、螺丝刀，自制小尖锤、小铲子等清理工具，逐刀逐铲将设备上污油泥铲除，将采油树上“千年”死油垢敲掉。所有设备能露出了本色，经过防腐处理后焕然一新。

4.10　制造费用管理

4.10.1　制造费用概述

制造费用是指为组织和管理厂（矿）油气生产所发生的材料、燃料、电费、折旧费、青苗赔偿费、运输费、人工成本、差旅费、办公费等。

油气田企业一般是将采油生产单位厂、矿（作业区）两级机关及其直属的工程、地质研究部门、后勤生产保障部门作为制造费用类成本中心进行核算。

4.10.2　制造费用管理

一是制定健全完善的规章制度。规范费用列支范围、审批手续，建立健全办公费、差旅费、会议费管理办法；二是强化执行，在管理上下功夫，压缩和控制非生产性费用，切实降低和控制制造费用。

（1）管理重点。

提高管理效率，减少行政性费用支出。通过开展“五减”活动，即减少文件、减少出差、减少会议、减少评比、减少检查，确保把有限的资金用在企业的长远发展上。

精打细算，勤俭节约，降本增效。树立过紧日子的思想，培养勤俭节约的习惯。从抓小事、抓实事做起，引导干部工人树立“节约成本不算难、价值发现在身边”的理念，不放过一件小事、一个细节，如节约一张纸、降低一度电等，使精细化管理渗透到日常生产和工作的细枝末节中去。

（2）具体做法：办公费卡片管理法。

某单位推行办公费卡片管理法，具体做法是：制作一种卡片，依据各单位、各部门的业务范围和工作量，将差旅费、办公费和非生产性耗材三项费用精细分解到单位和个人，限定数额，凭卡报销，超支不报。

实行办公费卡片管理法，按成本指标倒推核算，把成本节余任务层层分解，作为硬指标落实到每个岗位、每个职工头上，大家在保证工作任务高质量完成的前提下尽可能地精简节约。

指标明确后，措施紧跟上。在提高效率，降低消耗方面出台了一系列细节要求：如空调开启时要关闭门窗；打印机、复印机等办公设备不使用时即行关闭等；规范办公品的配备、领用制度，对办公用品领用登记，落实专人管理，严格实行交旧领新等。

实施后，该单位年实现降本36万元的目标，形成了“人人节支降耗，处处精打细算”的良好氛围。

第5章 炼化企业成本管理

本章针对炼化板块生产流程长、工艺过程复杂、生产过程封闭等特点，按照影响炼化企业生产成本和经济效益的重要价值环节，着重介绍炼化企业成本管理的实务、方法和理念，重点关注炼化企业炼油、化工板块及装置的重要技术经济指标和成本指标及其影响，阐述在原油采购尤其是进口原油采购、装置物耗、收率、产品结构优化、装置能源管理及优化等方面成本管理实践。

5.1 原油采购成本管理

原油作为炼化企业的主要原料，主要有自产陆上原油、海洋原油、进口原油，目前中国石化主要炼化企业进口原油的依存度逐年上升，从原油加工结构看，2011 年中石化进口原油占原油加工总量的 76.3%；2012 年进口原油占原油加工总量的 77.8%。

5.1.1 进口原油采购成本管理

5.1.1.1 进口原油定价原理

国际石油市场经过不断地演变与发展，石油贸易已经形成了两大类贸易形式，即实货贸易与期纸货贸易。

石油实货贸易，顾名思义，就是买卖双方针对一定数量石油实物的交易。一般原油实货贸易分为现货和长期合约两种形式。现货交易指买卖双方约定在近期按一定价格一次性交收一定数量石油实物的交易。而长期合约（或长期合同）指双方约定在未来某段时间内分批次总共交收一定数量石油实物的交易。目前世界石油实货贸易以长期合同为主，例如中东的沙特、伊朗、科威特等主要产油国均以长期合同的方式对外销售原油。

石油期纸货贸易指石油期货、期权等金融衍生品的交易。石油期纸货贸易又分为场内交易和场外交易两种形式。场内交易指通过交易所进行的石油衍生品的交易；而交易所之外交易的任何衍生产品，都可以称之为场外交易，或称为纸货交易。

在国际石油市场上，95% 以上的原油实货交易是以非固定价格方式成交，定价方式多以浮动基础价格和一定的贴水折扣来确定。因此，原油采购成本的构成大多可以用下面简单的公式表示：

$$原油成本 = 基准油价 \pm 贴水 + 远洋运输费 + 杂费$$

在上述公式中，基准油价占成本比例大且变化幅度大；运费占成本比例不大，但变化幅度较大，贴水与杂费相对比较固定。

基准油价指该进口原油所挂靠的基准油种的价格。目前国际石油市场常用的基准原油有：布伦特原油（BRENT）、美国西得克萨斯中质原油（WTI）、迪拜原油（DUBAI）、阿曼原油（OMAN）、塔皮斯原油（TAPIS）和米纳斯原油（MINAS）。一般欧洲和非洲地区生产的原油以 DTD BRENT（带装船日期的布伦特原油）为基准原油；美洲各国以及运往美国的大多数原油均以 NYMEX WTI 为基准原油；中东运往亚洲地区的原油一般以 PLATTS DUBAI 和 OMAN 原油平均价为基准价，俄罗斯远东地区的出口原油均以 PLATTSDUBAI 为基准原油；而印尼、马来西亚、越南等一些远东地区生产的原油常以 TAPIS 或 MINAS 作为基准原油。基准原油的价格一般由相应原油在期纸货交易中直接产生或经过报价公司评估后产生。

由于基准油价每天都在波动，因此原油定价公式还必须约定计价期。计价期就是指以约定时间段内的基准原油的价格作为计价基础，一般以提单日为计算基础。通常作法有如下几种：① 提单日后五天，常用于西非、北海原油；② 提单日前后五天，常用于部分西非原油；③ 提单日所在月全月，常用于中东原油和部分远东原油。由于进口原油和其所挂靠的基准原油存在差异，因此原油定价公式还包括贴水（贴水可能为正值，也可能为负值）。现货市场中贴水是在不断变化的，交易中决定原油贴水的因素很多，例如原油品质、计价期、装港条件、运输市场、产品市场以及买卖双方的博弈能力等因素均会影响贴水。而对于中东地区大部分原油，其贴水一般由国家石油公司每个月发布一次，因此被称为官价。沙特、伊朗、科威特、伊拉克等国家石油公司一般在月初发布下个月装货的原油官价，被称为前瞻性官价。卡塔尔、阿联酋的国家石油公司一般在月初发布上个月装货的原油官价，被称为回溯性官价。

远洋运输费用包括原油远洋运费和滞期费，其他费用则包括保险费用、财务费用、商检费、国内港口费用、国内运费等。

5.1.1.2　降低进口原油采购成本的途径

进口原油工作是一项系统工程，包括采购、运输、保险、报关、商检、接卸等各个环节，涉及供货商、炼厂、船公司、代理公司、管道公司、保险公司、银行、海事部门、港务局、海关、质量检验部门等多个单位，因此降低进口原油成本也是一项复杂的系统工程。根据原油到厂价格的定价公式，原油到厂价格由基准油价、贴水、运输费用以及其他费用共同组成，因此从每一个环节入手，均可降低进口原油成本。

1. 加强市场预测分析，选择合理计价基准

DTD BRENT、NYMEX WTI、PLATTS DUBAI 是国际原油市场最常见的基准原油，由于石油市场瞬息万变，因此基准油之间的价差也在不断发生变化，我国 90% 以上的进口原油都以 DTD BRENT 或 PLATTS DUBAI + OMAN 作为基准原油，因此 BRENT/DUBAI 的价差对我国炼油企业的进口原油成本影响重大，炼厂可以通过优化进口原油计价结构来大幅降低进口原油成本。

2011 年 WTI 与布伦特价差创历史记录，WTI 比布伦特低 16.2 美元/桶，2010 年高 0.1 美元/桶，见图 5 - 1。

2. 提高劣质原油加工能力

原油贴水很大程度上受品质的影响，一般说来轻质、低硫、低酸等优质原油贴水较高，而重质、高硫、高酸等劣质原油贴水较低，因此采购劣质原油是降低进口原油采购成本的重要途径之一。炼油企业可充分利用装置条件，发挥重质、高硫、高酸等劣质原油加工潜力，制定合理的加工路线，从而为采购劣质原油做好炼油工艺方面的准备工作。

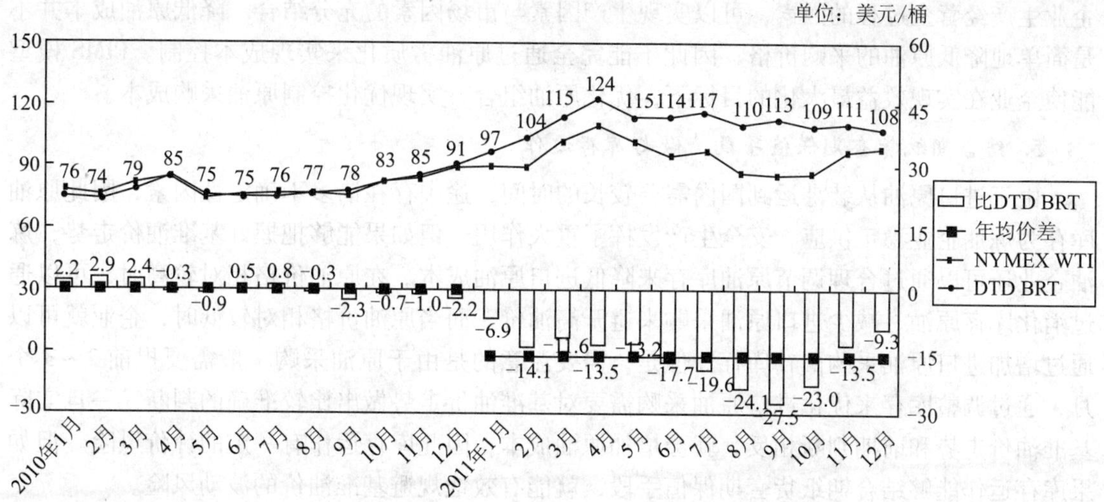

图5-1 基准原油价差变化图

3. 通过多种途径降低滞期费

随着进口原油数量的不断增长，降低进口原油滞期费的压力越来越大。从总部2011年与2010年的比较来看，滞期费仍居高不下。如图5-2所示。

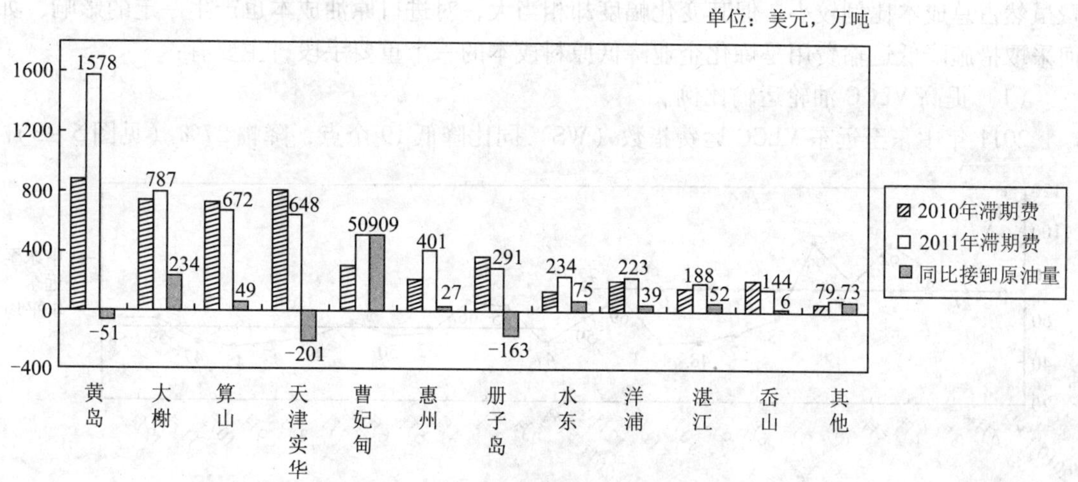

图5-2 分港口滞期费发生情况图

码头和罐容不足、原油中转不及时、坏天气、集中到港等各种因素都可能会造成滞期，只有多种途径结合才能有效降低滞期费。首先是加快基础设施建设，增加码头、罐容以及管线的投用；其次加强原油国内运输的调度管理，加快原油中转；第三是加强船期计划安排和动态管理，尽量做到均匀到港；最后还要做好滞期费的合理索赔工作。

4. 利用PIMS模型优化控制进口原油采购成本

PIMS（过程工业模型系统）软件主要是利用线性规划、递归等技术建立企业数学模型，模拟企业的生产经营过程，并为企业决策提供依据。目前，炼化企业已经建立了PIMS模型。模型中包括不同的原油品种及价格、装置构成、生产状况、产品质量、产品销售等影响企业生产经营全过程的因素，可以实现生产因素与市场因素的充分结合。降低原油成本并不是简单地降低原油的采购价格，因此不能完全通过原油劣质化来实现成本控制。PIMS 模型能使企业在实现效益最大化的目标下，优化原油组合，实现优化控制原油采购成本。

5. 结合期纸货套期保值手段，做好库存运作

由于进口原油从装港运到国内需要较长的时间，途中存在诸多不确定性因素，因此原油库存为炼油企业稳定供应、安全生产发挥了重大作用。但如果能够把握好基准油价走势，炼油企业还可以通过合理调节原油库存来降低进口原油成本。在原油价格相对较高时，可以通过消化库存原油、减少进口原油采购来避开高油价。而当原油价格相对较低时，企业就可以通过增加进口原油采购回补库存。但是，需要注意的是由于原油采购一般需要提前 2 ~ 3 个月，通过调整库存来优化进口原油采购需要对基准油价走势做出比较准确的判断，一旦实际基准油价走势和前期判断相反，就会增加原油成本，因此库存运作有一定的计价风险。但如果库存运作能够结合期纸货套期保值手段，就能有效地规避基准油价的波动风险。

套期保值主要是针对单种原油进行价格锁定，劣质油成本较低，而 PIMS 模型的运用贯穿企业的生产经营全过程。它可以将生产因素与市场因素较好地结合起来，以企业效益最大化为目标，实现原油优化采购组合。

6. 优化运输，降低成本

运输费用也是原油到岸价格中非常重要的部分，由远洋运费和滞期费两个部分组成。运费虽然占总成本比例较小，但其变化幅度却相当大，对进口原油成本也产生一定的影响，如何采取措施降低运输费用是炼化企业降低原料成本的一个重要手段，主要有：

（1）提高 VLCC 油轮运输比例。

2011 年中东至远东 VLCC 运费指数（WS）同比降低 19 个点，降幅 27%（见图 5 - 3）。

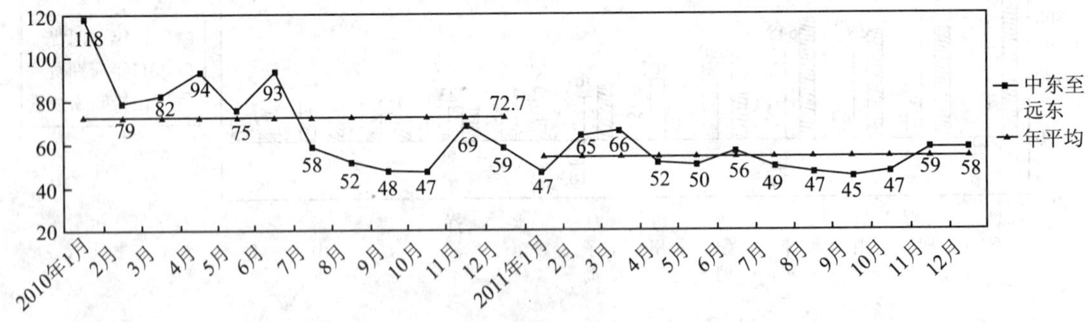

图 5 - 3 国际市场运费指数走势图

目前原油运输市场上的船型以 VLCC（可满载 200 万桶）和 SUEZMAX（可满载 100 万桶）为主。一般来说船型越大，单位原油的运输费用就越低。因此通过提高 VLCC 油轮运输比例可以大幅度降低运输成本。

（2）提高单港装和单港卸比例，降低空载率。

由于原油的货量一般在 90 ~ 100 万桶，一艘 VLCC 油轮可以装载两个货，如果这两个货不在同一个装港，则就需要两港装，但是两港装比一港装的运费要高一些。对于卸货也是同样的道理，一港卸的运费要比两港卸要低。因此，为了降低运费，要尽量提高单港装和单港卸的比例。

（3）减少中转次数。中转次数越多，不但会增加损耗、而且会增加运输，加大原油采购成本。

（4）通过多种途径降低滞期费。

面对变化剧烈的国际石油市场，灵活运用各种降本手段，企业必须有高素质的原油采购人员，不断进行市场跟踪和研究，通过积累大量的历史经验数据，增加对市场判断的准确度，充分利用市场波动和不同原油的价格差，捕捉有利的机会。优化控制进口原油采购成本，实现企业效益最大化，提升企业的竞争力。

5.1.2　原油途耗管理

原油途耗是炼化企业重要的经济技术指标，途耗的产生主要与原油装货港口、运输船只、采样方法、原油密度、温度等密切相关。进口原油途耗包括一程途耗和二程途耗，一程途耗是指进口原油从进口国码头到本国海关码头因运输产生的损耗；二程途耗主要是指沿江炼油企业进口油海进江至运输到企业码头产生的损耗。

原油途耗作为一项采购原油的损失，降低原油途耗可直接减少损失，增加企业利润。降低原油途耗的主要方法有：

（1）针对石蜡基原油和中间基原油的品质特点，优化原油接卸与中转方案，对蜡含量高、黏度大、倾点高的原油重点关注，全程跟踪一程到港温度、罐区保温、二程装卸等环节，尽最大可能降低因挂壁造成的损失。

（2）力争原油二程中转船只相对固定，优先考虑船龄新、加温设备好、船舱具备收油槽、航速快的油轮，确保二程中转及时、保质、保量。

（3）优化油种的采购、中转。在冬春季气温比较低的时期，尽量少采购蜡含量高、黏度大的原油，降低由于挂壁造成的一程途耗。

（4）根据原油采购、中转台账，对易出现途耗、含水超标的原油供应商（部分产油国在装船过程中存在计量卡边操作）、油轮（尤其是船龄较老的船只）重点监控；同时做好与港口、商检、罐区等部门的衔接，确保油轮卸净离港，尽量避免损失。对于途耗偏大的情况，要对检验、卸船等情况进行复核及认真分析，查找原因，并与港口、商检积极沟通，挽回损失；在原油采购代理合同中要对代理公司明确途耗超标索赔标准及条款，对超标途耗联系代理进行索赔。

（5）严把计量关，从原油降低原油途耗。强化对原油性质的分析和了解，优化原油接卸方案，做好计量准备工作；加强油轮舱底残油和挂壁的回收和计量，做到应收尽收。实时跟踪提单量、船舱量和岸罐量的数字，对异常差异积极介入跟踪处理。

5.2　炼化装置生产情况简介及管理关注点

了解炼化装置生产情况，一方面会对炼化装置成本管理有感性认识，另一方面会对装置成本管理的重点有的放矢。

5.2.1　主要炼油装置

1. 常减压装置

（1）生产原理。

常减压装置又叫常减压蒸馏装置或蒸馏装置，是炼油厂加工的第一道工序，炼油厂的生产规模即以常减压装置加工能力为代表。它主要由电脱盐、常压和减压组成。电脱盐单元主要是通过添加破乳剂并在高压电场作用下脱除原油中的盐和水。常压单元就是将原油进行加热使其汽化，汽化了的各种不同沸点组分在塔内不同高度不同温度下分别冷凝下来，从而分离成为各个不同沸点范围的馏分，达到使原油连续分离出各种馏分的目的。减压蒸馏也称为真空蒸馏，是在接近真空（残压1~8kPa）状态下进行蒸馏的过程，把在常压下难于蒸馏的常压重油在抽真空的条件下降低其沸点进行蒸馏，可以把沸点高达500℃以上的馏分深拔出来。常减压装置主要包括直馏汽油（石脑油、重整料）、直馏航空煤油、直馏柴油、直馏蜡油和渣油等馏分，石脑油可作乙烯裂解料，直馏蜡油可作催化或加氢裂化料，渣油可作为延迟焦化原料或者制取沥青和燃料油。

（2）主要能耗。

电消耗主要是电脱盐，蒸汽消耗主要是汽提和塔底吹汽，燃料消耗主要是常压炉、减压炉。

（3）主要化工原材料。

破乳剂：在原油中添加破乳剂，并在高压电场作用和130℃左右温度下进行脱除，并要适当比例注入洗水，像洗衣服一样将原油中盐洗掉。

氨水：在蒸馏塔顶的馏出线上注氨，中和硫化氢和氯化氢，是低温部位防腐的有效措施。

缓蚀剂：塔顶馏出线注缓蚀剂，注氨时生成氯化铵沉积并腐蚀金属，注入缓蚀剂吸附在金属表面，保护设备和管线不被腐蚀。加工高酸原油时，还要使用防止高温环烷酸腐蚀。

碱液：电脱盐后的原油注碱溶液，可以把残留的氯化镁变成不易水解的氯化钠，并将水解生成的氯化氢加以中和，也能中和原油中的环烷酸和一些硫化物。

阻垢剂：防止原油及渣油系统结垢。

钝化剂和除臭剂：加工高含硫原油的常减压装置，在装置开停工过程中避免硫化亚铁自燃及恶臭。

2. 催化裂化装置

（1）生产原理。

流化催化裂化FCC是重油轻质化主要工艺之一，主要以减压馏分油、脱沥青油、焦化蜡油、减压渣油等为原料，在催化剂接触下，经裂化反应生成汽油、柴油、液化气（丙烯）等高附价值产品。当减压馏分油中掺入更重质的原料时则通常称为重油催化裂化RFCC（残炭≥3.5%）。对很多炼厂来说，催化裂化装置是取得经济效益的关键装置。催化裂化装置一般由三个部分组成，即反再系统（含能量回收）、分馏系统、吸收稳定系统，新建装置通常还包括精制和气分等。原料油在500℃、200kPa（G）左右与裂化催化剂接触条件下，裂化生成干气、液化气、汽油、柴油、油浆及焦炭。产物产率与原料性质、反应条件及催化剂性质密切相关。焦炭是裂化反应的缩合产物，它沉积在催化剂的表面，使催化剂活性下降，只能用空气烧去（即再生）。

（2）主要能源消耗。

催化裂化能耗主要包括：水、电、汽耗和催化烧焦等。反应所需热量大部分由焦炭燃烧热供给，主风机的动力大部分由烟气轮机供给，装置使用的蒸汽大部分来源于自产蒸汽。

水：产汽耗水，冷却耗水等。

电：驱动机泵等。

蒸汽：驱动（主风机）气压机，反再、分馏工艺用汽、重沸器用汽（解吸或溶剂再生）等。

热进（出）：催化裂化低温热可以供气分装置作分馏热源。

（3）主要化工原材料。

催化剂：FCC装置应用20～100μm的微球分子筛催化剂，在流化工况下其性状如流体，催化剂同时起到热载体的作用。

CO助燃剂：能促使CO在再生器密相床层中燃烧生成CO_2、减少稀相因二次燃烧造成的温度偏高，CO助燃剂还可以使焦炭均匀燃烧。

金属钝化剂：用于钝化FCC原料中的金属化合物（主要是Ni），以降低干气和氢的产率。

油浆阻垢剂：为了防止、消除油浆系统结垢的添加剂，具有分散性、抗氧性、抗聚合作用，有利于装置长周期运行。

3. *加氢裂化装置*

（1）生产原理。

加氢裂化是在较高的压力和温度下，氢气经催化剂作用使重质油发生加氢、裂化和异构化反应，转化为轻质油（汽油、煤油、柴油或催化裂化、裂解制烯烃的原料）的加工过程。它与催化裂化不同的是在进行催化裂化反应时，同时伴随有烃类加氢反应。加氢裂化实质上是加氢和催化裂化过程的有机结合，能够使重质油品通过催化裂化反应生成汽油、煤油和柴油等轻质油品，又可以防止生成大量的焦炭，还可以将原料中的硫、氮、氧等杂质脱除，并使烯烃饱和。加氢裂化具有轻质油收率高、产品质量好的突出特点。加氢裂化的液体产品收率达98%以上，其质量也远较催化裂化高。虽然加氢裂化有许多优点，但由于它是在高压下操作，条件较苛刻，需较多的合金钢材，耗氢较多，投资较高。

（2）主要能源消耗。

加氢裂化装置消耗的能源主要包括：燃料气、电、水、蒸汽等。

水：产汽耗水，冷却耗水等。

电：氢气压缩机、机泵和空冷等。

汽：循环氢压缩机透平蒸汽和汽提塔的汽提蒸汽。

燃料：反应炉与分馏炉燃料消耗。

（3）主要化工原材料。

催化剂：加氢裂化催化剂属双功能催化剂，主要由提供加氢/脱氢功能的金属组分和提供裂化功能的酸性组分组成，其作用主要是将进料转化成希望的目的产品，并尽量提高目的产品的收率和质量。加氢裂化催化剂主要包括分子筛型催化剂和无定形型催化剂，前者裂化反应活性较高，对温度较敏感，后者对温度不敏感，但中油选择性较好。

缓蚀剂：混合原料经过加氢反应后会产生H_2S、NH_3、Cl^-等介质遇水混合后形成腐蚀介质，通过加入缓蚀剂形成保护膜，减少对高压空冷、汽提塔顶、再生塔顶及换热系统的腐蚀，保护设备达到长周期运转的目的。

胺液MDEA：用于脱除干气、低分气、液化气、循环氢中H_2S。

DMDS（二甲基二硫醚）：催化剂一般以氧化态存在，没有反应活性，在装入反应器后，在开工阶段，用于DMDS对催化剂进行硫化，把氧化态的金属转换成硫化态的金属才有脱硫脱氮的活性。

固体精脱硫剂：在胺液对液化气脱硫后，还残存微量的H_2S，会导致液化气铜片腐蚀不合格，需要通过精脱硫剂来吸附微量的H_2S，保证铜片腐蚀合格。

4. 重整装置

（1）生产原理。

重整装置以石脑油为原料，原料依次经过四台反应器，在催化剂作用下发生烷烃异构化反应、脱氢环化和环烷烃的脱氢芳构化反应，获得高辛烷值的重整汽油，并副产高纯度的氢气。在生产过程中，催化剂活性下降后只能在停工下进行器内或器外再生的，称之为半再生工艺或固定床重整，催化剂能够连续再生并始终保持初期活性，称之为连续重整。采用UOP超低压连续重整工艺，具有产品收率高、产品质量好、性能稳定、运转周期长和经济效益好等优点。重整装置由预加氢系统、重整反应系统和催化剂再生系统组成，主要产品有氢气、液化气、戊烷油、己烷油、脱己烷油和重整汽油。

（2）主要能源消耗。

重整装置能耗主要包括：水、电、汽耗和催化剂烧炭等。

水：产汽耗水，冷却耗水等。

电：驱动机泵和空冷电机等。

蒸汽：循环氢压缩机、氢气增压机透平、分馏塔重沸器和伴热蒸汽等；

燃料：四合一炉使用的燃料。

（3）主要化工原材料。

预加氢催化剂：临氢环境下对预加氢原料进行精制，脱除有机硫、氮、氧化合物和微量金属杂质，同时使烯烃饱和以获取合格重整原料。

重整催化剂：重整原料在一定温度、压力下依此进入四个重整反应器与重整催化剂接触发生一系列重整反应，获取高辛烷值汽油、芳烃原料和氢气等产品。

脱氯剂：重整氢气送出装置前先在氯处理罐中脱氯，以防止下游用氢装置氯腐蚀和铵盐堵塞。

5. 延迟焦化装置

（1）生产原理。

延迟焦化装置以常减压装置的减压渣油为原料，在通过加热炉时采用高的流速和较高的加热强度，使油品在短时间内获得焦化反应所需的热量，并迅速离开加热炉管进入焦碳塔进行裂化缩合反应。由于原料在高温炉管内停留时间很短，使焦化反应推迟到焦碳塔内进行，而不是在焦化炉管中，所以称该工艺为延迟焦化。延迟焦化装置主要由焦化-分馏、接触冷却系统、吸收-稳定系统、脱硫系统、冷切焦水及除焦系统六大部分组成。主要产品有干气、液化气、汽油、柴油、蜡油和石油焦，干气经脱硫后并入高压瓦斯管网，液化气经脱硫后作为民用烃出厂，汽油加氢后作为乙烯原料（石脑油），柴油经加氢后作为柴油调和组分，蜡油经加氢后作为催化原料，石油焦作为CFB锅炉燃料或直接作为产品出厂。

（2）主要能源消耗。

延迟焦化装置消耗的能源主要包括：燃料气、电、水、蒸汽等。

水：冷却耗水等。

电：驱动机泵和空冷等。

汽：气压机透平蒸汽、高温特阀防焦蒸汽、加热炉注汽、焦炭塔试压和冷焦用蒸汽以及伴热蒸汽等。

燃料：加热炉燃料消耗。

（3）主要化工原材料。

消泡剂：在焦炭塔切换四通前约5小时从焦炭塔顶注入、切换四通后0.5小时停止，主要是降低生焦塔塔内泡沫层高度，提高焦炭塔有效容积利用率。

胺液：脱除干气（液化气）中硫化氢，脱硫后的干气并入高压瓦斯管网作为燃料。

6. *溶剂脱沥青*

（1）生产原理。

溶剂脱沥青是以减压渣油为原料，以丁烷为抽提溶剂，采用超临界回收溶剂的工艺，在一定的温度和压力条件下，利用液体溶剂或超临界液体对减压渣油中油组分有较大的溶解度，对胶质溶解极弱，而对沥青几乎不溶的特性，在抽提器内进行萃取，使其分为抽提溶液液相和沥青溶液相，并利用两相比重差的作用将其分离。装置主要产品有脱沥青油（DAO）经加氢精制后作为催化原料，脱油沥青（DOA）作为化肥气化炉原料，剩余部分进焦化处理，也可以调合沥青。

（2）主要能源消耗。

溶剂脱沥青装置消耗的能源主要包括：燃料气、电、水、蒸汽等。

水：冷却耗水等。

电：驱动机泵和空冷等。

蒸汽：汽提塔汽提蒸汽和伴热蒸汽等。

燃料：加热炉燃料消耗。

（3）主要化工原材料。

溶脱装置正常生产期间不消耗化工原材料。

7. *加氢精制装置*

（1）生产原理。

加氢精制装置属于炼油生产装置里的二次加工装置，包括汽油加氢、航煤加氢、柴油加氢、蜡油加氢和渣油加氢。它主要由反应系统、分馏系统和脱硫系统组成，其中脱硫系统包括循环氢脱硫、低分气脱硫、燃料气脱硫和溶剂再生系统。加氢精制的主要任务是利用加氢精制催化剂，经过高温、中压、临氢反应进行脱硫、脱氮、脱氧和烯烃饱和，生产高品质的精制柴油和汽油，汽油可以作为重整原料或汽油调和组分，渣油可以作为催化料。

（2）主要能源消耗。

加氢精制装置消耗的能源主要包括：燃料气、电、水、蒸汽等。

水：产汽耗水，冷却耗水等。

电：增压机、驱动机泵和空冷等。

汽：循环氢压缩机透平蒸汽和汽提塔的汽提蒸汽。

燃料：反应炉与分馏炉燃料消耗。

(3) 主要化工原材料。

缓蚀剂：混合原料经过加氢精制后会产生硫化氢等腐蚀性介质，H_2S 与水汽能够形成 $H_2S—H_2O$ 型腐蚀，腐蚀特别严重，加入缓蚀剂后形成保护膜，就可以减少 H_2S 对汽提塔顶及换热系统的腐蚀，保护设备达到长周期运转的目的。

阻垢剂：随着生产周期的延长，原料油/反应产物换热器管束内壁易生成结垢物，通过在换热器前注阻垢剂，使阻垢剂在管束内壁上生产保护膜，防止结垢，提高换热效果。

8. S Zorb 装置

(1) 生产原理。

基于吸附作用原理对汽油进行脱硫，通过吸附剂选择性地吸附含硫化合物中的硫原子而达到脱硫目的，与加氢脱硫技术相比，该技术具有脱硫率高（可将硫脱至 10mg/kg 以下）、辛烷值损失小、操作费用低的优点。

(2) 主要能源消耗。

S Zorb 装置消耗的能源主要包括：燃料气、电、水、蒸汽等。

水：产汽耗水，冷却耗水等。

电：氢气压缩机、循环氢压缩机、反吹氢压缩机、机泵和空冷等。

汽：稳定塔加热蒸汽和伴热。

燃料：反应炉燃料消耗。

(3) 主要化工原材料。

吸附剂：以氧化锌、硅石和氧化铝混合物为载体，氧化镍为活性组分，65 微米的灰绿色粉末。

DMDS（二甲基二硫醚）：新鲜吸附剂以氧化态存在，吸附活性很高，在开工阶段，为了防止飞温，需用硫化剂对吸附剂进行硫化，降低吸附剂的活性，从而达到安全开工的目的。

9. 变压吸附（PSA）装置

(1) 生产原理。

变压吸附（PSA）就是利用吸附剂对氢气、烃类的吸附力不同而实现提纯氢气的一种过程。PSA 装置主要由吸附和解吸气升压两个部分组成，以重整氢为原料，原料气在变压吸附系统内，自下而上通过其中正处于吸附阶段的吸附器，由内装的吸附剂对其进行选择性吸附，弱吸附的氢气作为产品（纯度≥98%），解吸气经过螺杆压缩机升压后可至制氢装置或瓦斯系统作为燃料气。

(2) 主要能源消耗。

PSA 装置能耗主要包括：水、电等。

水：软化水和循环冷却水等。

电：驱动解吸气螺杆压缩机、往复式增压机和真空泵等。

(3) 主要化工原材料。

吸附剂，原料气在程控系统控制下通过吸附剂，利用吸附剂对氢气、烃类的吸附力的不同实现氢气提纯过程。

10. 气体分馏装置

(1) 生产原理。

气体分馏一般采用三塔流程，即脱丙烷塔、脱乙烷塔、精丙烯塔（因塔盘较多通常分

为两段)。装置主要以催化裂化液化气为原料，主要成分为 C_3、C_4 的烯烃和烷烃，经过脱硫、脱硫醇后进入装置，采用常规精馏（常规或热泵流程）的方法可以切割成合乎要求的产品：精丙烯、丙烷、混合 C_4（MTBE 原料)。

(2) 主要能源消耗。

气体分馏装置消耗的能源主要包括：电、水、蒸汽等。

水：冷却耗水等。

电：驱动机泵（热泵）等。

蒸汽：主要用于加热丙烷进行分子筛干燥再生（Ⅱ催化气分采用电加热 N_2 进行分子筛再生)、瓦斯线伴热等。

热进（出)：催化裂化低温热供气分装置作分馏热源。

(3) 主要化工原材料。

固碱：用于干燥丙烯。

分子筛：用于干燥丙烯。

11. MTBE 装置

(1) 生产原理。

甲基叔丁基醚，简称 MTBE，是一种良好的高辛烷值汽油添加剂和抗爆剂。沸点 55.2℃，蒸汽压 55.12kPa，含氧量 18.2%，MON = 101，RON = 117，在汽油组分中具有良好的调和效应。

MTBE 工艺流程主要分为原料反应与产品分离两部分。以 C_4 馏分中异丁烯与甲醇为原料，采用大孔强酸性阳离子交换树脂为催化剂制取。反应流出物中含有未反 C_4、剩余甲醇、MTBE 以及少量副产物，根据甲醇在水中溶解度大、在一定条件下能与 C_4 馏分形成共沸物的特性，采用共沸塔、萃取塔、甲醇回收塔分离流程进行分离，萃取水和回收甲醇循环使用。

(2) 主要能源消耗。

MTBE 装置消耗的能源主要包括：电、水、蒸汽等。

水：冷却耗水、萃取塔补水等。

电：驱动机泵等。

蒸汽：共沸塔（部分)、甲醇回收塔热源。

(3) 主要化工原材料。

甲醇：作为装置原料之一。

催化剂：大孔磺酸阳离子交换树脂，在它的作用下异丁烯与甲醇醚化合成 MTBE。

12. 硫黄回收装置

(1) 生产原理。

装置一般由克劳斯硫回收、斯科特尾气净化及液硫出厂等三部分组成，主要处理酸性气，回收硫黄。克劳斯工艺过程就是使含硫化氢酸性气在反应炉内用空气进行不完全燃烧，同时使硫化氢和二氧化硫发生高温反应生成硫黄，未反应的硫化氢和二氧化硫在低温和催化剂作用下进一步反应回收硫黄。斯科特尾气净化工艺是把克劳斯产生的一定的硫化氢和二氧化硫的尾气进入加热炉，补燃料气燃烧生成适量的氢气后进入反应器。在钴钼催化剂作用下进行加氢反应，使二氧化硫转化成硫化氢，再把硫化氢返回至克劳斯回收硫黄。

(2) 主要能源消耗。

硫黄回收装置消耗的能源主要包括：燃料气、电、水、蒸汽等。

水：产汽耗水，冷却耗水等。

电：驱动机泵和空冷等。

蒸汽：主要是胺液再生塔、除氧器、酸性气预热器、空气预热器等。同时硫黄回收装置还产生3.5MPa蒸汽，过热后并入3.5MPa蒸汽管网。

燃料：加热炉燃料消耗。

(3) 主要化工原材料。

胺液：用于脱除过程气中硫化氢，使尾气排放符合国家要求。

制硫催化剂：加快二氧化硫和硫化氢反应，生成硫黄。

脱漏氧保护剂：防止制硫催化剂被氧化。

加氢还原催化剂：将过程中的二氧化硫还原成硫化氢。

钛基水解催化剂：加强制硫尾气有机硫的水解。

5.2.2 主要化工装置

1. 乙烯（裂解）装置

乙烯装置是石油化工的龙头，所以它的规模、产量和技术标志着一个国家的石油化学工业的发展水平。生产的乙烯、丙烯、丁二烯（三烯）等是石油化工最基本的原料，是生产各种重要的有机化工产品的基础。

乙烯装置以丙烷、液化气、石脑油、柴油、加氢尾油、抽余油等组分为原料，经过裂解炉高温裂解、冷却、压缩、深冷分离，生产得到乙烯、丙烯、碳四、裂解轻油、裂解碳五、裂解碳九、副产氢气、甲烷、乙烯焦油等产品的化工装置，包括原料单元、裂解区、急冷区、压缩区、分离区、火炬区、废碱处理等。工艺流程见图5-4。

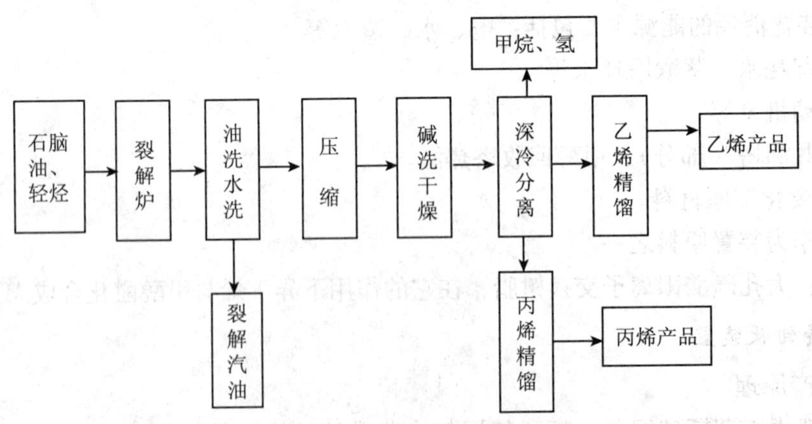

图5-4 乙烯生产工艺流程简图

乙烯是合成纤维、合成橡胶、合成塑料（聚乙烯及聚氯乙烯）、合成乙醇（酒精）的基本化工原料，也用于制造氯乙烯、苯乙烯、环氧乙烷、醋酸、乙醛、乙醇和炸药等，也是石油化工发展水平的指标，是化工行业的龙头装置。其投入产出见表5-1所示。

表 5－1

原材料		产品	
主要原料	辅助材料	名称	性质
石脑油	催化剂	乙烯	主
加氢尾油	干燥剂	丙烯	主
轻烃	阻聚剂	碳四	联
重裂解料	缓蚀剂	轻混合油	联
液化气	消泡剂	液化气	副
抽余油	防冻剂	C_9	副
常压中油	钝化剂	丙烷	副
芳烃循环油	液碱	丁烷	副
柴油	液氨	氢气	副
乙烯	磷酸钠	甲烷	副
聚合级丙烯	其他	甲烷氢	副
其他		C_5	副
		戊烷	副
		C_{10}	副
		C_{11}	副
		裂解柴油	副
		重混合油	副
		燃料气	副
		污油	副
		乙烯焦油	副
		裂解粗芳烃	副
		乙烷	副
		火炬气	副

成本计算方法：采用联产品系数法计算产品成本。内供产品综合结转其成本，采用加权平均法计算出库成本，副产品按总部统一确定的固定成本扣除，总部未统一规定的，由各单位按可变现净值的原则自行确定扣除成本。

装置成本与绩效主要关注点：乙烯收率、丙烯收率、双烯收率、裂解综合能耗。

（1）投入产出率关键指标。

乙烯收率：乙烯产量与裂解原料投入量的比率，反映单位原料的乙烯产出比例。

丙烯收率：丙烯产量与裂解原料投入量的比率，反映单位原料的丙烯产出比例。

双烯收率：乙烯收率＋丙烯收率。

乙烯收率、丙烯收率、双烯收率是反映乙烯装置投入产出效率的核心关键指标，较大程度影响乙烯、丙烯的成本，是决定聚烯烃效益的重要关注点。

（2）燃动消耗主要指标。

乙烯装置综合能耗：报告期内乙烯生产装置界区内等消耗的燃料、动力实务量按照规定的计算方法和折能系数折算的能源量。

燃动消耗包括自产、外购、副产的各种燃动，剔除外供量。

单位产品综合能耗：报告期间生产每吨乙烯合格产品消耗的平均能源量，等于报告期间乙烯装置的综合能耗量与合格乙烯产品的比率。单位为公斤标油/吨。

乙烯装置综合能耗直接影响吨乙烯燃动成本。

2. 乙二醇/环氧乙烷装置

乙二醇装置以乙烯、氧气为主要原料，生产环氧乙烷和乙二醇产品，其中，乙二醇主要用于生产聚酯、防冻液等，聚酯是我国主要的消费领域；环氧乙烷主要用于生产乙二醇，还可用于生产环氧树脂、表面活性剂等 。

乙二醇装置通常由氧化和精制两部分组成。

氧化部分：乙烯和氧气在催化剂的反应下生产环氧乙烷。

精制部分包括环氧乙烷水合及蒸发系统和乙二醇精制系统（见图5－5）：环氧乙烷水合是将环氧乙烷和水反应生成乙二醇水溶液；蒸发是将乙二醇水溶液通过压力的变化脱水；乙二醇精制是将乙二醇中的二乙二醇、三乙二醇等副产品脱除，得到高纯度的乙二醇产品。

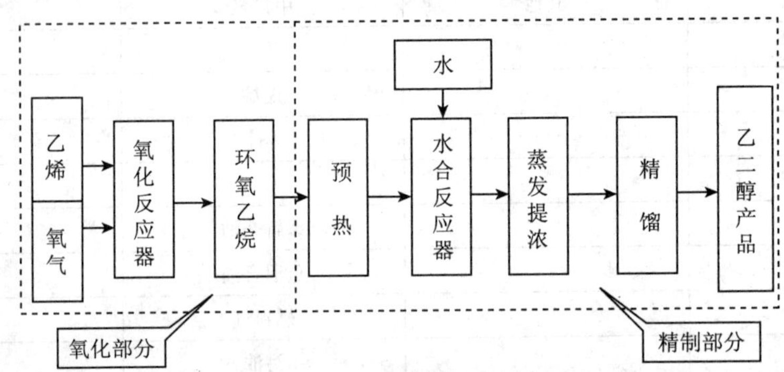

图5－5　乙二醇生产工艺流程简图

乙二醇装置主要投入产出及主副产品系数及扣除价格见表5－2所示。

表5－2

原材料		产品	
主要原料	辅助材料	名称	性质
氧气	催化剂	乙二醇	主
乙烯	化学药剂	二乙二醇	主
炼厂干气	其他	环氧乙烷	主
其他		二氧化碳	副
		三乙二醇	副
		多乙二醇	副
		清罐多乙二醇	副
		倒空粗乙二醇	副

环氧乙烷、乙二醇是石油化学工业的重要原料，环氧乙烷除主要用于生产乙二醇外，还大量用于生产非离子表面活性剂、乙二醇醚、乙醇胺、防腐涂料以及其他多种化工产品。在合成纤维工业中，环氧乙烷也可以直接作为中间体代替乙二醇制造聚酯纤维和薄膜。乙二醇

主要用于生产聚酯纤维、塑料、薄膜和防冻剂、冷却剂的原料，还大量用于生产增塑剂、松香酯、干燥剂、柔软剂等多种化工产品。环氧乙烷、乙二醇产品应用广泛，环氧乙烷的产量在乙烯工业衍生物中仅次于聚乙烯而占第二位。环氧乙烷产品产量的75%用于生产乙二醇。

装置成本与绩效主要关注点：当量环氧耗乙烯、装置综合能耗、银催化剂选择性。

（1）当量环氧耗乙烯。

当量环氧的计算方法：

报告期内折算后当量环氧乙烷与投入乙烯的比率，相当于单位产品的乙烯原料单耗，和乙烯价格共同决定产品消耗的原料成本。

（2）银催化剂选择性。

在乙二醇的生产成本中，氧气和乙烯的单耗成本占85%～90%，而二者的单耗主要取决于催化剂的选择性。因此，乙二醇装置竞争力很大程度取决于催化剂的选择。高选择性催化剂不仅直接决定了乙烯、氧气等原料的单位成本，而且副产物及杂质生成量少，乙二醇和环氧乙烷产品质量更高、成本更低。

2011年10月由北京化工研究院燕山分院研制、催化剂分公司生产的高选择性银催化剂YS－8810，率先在上海石化2号乙二醇装置实现工业化应用。装置运行1个月以来，催化剂各项性能指标均达到预期标准，在选择性和国外催化剂相当的情况下，呈现出高活性、运行稳定的特征。

作为第一个拥有高选择性银催化剂的中国企业，显示出中国石化核心技术的科研开发实力。此次工业化应用，将为我国乙二醇和环氧乙烷的产能提升提供技术支持。

燕山分院自上世纪70年代开始研究银催化剂，但均属于低选择性催化剂。2008年，燕山分院成功研制YS－8520中选择性催化剂，2009年3月率先在天津石化实现工业化应用，装置运行至今达33个月，催化剂性能依旧稳定。天津石化应用该催化剂后，收到显著的节能减排效果，每年降低乙烯消耗量2000余吨，增产乙烷3000余吨，每年为企业创造效益2000余万元。

此后，燕山分院加紧催化剂性能的改进研究，2009年底研制成功了改进型YS－8520银催化剂，3年的平均选择性达到84%。

在此基础上，2010年燕山分院又成功推出YS－8810高选择性催化剂，2010年5月通过中国石化专家组评议。评议结果认为，该催化剂达到国际同类催化剂的性能水平，因此上海石化2号乙二醇装置采用了该催化剂。由于应用效果较好，天津石化、上海石化1号乙二醇/环氧乙烷装置也将应用YS－8810催化剂，目前两家单位正积极与研发、生产部门进行技术交流。

中选、高选催化剂的研制成功，打破了国外公司的垄断，使银催化剂的价格大幅下跌，中选催化剂的国际市场价格下跌约50%，有效降低了国内乙二醇/环氧乙烷生产企业的运营成本。

（引自中国石化新闻网）

3. 丁二烯装置

乙烯装置副产 C_4 抽提（脂肪烃于 900℃以上发生水蒸气裂解制取乙烯和其他烯烃时的副产品）制丁二烯成为制取丁二烯的主要方法。

丁二烯是生产合成橡胶（丁苯橡胶、顺丁橡胶、丁腈橡胶、氯腈橡胶）的主要原料。

装置综合能耗

丁二烯装置主要投入产出及主副产品系数及扣除价格见下表。

表 5－3

原材料		产品	
裂解碳四	催化剂＼助剂	丁二烯	主
石油甲苯	其他	重组分气	副
其他		液化气	副
		抽余碳四	副
		燃料气	副
		轻质燃料油	副
		重组分油	副
		重质燃料油	副
		轻质燃料油	副
		重组分油	副
		重质燃料油	副

装置成本与绩效主要关注点：原料丁二烯含量、丁二烯收率、装置综合能耗。作为丁二烯装置的主要目标产品，也是丁二烯装置附加值最高的产品，丁二烯收率的高低与自产与外购碳四原料的丁二烯含量密切相关，因此需要重点关注自产或者外购原料的丁二烯含量，强化外购碳四原料的质量管理，提高丁二烯收率。

4. HDPE 装置

聚乙烯是塑料的一种，我们常常提的方便袋就是由聚乙烯制成。聚乙烯是结构最简单的高分子，也是应用最广泛的高分子材料。聚乙烯是通过乙烯的加成聚合而成的。

聚乙烯的性能取决于它的聚合方式。在中等压力（15MPa～30MPa）有机化合物催化条件下进行 Ziegler－Natta 聚合而成的是高密度聚乙烯（HDPE）。这种条件下聚合的聚乙烯分子是线性的，且分子链很长，分子量高达几十万。如果是在高压力（100MPa～300MPa），高温（190℃～210℃），过氧化物催化条件下自由基聚合，生产出的则是低密度聚乙烯（LDPE），它是支化结构的。

装置主要投入产出结构如下：

表 5－4

原材料		产品		分配系数
主要原料	辅助材料	名称	性质	
己烯－1	催化剂	低压聚乙烯	主	1
丁烯－1	助剂	返回丙烷	副	
聚合级乙烯	包装材料	机头料	副	

续表

原材料		产品		分配系数
主要原料	辅助材料	名称	性质	
普通丙烷	其他	扫地料	副	
聚合级丙烯		废粉料	副	
氢气		水粒料	副	
己烷		废己烷	副	
其他		其他	副	

成本计算方法：按品种法计算产品成本，落地料等产品视同副产品核算。

装置成本与绩效主要关注点，如图5－6所示。

原料单耗、产品产出牌号与结构、装置能耗。

产品单耗 ＝生产某种产品的原料（燃料、动力）消耗量÷产品合格产量＝乙烯消耗总量÷低压聚乙烯产量

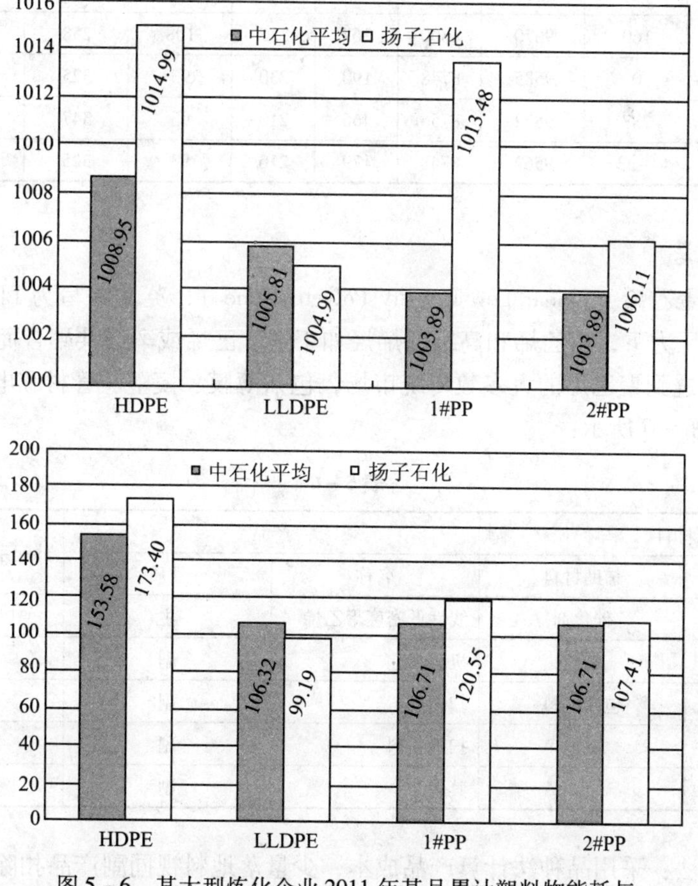

图5－6　某大型炼化企业2011年某月累计塑料物能耗与中国石化平均能耗水平对比图

塑料装置产品的牌号是多种多样的，装置的绩效与产出牌号的结构密切相关。财务部、生产经营部门应对市场变化及时测定塑料产品分牌号的盈利能力，考虑过渡料对绩效的影响

因素，及时优化、调整生产方案，争取多生产边际贡献高的产品。在塑料板块整体亏损的情况下，这种优化思路尤其重要，起到减亏增效的的作用。

表5-5 某月某大型炼化企业塑料分牌号成本及边际测算表

项目	牌号	成本差	成本合计	原料	辅材	动力	包装物	固定费用	平均售价	边际贡献
1PE	5505T	-354	9559	8740	158	264	131	266	9588	295
	5000S	-115	9798	8817	224	390	105	262	9370	-166
	YEM4902T	242	10155	8853	527	402	105	267	9368	-520
	YEM4803T	237	10151	8840	526	402	105	278	9247	-626
	5306J	237	9913	8887	248	411	105	262	8509	-1142
2PE	YLF-1802	63	9492	8672	225	241	95	259	7734	-1499
	DFDA7042	0	9429	8672	166	239	93	259	7669	-1501
	YLF1801	8	9437	8672	169	245	93	259	7677	-1501
1PP	C-180	295	9806	8808	296	272	107	322	9399	-85
	F401	0	9511	8800	102	244	107	258	8820	-433
	S700	160	9670	8800	267	237	108	258	8999	-413
2PP	K8003	0	9585	8748	190	230	93	325	9266	6
	K9927	287	9872	8756	466	210	93	347	9118	-408
	PPQ-M-022	-23	9562	8748	179	216	93	325	8433	-804

5. LLDPE 装置

线型低密度聚乙烯（Linear Low-Density Polyethy-lene），英文缩写为LLDPE。LLDPE通常在更低温度和压力下，由乙烯和高级的烯烃如丁烯、己烯或辛烯共聚合而生成。

LLDPE已渗透到聚乙烯的大多数传统市场，包括薄膜、模塑、管材和电线电缆。装置主要投入产出下表5-6所示：

表5-6

原材料		产品		分配系数	在产品的核算
主要原料	辅助材料	名称	性质		
聚合级乙烯	催化剂	线性低密度聚乙烯	主	1	只计算原材料成本
丁烯-1	助剂	机头料	副		
氢气	包装材料	扫地粒料	副		
己烯-1	其他	扫地粉料	副		
其他		其他	副		

成本计算方法：采用品种法计算产品成本，少量落地料视同副产品扣除。

装置成本与绩效主要关注点：原料单耗、产品产出牌号与结构、装置能耗。

6. PP 装置

聚丙烯主要原料为丙烯，其生产工艺简单，由于聚丙烯性能优良而用途很广，可作成纤维、单丝、窄带、薄膜、注塑日用品及工业用品、管材、板材等。

聚丙烯生产工艺有本体法和溶剂法两种，本体法中又有气相聚合和液相本体聚合。

装置主要投入产出如表5－7所示。

表5－7

原材料		产品		分配系数	在产品的核算
主要原料	辅助材料	名称	性质		
聚合级乙烯	催化剂	聚丙烯	主	1	只计算原材料成本
聚合级丙烯	助剂	返回丙烯	副		
氢气	包装材料	机头料	副		
其他	其他	扫地粒料	副		
		扫地粉料	副		
		其他	副		

成本计算方法：采用品种法计算产品成本，少量落地料视同副产品扣除。

装置成本与绩效主要关注点：原料单耗、产品产出牌号与结构、装置能耗。

7. 芳烃联合装置

芳烃联合装置组成及其基本情况（见图5－7）：

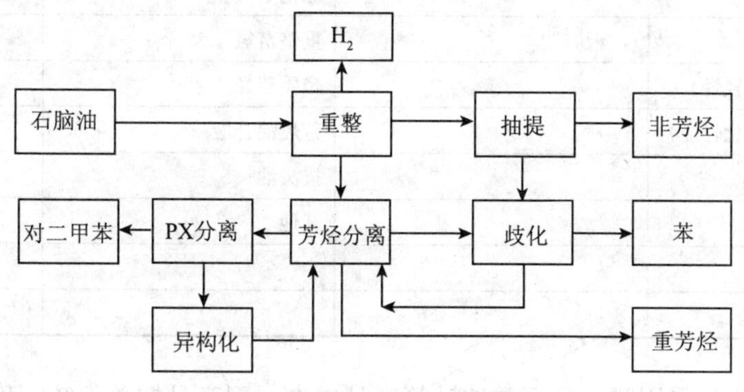

图5－7　芳烃联合装置

芳烃联合装置主要以石脑油为原料，生产对二甲苯、邻二甲苯和苯，“三苯”也是化工的最基本原料，其中，苯是合成橡胶、合成树脂、合成纤维、合成药物及农药的重要原料；对二甲苯是涤纶纤维的主要原料。

芳烃联合装置工艺技术通常由预加氢、催化重整、芳烃抽提、歧化及烷基转移、二甲苯异构化、吸附分离等6项专利技术构成。

通过对芳烃引进技术的消化吸收及创新开发，中国石化除吸附分离的工艺技术之外，已拥有芳烃联合装置其他五项专利技术。

（1）预加氢：将原料中对重整催化剂有害的杂质以加氢的方式除去，以避免重整催化剂中毒。

（2）催化重整：以石脑油为主要原料反应得到富含芳烃的产物，并副产氢气。

（3）芳烃抽提：通过溶剂抽提和抽进蒸馏相结合的方法，得到纯度较高的苯和甲苯产品。

（4）歧化及烷基转移：以甲苯和C_9芳烃为原料，在高温临氢状态下，在分子筛催化剂的作用下发生反应，生产苯和混合二甲苯。

（5）二甲苯异构化：将含少量对二甲苯的碳八组分反应转化成对二甲苯浓度较高的碳八混合物。

（6）吸附分离：从二甲苯的同分异构体、乙苯及非芳烃的烃类的混合物中选择性吸附对二甲苯，生产高纯度对二甲苯产品。

① 重整装置。重整装置是芳烃的龙头装置。主要原料包括直馏石脑油、直馏轻石脑油、重石脑油、加氢抽余油、混合芳烃等，产出碳六碳七、重整碳八、DA302 塔底液、DA301 塔顶液等主产品或者联产品，作为下游歧化、二甲苯装置进一步深加工的原料。装置主要投入产出如表 5 – 8 所示。

表 5 – 8

原材料		产品	
主要原料	辅助材料	名称	性质
重石脑油	催化剂	碳六碳七	主
重整富氢	助剂	重整碳八芳烃	主
歧化轻烃	其他	DA302 塔底液	主
轻质芳烃		DA301 塔顶液	主
直馏石脑油		尾气	副
加氢抽余油		炼化干气	副
芳烃混合液		重整富氢	副
DA501 塔顶液（歧化轻烃）		轻质芳烃	副
DA702 塔顶液（异构化轻烃）		芳烃混合液	副
FB301 料		拔头油	副
171 号 172 号料		其他	
混合芳烃			
其他			

成本计算方法：采用联产品系数法计算产品成本，副产品按总部统一确定的固定成本扣除，总部未统一规定的，由各单位按可变现净值的原则自行确定扣除成本。

② 歧化装置。装置主要投入产出如表 5 – 9 所示。

表 5 – 9

原材料		产品		分配系数
主要原料	辅助材料	名称	性质	
碳九芳烃	催化剂	混合二甲苯	主	1
气制氢气	助剂	重芳烃	主	0.4
甲苯	其他	纯苯	主	0.9
其他		气制氢气	副	
		DA501 塔顶液	副	
		炼化干气	副	
		其他	副	

③ 抽提/制苯装置。制苯装置是以乙烯装置的副产品裂解汽油和氢气为原料，应用各种技术，以生产纯苯为主产品，同时副产多种石油化工原料的石油化工装置。

裂解汽油在制苯过程中通过加氢、抽提分离得到纯苯，同时可得到 C_5、C_9、甲苯、抽余油、C_8 等重要的副产品。

装置分为加氢单元和抽提单元，装置主要投入产出如表 5－10 所示。

表 5－10

原材料		产品		分配系数	副产品扣除价
主要原料	辅助材料	名称	性质		
偏三甲苯	催化剂 \ 助剂	纯苯	主	1	
石油甲苯	包装材料	混合二甲苯	主	1	
加氢碳九	其他	甲苯	主	1	
重整生成油		碳八	主	1	
碳九芳烃		3#混合苯	主	0.8	
粗甲苯		其他干气	副		
重整富氢		制苯碳五	副		
碳六碳七		碳六碳七	副		
抽提甲苯		制苯碳九	副		
加氢汽油		制苯隔油池污油	副		
芳烃混合液		碳七	副		
重整生成油		制苯尾气	副		
混合芳烃		轻烃	副		
混合苯 2#		氢气	副		
氢气		抽余油	副		
制苯料		抽提甲苯	副		
其他		其他	副		

成本计算方法：采用联产品系数法计算产品成本，副产品按总部统一确定的固定成本扣除，总部未统一规定的，由各单位按可变现净值的原则自行确定扣除成本。

④ 对二甲苯装置。芳烃联合装置的重整液、加氢汽油分馏以及甲苯歧化得到的混合二甲苯，经吸附分离制取。主要用于生产精对苯二甲酸，可用于化工及制药工业等。也是用于生产聚对苯二甲酸乙二醇酯（PET）的重要中间体。装置主要投入产出情况如表 5－11 所示。

表 5－11

原材料		产品		分配系数
主要原料	辅助材料	名称	性质	
混合二甲苯	催化剂	纯苯	主	0.85
甲苯	助剂	甲苯	主	0.8
石脑油	其他	邻二甲苯	主	0.9
脱丁烷重整油		对二甲苯	主	1
氢气		混合二甲苯	主	0.85

续表

原材料		产品		分配系数
主要原料	辅助材料	名称	性质	
混合二甲苯 C_8 +		DA702 塔顶液（异构化轻烃）	副	
苯 2#		碳九芳烃	副	
轻芳烃		炼化干气	副	
苯 3#		抽余油	副	
混合芳烃		重整氢气	副	
轻芳烃料		石油醚	副	
重芳烃料		戊烷油	副	
粗二甲苯		拔头油	副	
重整富氢		石油醚	副	
重整碳八芳烃		废品	副	
抽提甲苯		歧化料	副	
碳八		自用燃料气	副	
歧化富氢		轻烃	副	
DA302 塔底液		轻质芳烃	副	
气制氢气		重芳烃 1#	副	
C_9		重芳烃 2#	副	
歧化料		碳十馏份	副	
裂解油		尾气	副	
自产氢气（PSA）		粗甲苯	副	
加氢抽提料		其他	副	
粗甲苯				
其他				

成本计算方法：采用联产品系数法计算产品成本，副产品按总部统一确定的固定成本扣除，总部未统一规定的，由各单位按可变现净值的原则自行确定扣除成本。

芳烃联合装置成本及绩效主要关注点：芳烃联合装置综合能耗、芳烃联合装置“三苯”收率。

“三苯“是指精制苯、对二甲苯、邻二甲苯。

芳烃联合装置主要以精制苯、对二甲苯、邻二甲苯为目标产品，作为下游 PTA 装置的原料。对二甲苯组分一部分来源于催化重整和乙烯裂解汽油，另一部分主要来源于采用歧化烷基转移的工艺方法，把甲苯和 C_9 芳烃在催化剂作用下进行歧化和烷基转移反应生成混合二甲苯和苯，混合二甲苯再通过二甲苯临氢异构化工艺转化为对二甲苯。

⑤ PTA 装置。以对二甲苯为原料，液相氧化生成粗对苯二甲酸，再经加氢精制，结晶，分离，干燥，得到精对苯二甲酸。

PTA 装置主要包括氧化单元和精制单元。主要投入产出如表 5 – 12 所示。

表 5 - 12

原材料		产品		分配系数
主要原料	辅助材料	名称	性质	
对二甲苯	催化剂	PTA	主	1
醋酸	助剂	废料	副	
氧气	其他	醋酸甲酯	副	
氢气		残渣	副	
其他		回收催化剂	副	
		PTA 等外品	副	
		PTA 落地散料	副	
		PTA 水池料	副	
		其他	副	

装置成本与绩效主要关注点：PX 单耗、醋酸单耗、氧气单耗、装置能耗。

5.2.3 公用工程

1. 瓦斯系统

炼油瓦斯系统一般情况下分高压瓦斯、低压瓦斯两个系统，低压瓦斯主要为各生产装置正常排放及紧急情况下泄压，通过气柜储存，压缩机回收、脱硫后进入高压瓦斯管网，事故状态下，为保证气柜安全运行，经火炬紧急排放，一般情况下控制 200mm ~ 800mm 水柱高度水封。高压瓦斯主要为焦化、催化等装置所产富气及回收燃料等经过脱硫后，并入高压瓦斯管网作为炼油厂加热炉燃料，正常情况下压力控制在 0. 35 ~ 0. 65MPa，如燃料不足则通过液化气气化、烧燃料油、增加外购燃料（天然气等）进行补充。为提高炼厂经济效益，增加高附加值产品产量，一般情况下设置轻烃回收装置，回收其中的 C_3 以上组分；高压瓦斯系统压力异常时，可向低压瓦斯系统紧急泄压，以保护管网安全运行。

2. 蒸汽系统

炼油厂一般都备有锅炉，蒸汽系统一般分三至四个等级，10. 0MPa（一般只有电站内部）、3. 5 ~ 4. 2MPa、1. 0 ~ 1. 6MPa、0. 35MPa，炼油厂的蒸汽来源主要为电站锅炉产汽、利用工艺余热产汽及汽轮机抽汽、背压产汽等，用汽主要用户为工艺装置动力用汽及加热用汽，动力用汽对蒸汽的温度、压力要求较高，是需优先满足的用户。锅炉产汽使用的燃料一般有煤、石油焦、燃料油、炼厂瓦斯等。

3. 水系统

炼油厂的水系统一般分为原水系统、净化水系统、除盐水系统、循环水系统、凝结水系统等，原水从水库或河网取水后送至净化水处理场，经处理合格后的净化水作为生产、生活用水，生产用水主要用于制取除盐水、循环水系统补水等，净化水经进一步除杂质处理后，得到除盐水，除盐水主要用于锅炉产汽，凝结水系统主要是蒸汽经冷凝后得到的凝液，一般经除油等措施后并入除盐水系统。

循环水系统主要作为介质的冷却用，循环冷水经装置冷却后温度升高，经凉水塔冷却、泵提升后循环使用，在凉水塔冷却过程中，会有部分循环水蒸发进入大气系统，造成损失，为此需补充部分净化水，以维持水量。

目前部分企业将原排放的污水经深度处理后，作为循环水补水用水使用，以节约水资源。

4. 风氮系统

工厂风一般分为净化风及非净化风，空气经空压机压缩升压后，经沉降脱水后一部分直接作为非净化风使用，另一部分经干燥后，将露点温度降低后作为净化风使用，净化风主要用于装置仪表动力用气、部分对露点有特殊要求的工艺用气，非净化风主要用于装置工艺吹扫、置换用。

氮气主要来源是空气经空分装置分离后，得到氮气。氮气主要用于装置隔离、密封用气。

5. 氢气系统

氢气的主要来源为制氢装置、重整等工艺装置副产氢及从瓦斯等系统回收的氢气，氢气主要用于油品改质，目前制氢装置的原料一般有天然气、炼厂干气、轻烃、重油等，根据制氢原料不同，产氢的成本也不尽相同，重整等工艺副产氢及从瓦斯等系统回收的氢气，成本最低。

5.3 装置成本管理

目前，我国炼化企业与国外先进企业相比，部分企业仍然存在生产装置规模小、装置布局不尽合理、物耗能耗偏高、产品质量合格率低、劳动生产率低、现金操作成本高等问题。因此，炼化企业降低生产成本的潜力很大，不仅要降低各项管理费用，而且要降低人工成本、化工原材料成本等直接操作成本，从构成加工成本的全要素进行管理，达到降低成本的目的。

装置成本管理是炼化企业加强成本控制的基本单元。炼化企业内部的成本管理基本上是以石油化工装置为最小的成本控制中心。炼化企业实施低成本战略，降低成本，提高经济效益，强化生产管理，在对石油化工装置成本组成的各要素分析的基础上，突出成本管理的重点，有效地控制和降低操作成本。

针对炼化企业生产特点，生产上把工作重心放在装置平稳运行上，通过科学有效措施，突出现场管理，规范员工作业行为规范，保障装置长周期运行，提高产品质量合格率，减少非计划停工，从安、稳、长、满、优上增效益；在装置安全、平稳运行的基础上，以“价值引领”不断深化“分子管理”应用，从原料资源、装置运行和公用工程等方面入手，加强生产全过程优化，降低企业生产成本。

5.3.1 装置成本管理内容及方法

装置成本由原材料成本和加工成本两部分组成。原材料成本相对炼油、化工装置本身所消耗的成本关联不大，降低装置原料成本主要通过降低加工损失和优化原料结构。加工成本包括装置加工过程中所消耗的辅助材料、燃料、动力成本、人工成本和其他制造成本等，其中动力成本主要由新鲜水、过滤水、凝结水、电、蒸汽、净化风、非净化风、氮气等成本组成。

成本按其成本形态分为固定成本、变动成本和混合成本。固定成本是指总额在一定期间

和一定业务量范围内不受业务量变动的影响而保持固定不变的成本，如管理人员的人工成本、办公费、财产保险费、固定资产折旧费等。

固定成本又可细分为酌量性固定成本和约束性固定成本。受管理当局决策影响的，如职工培训费、差旅费等为酌量性固定成本。这类成本企业领导可以根据具体情况的变化确定不同预算期的预算数。在预算期不直接受管理当局决策影响的，如固定资产折旧费、财产保险费等称为约束性固定成本。这类成本数额一经确定，不能轻易加以改变，因而具有相当程度的约束性。

变动成本是指在一定期间和一定业务量范围其总额随着业务量变动而成正比例变动的成本，如直接材料等。变动成本也可细分为酌量性变动成本和约束性变动成本。

混合成本介于固定成本和变动成本之间，其成本总额随业务量变动而又不存在严格比例关系，如催化剂固定床费用摊销、维修费用等。

装置成本管理与分析，按其成本性态细分装置各成本要素，并分别采取措施加强成本管理。结合约束性固定成本特点，着眼长期规划和项目决策，从源头控制成本；结合酌量性固定成本、约束变动成本和混合成本特点，本着厉行节约原则，做到总量上减少成本支出，又能兼顾生产实际需要。

在炼化企业装置成本中，酌量性变动成本占装置总成本95%以上，且与企业日常管理、运行操作密切相关，降本潜力大，是炼化企业成本控制的关键。酌量性变动成本主要包括直接材料、辅助材料（固定床催化剂摊销除外）、燃料和动力等。降低酌量性装置变动成本，推进目标定额成本管理方法，对装置原料成本、燃料、动力消耗成本实行量价分离的成本控制与分析；以绩效考核为导向，推进责任单元成本控制；开展班组经济核算，把财务指标转化为班组人员能掌控的“操作动作”，加强装置成本的过程控制，从而提高企业成本管理水平，进一步提升企业成本竞争优势。

（1）推进目标定额成本管理，降低装置成本。目标定额成本管理是衡量物资消耗水平的一种方法，是指在一定的生产和技术条件下，制造单位产品或完成某种生产任务，合理消耗的物资成本。

目标定额成本管理的作用。目标定额成本管理在装置成本管理中的作用主要有四点：一是目标定额成本可以作为成本预算和管理的标准，也可作为奋斗指标；二是作为对原料成本、燃料动力消耗实行量价分离的成本控制与分析的依据；三是及时分析、掌握成本变化的走向、趋势；四是促进成本管理规范化，便于从业务源头寻找降本增效的潜力增长点。

目标定额具有数据化的定额特征，是量化管理行为的尺度和依据。目标定额具有科学性、先进性的特点。所谓科学性，就是指标制定有根据，不凭主观臆断，在正常条件下经过努力能够达到，便于调动单位（部门）和员工积极性的目的；先进性代表国内、国际同行业先进水平。

企业制定目标定额，可结合企业实际情况，参照设计值、历史最好水平、国内外同行业或本系统先进水平等标准；或者按历史最好水平、行业先进水平等结合装置运行负荷等参数，制定更切合装置实际运行水平的目标定额。

借助所罗门或经研院的绩效评价数据，按照行业最佳实践来对标、立标，制定合理的定额标准，推进目标定额成本管理。SOLOMON（所罗门）公司多年来一直从事石油石化企业的绩效评价业务。其绩效评估的过程是在大量炼厂数据的基础上，将可比的指标体系进行分析对比，找出参评企业与全球最先进炼厂的差距，得出参评企业竞争力分析结果，提出较为具体的整改方案。SOLOMON公司的炼厂关键业绩指标把以往分离的财务、工艺技术以及其他非财务信息有机结合起来，用于全面评价炼厂的绩效情况。同样的，中石化的经研院也在开展类似的装置绩效评价工作，比如乙烯装置绩效评价。

利用所罗门绩效评估或经研院的绩效评估数据作为目标定额标准的制定依据，使目标定额具有科学性和先进性。但由于所罗门绩效评估及经研院绩效评估过程中需要进行大量的数据处理和转换，且评价结果往往有滞后性，侧重事后评估。企业需要寻找所罗门绩效评估或经研院的绩效评估体系与企业的指标评价体系的差异，有针对性地选择所罗门绩效评估及经研院绩效评价指标，对企业的绩效评价体系进行补充和调整，并将绩效评价指标进行数据转化，将直接取数的操作数据经过简单的处理，转化为目标定额，以便企业对目标定额的控制情况进行实时跟踪和分析，提高企业成本管理水平。

（2）以绩效考核为导向，推进责任单元成本控制，降低装置成本。绩效考核是导向，是“指挥棒”。企业加强成本管理，以绩效考核为导向，推进责任单元成本控制。责任单元是指企业内部的部门或个人，与企业的组织机构相适应，承担企业活动的组织或岗位，它有自身可以控制的成本发生，能够清楚地承担成本责任，即对责任单元的资源消耗具有控制权。它有别于责任中心的概念，它不一定是我们组织架构上单位（部门），不一定要求是核算主体或一个独立的成本中心。它的成本控制目标是和企业生产经营活动目标相一致的。比如开展班组经济核算，是以每个班组为责任单元的，按班组设定成本控制目标，开展班组间的竞赛。班组通过作业消耗资源，在操作中对资源消耗具有控制权。另外，责任单元也可以具体到岗位人员。

（3）开展班组经济核算，加强装置成本的过程控制。中石化已经建立了较为完善的生产实时监控管理系统，系统中装置投入产出、燃料动力消耗、操作参数、质量控制等装置运行情况都进行了实时记录与展示，为开展班组经济核算所需的数据源提拱了很好的条件。开展班组经济核算，按“干什么、算什么、管什么”的原则，弱化折旧、人工成本等与班组操作基本无关的成本项指标，突出与班组人员操作相关的指标，建立实时化、动态化的班组经济核算，加强成本的过程控制。

开展班组经济核算，核算原材料、辅材、动力等直接成本是“规定动作”。找出影响财务结果的最重要的经济技术指标，把抽象的“数据指标”转化为操作人员能够掌控的“操作动作”。如掺渣比是催化装置重要的经济技术指标，提高催化装置的掺渣比，不仅可以降低催化装置的原料成本，而且可以提高企业原油重质化的加工能力，从而整体降低企业的原料成本。提高催化装置的掺渣比，需要采取再生温度卡上限操作、在工艺参数范围内主风量适当偏大控制以及其他增加雾化效果减少生焦等措施。通过开展班组经济核算，将财务指标－经济技术指标－班组控制方法作逐一分解和关联，实现从目标到措施的有效落实。也可将班组人员能直接控制并对成本有重大影响的质量、安全、平稳率等因素纳入核算范围，作为班组经济核算的“自选动作”，建立“事故成本”“质量成本”“环保成本”等“大成本”理念。

5.3.2 装置原料成本管理

在国际油价持续高位运行的背景下，炼油企业原油成本占产品成本的95%以上，化工企业原料成本占产品成本的70%以上，高的甚至超过90%。原料成本对成本影响主要有：

（1）原料结构对成本的影响。原料结构影响产品结构和收率。降低原料成本，优化原

料结构，增加高附加值产品产量和提高轻油收率，努力降低单位产品成本，是提高炼化企业毛利的有效途径。

（2）原料单耗对成本的影响。原料单耗体现装置投入产出的运行水平。在原料结构相同且其他消耗水平不变的前提下，原料单耗越低，产品成本越低；反之，原料单耗越高，则产品成本越高。

装置原料成本管理以企业整体效益最大化为基本目标和出发点，局部的、个别的利益服从企业整体利益，降本增效是核心。对于炼油企业或化工企业，降低原料成本不能仅考虑某一个装置或某一部门的经济利益，而需统筹考虑企业整体效益最大化；对于炼化一体化企业，降低原料成本不仅需考虑某一个板块的经济效益，更要服从炼油和化工两个板块的整体效益最大化。加强原料成本管理，降低原料成本可以从以下几个方面考虑：

（1）结合优化工艺过程优化原料结构，降低企业原料成本。当国际市场轻、重质原油差价大时，原油重质化是降低原料采购成本、提高经济效益的有效措施。炼化一体化企业采用原油重质化从而降低原油采购成本、外采石脑油资源弥补由于原油重质化而减产的石脑油的方案，其综合效益优于原油轻质化、提高化工轻油自给率的方案，特别是重油深加工能力有富余的炼化一体化企业，其原油重质化的降本增效潜力更大。简单概括为“宜油则油、宜芳则芳、宜烯则烯”，即通过建立经济模型，测算不同产品链（如成品油、芳烃、烯烃产品链等）的经济效益差异，并应用于原油资源结构优化方案，从而降低企业原料成本。

举例：某大型炼化企业分公司围绕乙烯原料和催化掺渣资源，实施资源多元化策略。一方面，千方百计捕捉市场机会，开拓新油种，在保持原油重质、劣化的基础上，成品油供应不减少的情况下，撑起了两个百万吨级乙烯装置。另一方面，同时通过优化测算，积极拓展新催化掺渣资源，以加工普鲁托尼替代卡宾达，不仅保证了“催老大”的资源，还取得了很好的经济效益。

（2）结合产品结构调整优化原料结构，降低企业原料成本。重视板块产品链成本管理，优化化工板块内部原料资源。产品链成本管理依据化工产品或原料在不同产品链的走向，通过分析对比不同加工链的成本水平和增值能力，据以计算生产不同产品链的边际效益和盈利水平，根据边际效益大小决定装置的开停工方案以及负荷水平，从而优化排产，合理配置化工原料资源，实现整体效益最大化。

举例：以某大型炼化企业分公司乙烯裂解装置为例，乙烯单体除外售外，还可用于环氧乙烷/乙二醇装置、聚乙烯装置或环氧丙烷/苯乙烯装置。通过裂解－EO/EG链、裂解－PE链、裂解－PO/SM链及外销乙烯单体几个方案的效益对比，给生产经营决策提供依据，从而优化化工板块内部原料资源，实现整体效益最大化。

（3）结合产能利用优化原料结构，降低企业原料成本。对于加工能力有富余的企业，如果提高装置负荷的情况下存在边际贡献，应积极为装置找“米”下“锅”，开展来料加工或进料加工业务，进一步拓宽原料资源，给装置的原料结构优化提供更多的机会和空间。另外，装置负荷提高，也有利降低原料单耗，减少加工损失率，从而达到降本增效的目的。

（4）提倡“分子管理”优化原料利用，降低企业原料成本。相对于炼油企业生产的“馏分管理”，“分子管理”更关注每一分子的价值提升。“宜油则油、宜芳则芳、宜烯则烯”的优化方案，是分子管理理念的初步应用。以碳五为例，传统上炼油碳五组分不经过再次分离，直接作为石脑油或汽油的调合组分；如按照分子管理理念，碳五进一步分离为异构碳五和正构碳五，异构碳五辛烷值高，适合作汽油组分；而正构碳五是优质裂解原料，适合作乙烯原料。“分子管理”理念在化工板块龙头装置乙烯裂解的原料优化利用，降低原料成本成效更为明显。以整体效益最大化为出发点，推行“分子管理”，抓好原料资源供应链管理，以“提升每一分子价值”为指导思想，优化原料利用，从而降低原料成本。

（5）抓好乙烯原料多元化，降低企业原料成本。作为化工板块的龙头装置，乙烯裂解装置原料选择多样化，其原料结构及高附产品收率对乙烯及其下游装置产品的成本至关重要。乙烯生产原料的选择是一个重大技术经济问题，由于原料及其裂解难易程度不同，乙烯和副产物的收率也不相同，选择经济的乙烯原料对于降低原料成本有着决定性的意义。

举例：某大型炼化企业公司抓好炼化之间的互供原料资源优化，一方面大炼油为乙烯原料多元化提供了机会，富乙烷气、饱和液化气、碳五、轻石脑油和柴油等作为裂解原料，使乙烯裂解原料对石脑油的依赖度从初始开工的百分之七十五以上降低到百分之四十几；另一方面，乙烯副产的抽余油、芳烃、高辛烷值组分等反哺炼油，又成为了优质的炼油原料。

（6）降低原料单耗，降低企业原料成本。确保装置安、稳、长、满、优运行，提高装置负荷，从而提高装置加工量，是降低原料单耗的途径之一。减少加工损失，是降低原料单耗最直接的方式。加工损失率是体现炼化企业生产管理水平高低的一个重要标志，降低加工损失同时也是实现减少排放，环境保护的客观要求，在当前高油价情况下，减少加工过程中的损失有着特别重要的现实意义。

5.3.3 装置辅材成本管理

辅助材料是指生产过程中投入的有助于产品形成和设备长周期运行的化学药剂，在炼化企业中通常称为化工三剂。按其用途分类，主要包括以下几类：

催化剂（触媒）：在催化剂作用下，帮助或加快原料发生化学反应，以更多的获取希望得到的产品。

助剂：在生产或检修过程中有助合格产品形成、运行或检修安全、设备长周期运行的中间辅助材料。含起到脱盐、脱硫、缓蚀、阻垢、除臭钝化、离子交换、杀生杀菌剂等作用的材料。

溶剂：在生产过程中溶解原料或中间产物，帮助达到合格产品的辅助材料。

吸附剂：在生产过程中吸附有害物质的材料。

添加剂：加入化工产品中，使产品达到更好的使用效果或性能。加入炼油产品的添加剂列入其他原材料，不列入辅助材料成本中，如抗氧剂、抗静电剂、抗磨剂等。

包装物：炼油、化工产品包装材料。

辅助材料成本占炼油、化工企业加工成本的5%左右。炼油、化工企业的辅助材料涉及品种多达几百种。针对各企业加工的原油品质、装置加工工艺不同，在中石化同类装置中辅助材料使用的品种和型号、使用单耗也不尽相同。降低辅助材料成本，除了在采购环节加强成本控制外，各企业应结合装置生产实际，实施有效的降本管理措施：

（1）强化年度费用计划管理。本着不留余地、积少成多的原则，尽量减少因计划差异而造成的浪费。

（2）降低辅助材料单耗。根据装置运行水平，制定精细操作方案，降低辅助材料单耗。

（3）按功能分级控制辅助材料消耗成本。根据辅助材料在装置运行、产品分布、降低能耗、清洁生产、安全环保、产品质量中所起的作用大小，将辅助材料按使用功能进行分Ⅰ、Ⅱ、Ⅲ级，并按等级区分消耗控制力度，在提高效益和确保安全生产的前提下，增效性

的辅助材料适量多用，保驾性辅助材料适度控制使用量。

（4）扩大辅助材料使用的通用性。提高三剂使用的性价比，分专业按剂种进行通用性专题分析，拓宽装置辅助材料的选择范围，从而减少三剂的采购成本，降低辅材材料消耗成本。

（5）按照费用权重大小，进行个性化管理。大宗辅助材料（即月消耗量较大的剂种）种类虽然不多，但费用权重却很大；有些助剂含有稀有金属，消耗量不大，但成本昂贵；部分辅助材料用量不多，但品种多，成本总额也不高；引入 ABC 管理理念，将不同剂种的单耗按照使用方式（连续使用或周期性更换）以及参考成本高低，按成本比重分层次进行管理。

（6）定期分析与评价。总结和分析是提高的基础，定期对辅助材料使用情况进行分析与评价，评价情况作为供应商的考评依据，建立供应商退出机制。通过认真分析消耗情况，提出降耗措施。

（7）实行“管用分开”，加强资源市场管理。按照“管用分开，相互制约”的原则，优化资源市场管理的运作机制，从市场准入、产品目录变更、动态量化考核、年度评审以及供应商淘汰等各个环节进行规范。资源市场的建立，实现资源管理的决策权和执行权的分离，使监督制约机制进一步加强。

5.3.4　装置燃动成本管理

石油和化工行业是高能耗行业。在炼油产品成本构成中，燃动成本占加工成本的60%左右；在化工产品成本中，燃动通常占20%～30%，高耗能产品甚至达到60%～70%。中石化各炼油、化工企业燃动成本消耗水平不均衡，并且与国外先进企业相比还存在差距。降低燃动成本、挖潜增效在炼化企业中具有十分重要的现实意义。

1. *炼油生产及燃料动力消耗*

石油的炼制要经过蒸馏、催化裂化、脱硫、加氢等生产流程。

首先经过蒸馏阶段，用物理的方法，利用石油中各组分沸点的不同使其分离成各种燃料油、润滑油馏分以及二次加工原料油。这一阶段生产过程消耗的燃料动力主要有电、蒸汽、燃料油、燃料气和水。

燃料油的生产过程包括催化裂化、焦化、加氢裂化、催化重整、烃化和异构化。催化裂化、焦化、加氢裂化以重质馏分为原料，生产更多的轻质油品，提高一次加工所得油品的质量；催化重整是炼油工艺中重要的二次加工方法，用来生产高辛烷值汽或苯、甲苯、二甲苯等化工原料，副产氢气可供油品加氢精制和加氢裂化使用；烃化和异构化过程生成高辛烷值组分，提高汽油辛烷值。这一阶段生产过程消耗的燃料动力主要有电、蒸汽、水、燃料气、烧焦。

对石油气体进行加工首先要进行脱硫，其次进行气体分馏。这一阶段生产过程消耗的燃料动力主要有电、蒸汽、水，产生的终产品主要有液化气。

在润滑油的生产过程中首先要经过精制阶段把润滑油原料中不理想组分去掉或者转化为理想组分，其次要进行酮苯脱蜡等脱蜡阶段使润滑油在低温条件下也能保持很好的流动性。这一阶段生产过程消耗的燃料动力主要有电、蒸汽、燃料气、水。

原油经过以上过程加工后所得的各种油品常含各种杂质，如含有硫、氮、氧等化合物、沥青、胶质、某些不饱和烃和芳香烃，这些杂质影响油品的质量，为使油品全面满足用户使用要求，需进行加氢精制等油品精制过程，去除杂质。这一阶段生产过程消耗的燃料动力主要有电、蒸汽、燃料气、水。

2. *化工生产及燃料动力消耗*

化工主要产品有煤化工产品、石油化工产品、天然气化工产品以及农林副产品、矿石和再生资源的利用，中石化化工主要是石油化工产品。

化工生产具有原料、工艺和产品的多方案性，即化学工业可以从不同的原料出发，来制得同一种化工产品；也可以从同一种原料出发，经过不同的加工工艺，得到不同的化工产品；还可以从同一种原料经不同的加工工艺来制取同一种产品。正是由于多方案性才构成了化工生产的复杂性和化工产品的多样性。

化工生产过程简化为化工过程。化工过程主要是由化学处理的单元反应过程（如裂解、氧化、羰基化、氯化、聚合等）和物理加工的单元操作过程（输送、加热、冷却、分离等）组成。也就是说化工生产中从原料到产品，要经过一系列物理和化工加工处理步骤，化工过程是以反应器为核心组织的。在化工生产过程中，消耗的燃料动力主要有水、电、蒸汽、氮气、风、燃料气等。

3. *公用工程及辅助系统*

炼油、化工企业的公用工程及辅助系统包括燃料气、蒸汽、电、水、风、氮气等，以满足生产所需的燃料、动力为首要任务。但同时，公用工程及辅助系统本身也消耗能源，同样需要开展节能降耗工作。

企业控制和降低燃动成本，节能降耗是重要工作。节能降耗是指节约能源消费、降低消耗标准。企业从优化结构、科学管理、技术进步和合理有效利用资源等途径，减少生产各个环节中燃料、动力的损失和浪费，降低企业燃动成本，提高经济效益：

（1）优化燃料结构，降低燃料成本。炼油、化工企业的燃料资源多样化，为企业优化燃料结构优化提供了前提条件。从加强日常燃料系统的平衡管理入手，测算干气、天然气等各种燃料的性价比优势，积极争取廉价、优质资源，在满足生产的同时，优化燃料结构。炼油企业应尽量减少液化气、碳五等高附加值组分对燃料气系统的补入量，降低燃料气成本。企业有自备电站的，做好电站的燃料结构优化，停开燃油锅炉，积极寻找廉价、稳定的燃料资源。

（2）优化能量利用，降低燃动成本。从能量转换、能量工艺利用和能量回收三环节入手，优化能量利用。能量转换子系统主要包括锅炉、加热炉、汽轮机、压缩机、泵和蒸汽加热器等能量转换设备，提高能量转换设备的效率是企业降低能耗成本的关键；工艺利用环节是过程系统的核心部分，减少装置生产过程的能源消耗及损失；化学工业用能80%以上是以热能的形式利用的，因此，通过热能的回收、再次甚至多次重复、逐级利用，如做好蒸汽的等级利用是降低燃料成本的一个重要途径。

（3）积极利用技术进步，降低燃动成本。在企业新建项目或者整体扩建，关注项目的能源综合优化和节能降耗评估工作，按照流程化的设计理念，打破装置之间的界线，通过系统内部能源的合理匹配，实现最小的能源消耗，最经济的系统运行；重点推进高能耗设施的节能工作，加快淘汰高能耗落后设备和技术，改造企业主要能耗装置设备和生产工艺；优化产品结构，发展低能耗、低排放产品。

（4）加强计量工作，是降低燃动成本的基础条件。完善的计量和评价体系是节能降耗

具体工作的基本保障。提高计量仪表配备水平，规范计量管理的工作程序，不断提高企业计量检测与自控水平，真正做到“数出一门、量出一家”，使消耗统计真实、全面、及时、准确，为企业生产经营过程控制与成本分析、指标评价、成本考核提供可靠依据。

(5) 加强燃动成本分析与监控。按照基本容量费和最大需量收费进行对比计算，选择合理外购电的计费方式，炼油、化工企业一般适合按照最大需量缴纳基本电费；企业有自备电站的，可以实时监控电站燃料成本，并根据测算结果，及时调整发电、发汽方案，降低用电、用汽成本；同时存在自发电和外购电的企业，开展自发电成本与外购电成本的对比分析，优化电力资源，降低用电成本。

(6) 开展节能专项活动。深入开展节能检查，挖掘装置节能潜力，组织装置专家、技术人员组成的诊断小组，对每一套重点耗能装置进行诊断，并制订诊断方案，查找节能潜力，提出对策措施，以及落实相关责任人员；开展系统性的节能专题调查，通过专题调查进行数据的横向比较，可以较容易地找出相关装置之间存在的差距，找到节能降耗的潜力与改造方向。如开展凝结水系统的专题调查、机泵运行专题调查等，针对专题调查中发现的问题及时制定措施并加以落实。

(7) 积极推行合同能源管理，降低用能成本。合同能源管理，在国外简称 EPC，在国内广泛地被称为 EMC（Energy Management Contracting），是 70 年代在西方发达国家开始发展起来一种基于市场运作的全新的节能新机制。合同能源管理不是推销产品或技术，而是推销一种减少能源成本的财务管理方法。根据中华人民共和国国家标准合同能源管理技术通则，合同能源管理是以减少的能源费用来支付节能项目成本的一种市场化运作的节能机制。2006 年 8 月 23 日，国务院发布《国务院关于加强节能工作的决定》，将“合同能源管理”确定为节能领域重点推广模式。

5.4 产品结构优化

5.4.1 产品结构优化的概念

1. *产品结构优化的定义*

产品结构优化是在工艺路线、生产能力、投入资源、产品价格等各种约束因素和约束条件下，为实现企业效益最大化，对产品和服务的品种和比例进行调整优化的活动。产品结构调整主要根据效益最大化原则，多产品企业调整产品之间各种比例关系、淘汰部分产品、增加新产品、产品升级换代，单一产品企业改变为多产品企业等形式。

对于炼化企业而言，产品结构优化是一个广义的范畴，既包括装置产出的产品结构优化，又包括整个片区产品产出的结构调整，更可以延伸到为实现产品结构调整进行的工艺路线调整。

产品结构优化要运用专业的排产和决策理论，对多种产品组合的方案效益比较测算，找出能够产出较大效益的产品组合，这种调整有可能是局部的，如某套装置产出结构额调整；又可能涉及面较广的调整，如某个板块和片区的产品结构调整。

企业产品结构随市场需求和市场行情变动、工艺路线和经营环境等各种因素的变化而优化。

2. 产品结构优化调整的影响因素

产品结构调整优化调整的最终目的是实现企业价值最大化，保持或者增强产品、装置、板块的盈利能力，长久保持企业的竞争优势。但引起企业产品结构优化调整的因素有很多，有主动性因素如企业管理要求优化调整产品结构作为一项日常工作开展；有被动性因素如技术的发展、新产品的出现等导致企业不得不对现有的产品或者品种进行升级换代；还有综合性的因素如市场行情发生变化，需要根据新的市场行情对目标产品的产出比例进行调整，以满足效益最大化原则的实现。

（1）市场行情的实时变动。

市场行情的变化是客观的，是受市场供需控制和决定的，这种变化对企业的效益影响变动是巨大的。市场不会因为该产品是目标产品或者主、联产品而始终保持高位的运行价格，甚至价格的剧烈波动有时候可能使某些主产品的价格低于副产品的价格。从另外一个层面理解，产品的结构或者比例是否具有竞争优势，相对与参照目标是增利的或是减利的，主要针对各种产品的价格比价来看，没有价格体系，就没有结构优劣。

因此要想使企业立于不败之地或者保持相对的竞争优势，根据价格的变动，灵活调整企业的产品结构是必然要求。

（2）技术进步使原有产品竞争优势消失而淘汰。

科学技术是第一生产力，在技术变革日新月异的今天，掌握核心技术已经成为每个公司保持竞争力的一把钥匙。对炼化企业而言，剔除国际原油市场受国际资本控制的因素，则工艺技术决定成本领先优势，技术指标高低决定成本指标高低。当一项新的工艺路线技术投入使用，使生产同种产品的技术指标、成本指标、盈利能力远远高于目前在用的工艺技术时，产品结构的调整不可避免，不调整甚至淘汰原有技术就意味着更多的亏损，从而失去竞争优势。

（3）市场和顾客需求变化。

顾客需求是指顾客的目标、需要、愿望以及期望。如果不能清楚地知晓顾客的需求，是没办法令顾客满意的。这就要围绕顾客让渡价值，努力研究消费者行为，建立并保持与顾客的长期关系。

顾客让渡价值是指顾客总价值与顾客总成本之间的差额。顾客选购产品时，往往从价值与成本两个方面进行比较分析，从中选择出价值最高、成本最低，即顾客让渡价值最大的产品作为优先选购对象。因此，企业就要想尽办法在实现企业经济效益的前提下尽可能提高顾客让渡价值。这就要强化了解研究消费者行为，了解消费者为满足自己的需要如何选择、获取、使用以及处置产品或服务。中国石化在塑料新产品开发和塑料牌号调整则属于为满足顾客需求、实现企业价值的范畴。

（4）社会责任或者政策的变化。

中国石化是一个能源化工公司，担负着向市场保供成品油的的任务。目前成品油价格虽然初步形成了市场化的定价机制，但成品油价格仍然不到位，炼油片亏损严重。尤其是柴油价格，2012年的价格远低于石脑油的价格，但作为柴油的主要市场供应者，在亏损的情况下，中国石化仍然保证了柴油产品相应的比例和结构，确保保供到位。

（5）竞争格局和市场结构发生变化。

目前化工产品市场是一个充分竞争的市场，市场结构发生了天翻地覆的变化；更多的市场主体参与到化工产品市场中，竞争格局也发生了变化。以PTA市场为例，民营资本在

PTA市场中已经占据了较大的市场份额。随着产能的扩张和供需变化，PTA价格从2012年呈下降趋势，而掌握成套的芳烃技术的企业仍然是少数，芳烃产品生产具有竞争优势，PX价格与PTA价格的价差逐步扩大，这种情况下根据产品盈利能力调整PX和PTA的产品结构是提升企业效益的有效手段。

（6）资源和供应的变化和限制。

对于炼化企业而言，资源的性质和结构较大程度的影响产品结构，尽管通过优化中间的工艺流程可以优化部分产品结构，但主要的产品结构和比例在资源购入阶段已经被限定了。

对炼油板块而言，不同性质的原油，应采用不同的加工方法，生产适当的产品和产品组合及结构。原油加工方案是指通过可以生产什么产品及通过什么样的方法生产这样的产品。理论上可以从原油组分中切割出任何相应的石油产品，只是比例大小和经济性的问题。实际原油加工要考虑投入产出、市场供应、技术水平和经济效益等诸多因素，终极法则就是基于市场价格体系变化的结构调整，力求经济效益最大化。

原油按照所含烃类成份可分为石蜡基石油、环烷基石油和中间基石油三类。石蜡基石油含烷烃较多；环烷基石油含环烷烃、芳香烃较多；中间基石油介于二者之间。按照API和密度分类，原油可以分为轻质原油、中质原油、重质原油、特重原油。按照含硫量分类，可以分为高含硫原油、含硫原油和低硫原油；不同的原油适合不同的工艺路线结构和产品结构，如大庆原油加工方案采用燃料－润滑油型较为经济，或者采用燃料－润滑油－化工型生产方案较为合适；中国石化投用较多的胜利原油较为适合采用燃料型加工方案或者燃料－化工型加工方案。另外原油管道的建设和投用对企业资源的选择形成一定的限制，进而影响产品的产出比例和结构。如仪长线投用对某大型炼化企业原油的品种和性质都有较大的影响。原油性质是原油加工方案的最基本因素，是影响产品结构的最重要因素。

（7）价值驱动。

基于以上引起产品结构变动的任何因素和企业所有者和管理者企业价值最大化原则的驱动，针对价格变动，实时调整生产计划和产品结构，调整各种产品产出组合及其比重，成为提升企业竞争力的有效管理手段。

3. 产品结构优化的目的

在炼化企业两头受限（进口原油价格难以控制及产品销售买断经营）的情况下，在国资委及中国石化实施EVA考核的背景下，优化产品结构是企业增加盈利，在既定资本成本下提升经济增加值的一项核心工作。因此可以说产品结构调整是资本逐利的必然选择，是EVA考核模式下的必然选择。

另外优化产品结构是增强企业风险抵抗能力的有效手段，优化产品组合的比例，防止产生“把鸡蛋放在一个篮子里”的风险。

4. 产品结构优化的基本策略

（1）同一工艺路线下跟随价格变化的结构调整。

市场行情是瞬息万变的，转移价格机制也会考虑各种因素进行调整和变化。对目前的炼化生产企业来说，根据市场行情和价格机制实施优化产品结构，细化炼油馏分切割，优化化工产品结构，调整产品组合和比例，是提高生产企业利润的重要工作之一和基本的优化策略。但在同一工艺路线下的产品结构调整，优化调整的空间是比较受限的。

（2）延伸工艺链、拓展价值链。

提高企业盈利和抗风险能力，优化产品结构的另一基本策略就是延伸企业的工艺链，尽可能实现低附加值产品向高附加值产品的加工和转化，通过延展产品组合的深度，拓展企业价值链。这一策略着重基于原油工艺流程下的延伸，强调产品的进一步深加工，而不是结构化的重建。

（3）从源头新建工艺流程。

这一策略强调从源头结合原料的性质和目标产品，新建一套企业以前缺少的贯穿工艺流程，既强调拓展产品的宽度和比例，又强调延展产品组合的深度，是一种变革性的流程优化。需要注意的是这种策略需要较大的投资和成本，需要合理评估企业的投资回报率。

5. *产品结构优化的基本原则*

（1）价格导向原则。

产品价格变动是产品结构优化原始驱动力，企业优化产品结构应紧盯产品结构变化和转移价格机制调整的影响，及时、灵活调整生产经营策略。

（2）把握新增产品和新增产能的时机和进度。

任何产品都有其生命周期，在生命周期的不同阶段市场规模是不同，其盈利能力是不同的。企业必须准确把握产品生命周期规律，及时做出调整决策，把握产品结构调整的时机，避免项目竣工投产之日，市场已经完全饱和，更谈不上什么“盈利”。

（3）市场和客户需求原则。

产品交付消费者手中时才实现企业生产经营的目的——盈利。因此产品结构的优化与调整要以满足市场和客户的需求和偏好为原则，根据市场供需情况，生产市场上需求旺盛的新产品和新品种。

（4）抗市场风险的原则。

企业应基于抗风险提高的原则，优化调整企业的产品结构时要着重创建自己的核心产品、名牌产品，保持相对健康的产品结构。企业抗击风险能力的提高有赖于合适的产品结构，“其基本特点有四：一是形成了相关联或无关联多元型产品结构；二是拥有了多个当家产品；三是当家产品销售收入占企业总销售收入的比重不低于90%；四是每个当家产品的销售收入不应超过企业总销售收入的20%。”目前扬子 BP 亏损，产品结构单一、抗市场风险能力差是主要问题之一。

（5）投入产出效率原则。

同一工艺流程下的产品结构优化要在既定资源背景下，在不引起显著增加成本的情况下，调整和优化产品结构。要注重结构调整的“投入产出率”，产品结构调整增加的收入低于因产品结构调整增加的成本。

5.4.2 产品销售结构差异一般性分析方法

通过实际与标准或者计划的对比揭示差异，按照可能造成变动的因素分解成不同的部份，作出评价并找出产生差异的原因及其对差异的影响程度，支持企业的生产经营优化决策。

某炼油企业某月计划销售产品 8.85 万吨，计划销售收入 47950.41 万元；实际销售产品 8.95 万吨，实际销售收入 49717.16 万元，实际销售收入比计划销售收入增加 916.75 万元。如表 5－13 所示。

表 5-13

单位：万吨，万元，元/吨

产品名称	实际			计划			收入差异
	销量	售价	收入	销量	售价	收入	
石油焦	0.80	1037.00	829.60	0.85	1000.00	850.00	-20.40
石脑油	3.20	5957.26	19063.23	3.50	5957.26	20850.41	-1787.18
0#柴油	3.05	5623.30	17151.07	3.00	5700.00	17100.00	51.06
航空煤油	0.60	6332.48	3799.49	0.50	6400.00	3200.00	599.49
97#汽油	1.30	6825.98	8873.77	1.00	6800.00	6800.00	2073.77
合计	8.95	5554.99	49717.16	8.85	5514.17	47950.41	916.75

那么，现在的问题是：销售差异 916.75 万元都是哪些因素造成的，销售量变化影响了多少？销售价格变化影响了多少？在销售量的影响中，销售总量的变化影响了多少？销售结构的变化影响了多少？

下面主要阐述结构差异分析的一般性方法，其他差异分析方法做一般性介绍。

1. **销售数量差异**

销售数量影响中，销售结构即每种产品的销量占总销量的百分比实际与计划不同产生的差异，称为销售结构差异；实际销售总量与计划销售总量不同产生的差异，称为销售总量差异。

（1）销售结构差异。

某种产品的销售结构差异 = 所有产品实际销售总量 ×（某种产品实际销售比重 - 某种产品计划销售比重）× 该产品计划销售价格

某种产品的实际销售比重 = 该实际销售量/所有产品实际销售总量

某种产品的计划销售比重 = 该产品计划销售量/所有产品的计划销售总量

按此公式计算，石脑油销售结构差异 = 8.95 ×（35.75% - 39.55%）× 5927.26 = -2022.78万元，可以理解为石脑油因销售结构比计划降低 3.79% 减少收入 2022.78 万元。

97#汽油销售结构差异 = 8.95 ×（14.53% - 11.30%）× 6800 = 1963.16 万元，97#汽油因销售比重比计划比重提高 3.23% 增加收入 1963.16 万元。

航空煤油销售结构差异 = 8.95 ×（6.70% - 5.65%）× 6400 = 603.84 万元。

其他产品销售结构差异详见表 5-14：

表 5-14

单位：万吨，万元，元/吨

产品名称	实际			计划			差异分析
	销量	结构	售价	销量	结构	售价	结构差异
石油焦	0.80	8.94%	1037.00	0.85	9.60%	1000.00	-59.60
石脑油	3.20	35.75%	5957.26	3.50	39.55%	5957.26	-2022.78
0#柴油	3.05	34.08%	5623.30	3.00	33.90%	5700.00	91.78
航空煤油	0.60	6.70%	6332.48	0.50	5.65%	6400.00	603.84

续表

产品名称	实际			计划			差异分析
	销量	结构	售价	销量	结构	售价	结构差异
97#汽油	1.30	14.53%	6825.98	1.00	11.30%	6800.00	1963.16
合计	8.95	100.00%	5554.99	8.85	100.00%	5514.17	636.01

整体来看计划和实际销售比重综合均为100%，从产品价格分布看，石油焦、石脑油价格低于航空煤油和汽柴油，因石油焦、石脑油销售比重降低带来的销售收入的降低总额低于因97#汽油和航空煤油销售比重提高带来的销售收入增加总额，使各种产品明细结构差异合计636.01万元，销售结构差异合计为有利差异，可以理解为在既有原油资源结构和成本结构下，不考虑因产品结构调整增加的少量加工费用增加，某炼油企业该月因产品结构优化比计划增利636.01万元。

（2）销售总量差异。

销售总量差异=（所有产品的实际销售总量－所有产品的计划销售总量）×某产品的计划销售比重×某产品计划销售单价。

相关数据计算参考表5－15：

表5－15

单位：万吨，万元，元/吨

产品名称	实际		计划			差异分析
	销量	售价	销量	结构	售价	总量差异
石油焦	0.80	1037.00	0.85	9.60%	1000.00	9.60
石脑油	3.20	5957.26	3.50	39.55%	5957.26	235.60
0#柴油	3.05	5623.30	3.00	33.90%	5700.00	193.22
航空煤油	0.60	6332.48	0.50	5.65%	6400.00	36.16
97#汽油	1.30	6825.98	1.00	11.30%	6800.00	76.84
合计	8.95	5554.99	8.85	100.00%	5514.17	541.81

在炼油投入产出率相对稳定的情况下，销售总量产生的差异与原料和半成品投入总量产生的差异是对应的，销售总量产生的差异数字不是纯粹增利部分，只是收入的增加，与对应原料和半成品变动成本递减后，体现为增量部分的合理利润，也反映炼油片的平均利润率。

2. **销售价格差异**

某产品的销售价格差异=（该产品实际销售价格－该产品计划销售价格）×该产品实际销售数量。

相关数据详见表5－16：

表5－16

单位：万吨，万元，元/吨

产品名称	实际		计划				差异分析
	销量	售价	销量	结构	售价	收入	价格差异
石油焦	0.80	1037.00	0.85	9.60%	1000.00	850.00	29.60
石脑油	3.20	5957.26	3.50	39.55%	5957.26	20850.41	0.00

续表

产品名称	实际		计划				差异分析
	销量	售价	销量	结构	售价	收入	价格差异
0#柴油	3.05	5623.30	3.00	33.90%	5700.00	17100.00	-233.93
航空煤油	0.60	6332.48	0.50	5.65%	6400.00	3200.00	-40.51
97#汽油	1.30	6825.98	1.00	11.30%	6800.00	6800.00	33.77
合计	8.95	5554.99	8.85	100.00%	5514.17	47950.41	-240.67

3. **销售差异的进一步理解**

（1）销售均价差异与结构差异合计和价格差异合计的关系。

从上表可以看出，该月产品实际销售均价5554.99元/吨，计划产品销售均价5514.17元/吨。

销售均价差异=（5554.99-5514.17）×8.95=365.33万元=636.01-270.67=销售结构差异合计+销售价格差异合计。

（2）销售均价变化的影响因素比重。

实际产品销售均价比产品计划销售均价高40.82元/吨，单独看具体产品价格差异合计为-240.67万元，降低产品销售均价26.89元/吨，影响比例占-74.09%；因此产品价格变动本身是降低产品销售均价的。

产品销售结构合计636.01万元，增加产品销售均价71.06元/吨，因此产品销售均价比计划销售均价高40.82元/吨是由产品结构优化引起的，影响比例占174.09%。

5.4.3 销售结构分析与产品结构优化应用

某大型炼化企业有限公司目前拥有44套大型石化生产装置、仓储设施及配套公用工程，具备800万吨/年炼油、65万吨/年乙烯、140万吨/年芳烃、105万吨/年PTA、88万吨/年合成树脂生产能力。

炼油片主要包括800万吨/年常减压，240万吨/年焦化、200万吨/年高压加氢裂化、100万吨/年中压加氢裂化、120万吨/年柴油加氢、120万吨/年全馏分加氢、80万吨/年催化裂化、5.5万吨/年制氢等装置。

2009年、2010年某大型炼化企业炼油片利润连续两年排名中国石化炼油事业部末尾，其中2010年公司炼油片亏损16.20亿元，A4企业、A3企业、A6企业分别盈利39.11亿元、23.67亿元、10.91亿元。炼油片绩效成为制约公司盈利的主要瓶颈，提升炼油绩效势在必行。

1. **销售结构分析与企业产品结构优化应用实例**

2011年某大型炼化公司成品油占销售总量比重为41.72%（含汽油组分油），是表中企业最低的，A1企业成品油比重达79.05%，A2企业达61.30%，A5企业达55.25%。

汽油生产能力偏低，柴汽比达8.96，A4企业柴汽比为2.66，A7企业为3.71，A5企业柴汽比为2.99，A6企业柴汽比为1.95，某大型炼化公司柴汽比远远高于行业平均高水平。

表 5-17　2010 年产品结构横向对比

企业	成品油比重	汽油占成品油%	97#汽油占汽油%	柴汽比	化工原料比重
A1	79.05%	40.38%	17.41%	1.35	5.32%
A2	61.30%	36.70%	16.71%	1.26	21.52%
A3	52.99%	29.79%	35.73%	1.93	25.11%
A4	53.27%	25.10%	26.11%	2.66	27.08%
A5	55.25%	23.53%	13.32%	2.99	26.70%
A6	52.26%	28.92%	16.01%	1.95	23.28
A7	46.46%	18.61%	10.97%	3.71	37.55%
某炼化企业	41.72%	15.03%	48.48%	8.96	39.52%

应用产品结构差异计算公式算得，由于高附加值产品比重低，和 A4、A6、A5 比较，结构性差异分别减利 22.98 亿元、12.43 亿元和 7.99 亿元。产品结构性差异成为减利的主要原因。

表 5-18　某大型炼化企业和 A4 企业产品结构差异

产品名称	某大型炼化企业			A4 企业			差异情况	
	销量	结构	价格	销量	结构	价格	结构差异	价格差异
(一) 产品小计	907.93	100.00%	5130.68	2114.12	100.00%	5416.72	-22.98	-2.99
一、成品油	382.36	42.11%	5665.23	1119.62	52.96%	5700.58	-57.85	0.37
1. 汽油	67.85	7.47%	6350.34	286.04	13.53%	6250.87	-33.94	0.24
90#汽油	0	.	5609.69	4.95	0.23%	5609.69	-1.19	0
93#汽油	23.15	2.55%	6225.16	192.7	9.11%	6152.51	-36.67	0.17
97#汽油	40.49	4.46%	6518.74	88.39	4.18%	6501.20	1.64	0.07
2. 柴油	277.67	30.58%	5449.90	742	35.10%	5448.99	-22.41	0.1
0#柴油	275.95	30.39%	5450.88	715.55	33.85%	5442.77	-17.07	0.22
-10#柴油	1.73	0.19%	5292.53	16.98	0.80%	5988.21	-3.33	-0.12
3. 煤油	36.84	4.06%	6026.47	91.57	4.33%	6020.27	-1.5	0.02
二、化工原料类	349.57	38.50%	5546.50	604.54	28.60%	5698.97	52.19	-6.26
裂解用石脑油	290.69	32.02%	5548.27	272.98	12.91%	5777.16	100.21	-6.65
加氢裂化尾油	58.6	6.45%	5562.13	71.83	3.40%	5464.77	15.17	0.57
重整原料	0	0.00%	5534.78	237.38	11.23%	5534.78	-56.42	0
三、商品重油	12.93	1.42%	3474.76	40.21	1.90%	3034.38	-0.78	0.03
四、其他石油产品	110.51	12.17%	2035.86	239.42	11.32%	3763.62	-20.23	4.03
五、商品液化气	52.55	5.79%	5390.74	110.34	5.22%	5444.96	3.69	-1.16

管理会计师通过分析发现差异后，另外一项重要的工作就是和生产、技术工程师工程师一起，分析产生差异的原因，找出制约因素，并进一步制定出改进差异的措施，从而改善财务绩效。

2. 原因分析及制约因素甄别

(1) 催化裂化能力低，后精制手段不完善，产品结构不合理。

某大型炼化企业炼油催化裂化只有80万吨/年，又没有汽油精制手段，导致产品结构不尽合理，突出表现在汽油产量低，柴汽比高，2010年柴汽比达到8.96，同时，汽油不能单独出厂，生产符合国Ⅲ标准的汽油需要大量的调合资源，部分未能调合出厂的硫含量超标的催化汽油需送金陵石化 OCT－M 催化汽油选择性加氢脱硫装置加工。

同时该企业属于化工型上下游加工能力不匹配，800万吨/年炼油配65万吨/年乙烯和80万吨/年芳烃（PX），属于“小炼油配大化工”模式，炼油片需要向化工片提供大量的化工轻油等原料，也限制了产品结构。从上表看，公司化工原料比重高达39.52%，是兄弟单位中最高的。虽然成品油价格调整不到位，但汽油、行煤等高附加值产品的价格均高于石脑油价格，过高的化工原料比重和较低的成品油尤其是成品汽油比重构成了炼油绩效较大压力。

(2) 高压加氢装置是炼油绩效提升的关键制约点。

高压加氢裂化装置没有循环氢脱硫系统，对原料性质要求较高，对原料的适应性差，对总流程优化形成了较强的制约，是某大型炼化企业总流程整体优化的关键制约点。

因为装置没有循环氢脱硫系统，为确保装置安全运行，加工原料硫含量控制≤0.75%，这给原料保供带来很大困难。为了满足原料硫含量限定指标要求，某大型炼化企业采用部分经过一次加氢的1#全馏分加氢蜡油（HGO）和中压加氢裂化尾油（RO）来调配原料，并因为低硫蜡油原料短缺，还掺炼加工了大量高价值的直馏柴油（包括常二线、常三线及减一线），导致原料成本高，装置亏损严重（2010年本套装置亏损达10亿元）。目前，装置原料构成中减压蜡油（VGO）只占35.6%，而高价原料直馏柴油、1#全馏分加氢蜡油（HGO）和中压加氢裂化尾油（RO）所占比例分别占53.7%、5.6%和6.1%。同时，为满足下游烯烃和芳烃的原料要求，高压加氢裂化装置采取高转化率生产，主要生产石脑油和尾油，中间馏分很少，不生产柴油，从炼油流程上看很不合理。

(3) 重油加工能力偏小。

由于延迟焦化处理能力有限，2010年有14.6万吨/年重油无法深加工，用作燃料油，影响了炼油整体绩效。

某大型炼化企业最突出的问题是“小炼油、大化工”，在现有原油加工量的条件下，为了保证化工原料自给率，造成炼油加工流程不合理，生产不够优化；不仅油品产品结构和质量问题较多，烯烃和芳烃原料也不优化。尤其是高压加氢裂化装置，问题比较突出，因为没有循环氢脱硫设施，对原料要求苛刻，在原料中掺有40%的直馏柴油和中压加氢裂化尾油。主要生产石脑油和尾油，转化率高，导致成品油产量较低。

3. 措施及效果

基于以上基本情况，2011年某大型炼化企业开展了以产品结构调整为主线的绩效提升工作。

(1) 增产汽油等高附加值产品，优化产品结构，增利44802万元。

通过实施增产汽油项目、扩展汽油调和资源、石脑油干点个性管理等措施，增产成品汽油、航煤、丙烯等措施，改善炼油片区产品结构。

主要增产汽油措施：

① 全面优化催化原料，实施一常减三线深拔，降低蜡油产量，实施加氢裂化掺炼二加氢HGO，增加尾油产量，将催化原料硫含量控制在4000mg/kg左右，有效降低精制汽油硫含量。

② 实施增产汽油项目，项目实施前汽油产量1444吨/天，增产项目实施后1854吨/天。

③ 扩展调和方案，增加调和加氢汽油抽余油和芳烃DA－401B脱庚烷塔底的C7/C8芳烃，伊斯曼C5调和汽油，增加高辛烷值组分选择的灵活性，适时调整各组分的调和比例，确保汽油产量和质量。

④ 优化外部调和流程，芳烃厂甲苯由装置馏出口改由贮罐单独送出，严格控制甲苯调和量，同时组织调整MTBE输送外管流程，提高了MTBE输送能力，增加了MTBE调节余地，保证了调和汽油质量合格率。

6月份实现汽油组分油“零产出”目标，1～12月份成品汽油产量64.57万吨，同比增加36.06万吨；柴汽比4.32，同比降低4.64。详见表5－19：

表5－19

项目	12月	本年累计	上年同期	同比
汽油总量	6.34	64.57	28.51	36.06
其中：93#	0.96	23.18	4.43	18.75
97#	5.38	41.37	24.08	17.29
柴油	21.51	278.65	255.40	23.25
柴汽比	3.39	4.32	8.96	－4.64
组分油	0	2.78	22.15	－19.37
航煤	3.31	36.94	25.35	11.59

从销售结构看，成品汽油销售比重6.88%，同比增加3.28%，增收19.86亿元；航煤比重4.00%，同比增加0.81%，增收4.75亿元。汽油组分油比重0.50%，同比降低2.17%，减少收入10.87亿元；柴油比重30.58%，同比下降1.68%，减少收入8.28亿元。通过优化产品结构同比增利44802万元。详见表5－20：

表5－20

项目	本年累计	上年同期	同比
成品油	41.46%	39.04%	2.41%
其中：汽油	6.88%	3.60%	3.28%
柴油	30.58%	32.26%	－1.68%
航煤	4.00%	3.19%	0.81%
柴汽比	4.42	9.05	－4.63
汽油组分油	0.50%	2.67%	－2.17%
化工料	38.67%	39.52%	－0.85%
商品重油	1.47%	1.99%	－0.52%
石油焦	8.68%	8.59%	0.09%
液化气	5.78%	4.94%	0.84%
其他	3.45%	3.24%	0.21%

（2）针对主要制约点，优化高压加氢装置运行，增利11382万元。

① 优化原料结构方面：增加VGO加工比重占39.45%，同比提高10.30%；加氢尾油加工比重2.26%，同比降低9.17%；AGO比例同比降低2.21%，优化原料结构增利2951万元。

② 降低价值较低的轻石脑油产出比例，提高高附加值裂化柴油、重石脑油、航煤比例，轻石脑油产出比例同比降低3.22%，同时裂化柴油产出比例提升1.46%，重石脑油产出比例同比提高0.56%，航煤同比提高3.36%。优化产品结构增利8431万元。详见表5－21：

表5－21

高压加氢	本年累计	上年同期	同比
总投入（万吨）	190.68	157.63	33.05
其中：AGO%	52.23	54.44	－2.21
VGO%	39.45	29.15	10.30
AGO/VGO	1.32	1.87	－0.55
尾油%	2.26	11.43	－9.17
加氢蜡油%	5.42	4.96	0.46
总产出（万吨）	205.39	176.07	29.32
轻石脑油%	15.40	18.62	－3.22
液化气%	9.84	11.48	－1.64
高压尾油%	25.56	25.93	－0.37
重石脑油%	30.86	30.30	0.56
裂化柴油	1.97	0.51	1.46
航煤	16.38	13.02	3.36
氢耗（Nm^3/t）	358.84	351.14	7.70
能耗（kg标油/t）	42.88	46.41	－3.53
C_5＋总液收%	97.02	96.90	0.12

（3）优化焦化装置运行，降低渣油商品比例。

2011年针对焦化装置运行中的瓶颈，优化焦化装置运行模式，提高装置加工负荷，提高渣油加工量，努力实现低附加值商品向高附加值商品的转换。一、二套焦化装置液收同比提高0.10%左右，尤其是二套延迟焦化，平均生焦周期22小时左右，同比降低2小时左右；生焦高度13.52米左右，同比降低1.33米左右。这些措施，使2011年渣油的商品和燃料量同比降低3.976万吨，销售比重降低0.69%。

回顾全年，炼油片累计亏损24.80亿元，同比降低8.60亿元，比年度预算低12.30亿元。从账面看炼油利润仍然亏损较多，主要是受国际原油价格上涨幅度较大等因素影响。

2011年按照年度预算价格和产品、原料明细还原，考虑蒸汽、电涨价因素及安全生产费用、存货跌价准备等预算差异因素，炼油片利润还原后利润为－4.60亿元，比年度预算指标高7.90亿元。在总部综合评比排名中，炼油板块排名中国石化炼油事业部第8位。

整体来说，2011年以优化产品结构为导向的炼油绩效提升取得了显著效果，但和兄弟单位比，产品结构仍有很大的优化空间和想象力，优化炼油产品结构将是一项长期工作。

同时公司对化工片的产品结构根据市场行情变化进行实施优化调整，根据塑料产品分牌号的盈利能力，在2011年8月份塑料行情下滑的情况，增产盈利能力高的塑料牌号产量，限产减产亏损较大的塑料牌号；根据乙二醇、环氧乙烷市场价格变化调整乙二醇、环氧乙烷的产出比例；在PTA市场行情较好的情况，延迟PTA节能改造实践，同时强化PX－PTA产业链效益测算，优化芳烃片区资源配置和产品结构，实现结构优化内涵增效。

第6章 销售企业成本管理

本章着重以油品采购与存货成本管理、非油品采购成本管理为重点，阐述油品销售企业成本管理的主要理念和方法。

6.1 油品采购及存货成本管理

油品采购成本比重高、资金投入大、管理环节多，采购成本下降不仅可以减少企业现金流出的减少，而且直接体现在产品成本的下降、利润的增加、以及企业竞争力的增强。将采购成本控制在合理的水平，是一个企业在激烈的竞争的环境下保持竞争力的重要手段。

存货作为销售企业的一项重要资产，具有存放分散、资金占用大、流动性强的特征，其管理水平高低直接影响到企业资金周转与成本控制。合理控制存货水平，在保证经营周转的基础上实现存货成本最小化是销售企业成本管理的重要内容。

6.1.1 油品采购成本管理

6.1.1.1 油品采购成本概述

销售企业油品采购成本是指与采购油品相关的所有成本及费用，具体包括：购买价款、进货运输成本、相关税费、装卸费、保险费以及其他可以归属于存货采购成本的费用。

销售企业的油品采购按来源可以分为石化集团内部资源配置购进和外部资源自采购进。根据采购渠道的不同，油品采购价格可以分为内部结算价格和外部自采价格。内部结算价格是由股份公司根据国际、国内市场情况，参照国家发展和改革委员会公布的出厂价格统一制定的。外部自采价格是由各级采购部门跟踪了解市场变化情况，与供应商协商确定的合同价格。由于两种价格的制定主体不同，内部结算价格涉及国家定价，不受企业自身管理水平影响，本章重点介绍油品自采成本的管理。

6.1.1.2 油品采购责任体系

根据《成本费用核算与管理办法》（石化股份财【2006】497 号，以下简称《办法》）中《油品销售企业费用核算与管理办法》的规定：各公司应按职责分工建立成本费用管理责任制，事业部主任、公司经理是本单位成本费用管理第一责任人。同时根据《办法》中的归口管理原则，企业的经营管理部门负责组织、管理公司的商品采购。销售事业部根据该办法制定的《中国石化销售企业外采成品油资源管理办法》进一步要求，销售企业应建立外采领导小组，审定购进价格，审核供应商资质，负责对审核后的外采供应商进行上报、维护和等级评定等工作，并监管供应商使用。设立专门的外采成品油资源日常管理部门，并根据外采工作实际需要，设立外采管理岗，以确保外采成品油资源统一管理的顺利实施。

1. 采购计划管理

（1）计划上报。各销售企业综合分析辖区成品油市场供求趋势、自身销售、库存情况及竞争态势的基础上，将采购计划上报销售大区分公司、油品销售事业部。

（2）计划下达。油品销售事业部根据总部月度生产企业生产计划安排销售企业经营计划，结合省市、大区公司上报的市场经营、库存及资源安排建议，统一编制资源采购计划并下达给销售大区分公司和省（市）分公司，省（市）分公司根据资源、市场和库存等情况，制定下达本公司月度资源计划。

（3）计划组织与落实。按照油品销售事业部下达的月度外采收购及供应计划，各相关销售企业外采管理部门在外采领导小组的指导下，根据油品销售事业部的指导意见负责衔接资源，签订合同、落实外采资源采购，并做好外采的台账管理和统计分析工作。根据大区公司优化后的石化资源运输计划，结合自身实际，编制本地区的外采运输计划，并组织实施。外采资源的运输要以“高效、合理、低费用”为基本原则。

2. *油品验收管理*

物流中心负责油品数量、质量的验收。在验收并办理入库手续时，油库工作人员须核对成品油的品种、数量等内容是否与收货通知单一致，做到实物（数量、品牌、品号）与单据完全相符，同时应注意检查容器及其标志是否完整且符合相关规定要求，签封是否完整，做好收货及后续工作。

3. *采购付款管理*

经营管理部门、物流中心及财务部门为采购付款的责任单位。

为减少资金占用，防范资金风险，销售企业外采资源原则上采用货到付款的方式。油品入库数质量无误后方可通知供应商开具增值税发票。财务部门在收到增值税发票并确认实物到货后，按合同约定的付款期限付款。

采购货款支付必须按照内控制度规定流程严格办理。可对采购资金成本进行考核，考核是否严格执行货款结算天数，是否严格执行货到付款政策，预付款是否经过审批，各级财务和相关业务部门是否每月核对预付货款和应付货款，确保金额准确无误。业务部门每月末是否检查油品的在途情况。

外部采购油品确认到货和收到发票后，由各级业务经办人填写付款申请，按规定权限逐级审批后，统一付款。各级财务人员对应付凭证的相关原始票据（发票、入库单、付款申请单、外采合同等）进行审核，确认收货齐全、票据合法、信息完整后进行账务处理，由不相容岗位人员对凭证进行稽核，财务人员在系统内进行发票校验。

外部采购油品需要预付货款时，由业务部门组织对外部供应商信用情况进行评价。按照法律事务部审定的标准合同文本，合同签订人按规定权限与外部供应商签订采购合同（明确交货方式、地点、时间、价格、数量、承付方式、损耗率、违约责任等），业务部门根据采购合同在ERP系统中维护采购订单。业务部门填制预付货款申请单，按规定权限报批后付款。

财务和相关业务部门至少每月核对预付货款和应付货款，确保金额准确无误。业务部门检查油品的在途情况，经本部门负责人审核后报财务部门。

6.1.1.3　油品采购成本管理的主要内容

采购成本的管理主要包括供应商管理、价格管理、数质量管理、运输成本管理、资金成本管理等内容。

1. 油品采购供应商管理

供应商是采购管理中的一个重要组成部分，采购过程中应该本着“公平竞争”的原则，给所有符合条件的供应商提供均等的机会。这一方面体现市场经济运行的规则，另一方面也能有效的控制成本，提高采购质量。选择信誉佳的供应商并与其签订长期合同，不仅能保证供货的质量、及时的交货期，而且在价格、付款条款上有更大的灵活性。在与供应商的合作过程中应该对供应商的行为进行绩效动态管理，建立对供应商定期再评价的制度，以评价供应商在合作过程中行为的优劣，并利用绩效管理的结果决定与供应商的后续合作。对供应商进行考评，建立质量、价格、服务、交货期等量化的供应商行为绩效指标，根据考核结果对供应商进行激励。这样能促使供应商持续改善供货行为，保证优质及时供货。

2. 油品采购价格管理

企业采购部门需对所有采购物料建立价格档案，实时跟踪市场价格及资源情况，建立价格评价体系，由公司有关部门组成价格评价组，定期收集有关价格资讯，用于分析、评价现有的价格水平，对每一批采购油品的报价，应首先与当期市场价格进行比较，分析价格与市场价差异的原因。并对主要竞争对手进行分析，明确我方与竞争对手相比的成本态势。

外部油品采购价格直接影响着进货及库存成本，是外采进货成本管理的关键环节。在确定外部油品价格时，准确掌握国际油价走势，精确分析市场，认真研究国内成品油定价机制，根据市场价格走势、资源供需变化及主要竞争对手价格策略，货比三家，优中选优。油品外采管理部门要定期编制“外采价格审批表”，明确当前时期分渠道、分地区、分品号外采价格，由外采领导小组审批后方可执行。

3. 数质量管理

油品数质量的好坏关系着企业的信誉和品牌形象，也决定着企业的效益甚至是生存。做好油品质量检验及入库计量工作，确保油品质量合格、计量准确也是采购成本管理的一项重要内容。

4. 运输成本管理

着眼于成品油供应链整体优化，不仅要降低一次物流、仓储和二次配送等各环节的物流成本，还要协同上游炼化企业制定最佳生产计划，以保证炼厂生产后路畅通。为有效降低运输成本，充分利用成品油管道及铁路自备罐车，优化成品油从炼厂到油库、从油库到加油站的运输，进一步优化油库整体布局，形成布局合理、运转高效、成本节约的油库网络体系。

5. 资金成本管理

制定合理的采购结算天数，尽量降低预付账款。特殊情况下需预付货款的，外采管理部门要及时敦促供应商发货，降低货款资金占用利息，保证企业效益不流失。有效控制库存商品周转天数，根据油品的实际需求情况进行合理的采购，以降低资金占用。如果企业资金充裕，或者银行利率较低，可采用现金交易或货到付款的方式，这样往往能带来较大的价格折扣；如果利率合适，企业可以采取承兑汇票的方式与供应商结算，以取得较低的资金成本。如果资金不充裕，应尽可能以分期付款、延期付款的方式支付款项。也可选择固定的供应商，与其建立良好的合作关系，从而获得相对优惠的采购价格，在资金不足时，还可获得供应商提供的信用优惠。

6.1.1.4 采购成本管理措施

1. **严格执行各采购节点的内控流程要求**

建好成本管理内控机制是实现成本控制管理的有效保障。企业很多采购要求和方法已经形成规章制度和流程予以明确，规范并严格执行采购内控流程及规定是控制采购成本的前提。在合同管理上，企业相关部门要从采购价格、运输方式、送货地点、验收标准、违约责任等基础工作抓起，严格监督，把好合同审核、签订和执行关；在供应商管理上，要建立供应商准入制度，实行供应商档案及供应商绩效考核动态管理化，建立对供应商定期再评价的制度，保证供应商档案的时效性；在油品采购上，公司建立统一采购平台，按照采购流程、采购程序，货比三家，降低采购成本；在货款支付上，按照付款流程本着资金成本最小化原则采取合适的付款方式、支付方式支付；在内部监督上，一是充分发挥内部审计的审计监督作用，二是充分发挥纪检监察部门的效能监察作用。

2. **推进集中采购降低采购成本**

深化与中石油、中海油以及规模以上的地方炼厂的战略合作，扩大集中采购和资源串换规模，提高外采一手资源比重，降低采购成本。

3. **制定成品油自采评价体系**

通过对自采的时间频率、自采资源的密度与价格比、自采区间的销价和购进价的对比、自采量与库存量的变化关系、自采价格与周边省市自采价格的对比等分析，正确评价自采质量，发现差距，挖掘潜力，促进企业降低自采成本。

4. **通过付款条款的选择降低采购成本**

在采购环节中，采购付款直接或间接地影响着企业的采购成本。如果选择的付款方式不当，则会导致公司资金流动性下降、资金占用时间上升、采购成本提高，从而出现采购成本、物流成本及期间费用增长等诸多问题。

采购付款指采购过程中因采购油品而需支付给供应商的款项。采购付款控制是指采购人员对支付供应商款项的相关活动和内容的控制。

5. **通过购销比价体系降低采购成本**

购销比价管理，通俗地讲就是企业在采购和销售两个环节上，通过“价格比较”，选择最有利的价位买进卖出，最大限度地堵塞企业在资金流动过程中的各种漏洞。比价购销是一套完整的管理体系，它有科学的价格决策机制，有规范的操作方法制度，有严格的检验监督保证。

要搞好购销比价管理，必须扎实做好以下两项基础工作。

（1）建立内通外联的价格信息网络，完善价格信息体系。实施购销比价管理离不开价格信息，只有掌握国内外广泛的价格信息，才能谈得上有价可比。完善价格信息体系有利于找准方向用对力，在采购成本控制上做到事半功倍。主要从以下三个渠道收集价格信息：一是市场调研，建立价格网络收集系统。组织专职的业务人员走向市场，充分进行采购市场的调查和资讯收集，同用户进行面对面的询价，感受市场价格变化动态，写出价格信息报告，为价格决策者提供鲜活的定价依据。二是招标询价。采用公开招标形式询价。三是建立价格查询系统，搭建一个降低采购成本的基础平台。通过该平台主要进行价格趋势分析，以及不同货源之间的价格对比，为降低采购成本提供有力的支持。三是把握价格变动的时机，价格

会经常随着季节、市场供求情况而变动，因此，采购人员应注意价格变动的规律，把握好采购时机。如果采购部门能把握好时机和采购数量，会给企业带来很大的经济效益。

（2）建立集中统一的资金管理监控体系。购销过程，实质上就是资金流动过程，实施购销比价管理，必须加强资金监控做起，一是将企业生产经营活动的资金预算、控制职能归口到财务部门管理。财务部门通过预算的编制、执行、考核和分析，对企业的购销资金进行全面监控。二是财务负责对资金的输入（销售）和输出（采购）部门资金流量情况进行登记、分析和核算。三是审计部门在采购行为发生之前通过参与比价管理提前介入，实现审计工作向事前监控转移。

6. 运输优化降低采购成本

运输优化有利于降低运输成本。优化运输尤其要控制好报价环节与结算环节。这两个环节都涉及几点：运输量、运输价格、运输距离、运输路线、运输目的地、到达时间、运输单据及信息交换等，这些关键点最终影响到运输的质量、效率与成本，因此要仔细检查与核实，以防发生错误。所有的内容最后通过运输合同来约定。为有效降低运输成本，一是充分发挥管道管输成本低、批量大、效率高的优势，提升一次管输比例。二是与中石油加大资源串换工作力度，补充石化资源不足，减少长距离油品调运，降低一次物流费用。三是沿海油库运输以船为主充分发挥海上船运方式大批量、少批次的优势。四是内陆油库则进一步优化油库整体布局，形成整体布局合理、运转高效、成本节约的油库网络体系。五是加强物流费用考核，科学设置考核指标，逐步实现向管理要效益。

6.1.2　油品存货成本管理

6.1.2.1　存货成本的构成

存货成本是指存货所耗费的总成本，是企业为存货所发生的一切支出。包括从购入到使商品处于可供销售的地点和状态的一切直接和间接的支出，主要有存货的库存获得成本、持有成本及缺货成本。

存货获得成本：企业为了取得存货而承担的费用，包括存货本身的价值以及运输费用、进货损耗和其他订货成本。

存货持有成本：持有成本是为保有和管理库存而需承担的费用开支。对成品油销售企业而言，持有成本主要包括存储成本、机会成本及风险成本。其中存储成本主要包括存储设施设备投资的摊销，水、电等日常操作支出，人工成本及其他费用。机会成本是指库存所占用资金有可能带来的收益，原因是持有一定的库存会丧失所占用流动资金所能带来的投资收益或是增加借款从而增加利息支出。风险成本是从风险角度出发产生的费用，包括安保基金等保险费用以及存货在存放的过程中产生的定额损耗、超定额损耗等损失。

库存缺货成本：由于库存供应中断造成的损失。包括销售机会的丧失、延迟发货造成的损失以及紧急采购、增加存货调配而增加的支出。

6.1.2.2　存货成本管理的目标及主要内容

1. 存货成本管理的目标

存货成本管理是的目标是通过实施正确的存货管理方法，提高存货的周转速度和总资产周转率，合理降低企业的平均资金占用水平，最终提高企业的经济效益。

2. 存货成本管理内容

存货的成本涉及采购、运输、仓储、销售各个环节，涉及事业部、大区、省市、地市等各级公司，涉及经营、物流、安全数质量、零管、润滑油、燃料油、财务等各个业务部门和专业线条。存货成本管理体系是企业全面成本管理体系中的重要组成部分，建立全面的存货成本管理体系，是控制存货成本，实现降本增效的根本手段。存货成本控制包括以下内容：

（1）建立存货管理体系。

一是搞好成本预测，确定目标成本。企业要在激烈的市场竞争中立于不败之地，就必须对未来的状况做出正确的估计，并以这种估计作为决策和计划的客观依据。通过成本预测，可以使企业对未来的成本水平及其变化趋势做到心中有数，从而为企业的成本决策提供科学的依据，以减少成本决策过程中的主观性和盲目性。销售企业要针对不同产品的特点，区分配置与自采，区分不同运输方式和存储特点，分析产品成本的特性和变化趋势，全面的成本预测是企业控制库存成本的起点和基础。

二是编制库存成本计划，确定库存成本降低指标。库存成本计划是在库存成本预测的基础上，从整体上为一个时期或特点范围内的成本设立预定的标准。在成本计划的执行过程中，可以促进各部门改善经营管理，合理使用人力、物力、财力，把降低成本、提高企业的经济效益变成自觉活动。通过自上而下的分解与自下而上的汇总，采用定额预算和零基预算相结合的方法，编制覆盖全部库存、全部环节的库存成本计划，是企业降低库存成本的主要依据。

三是实行成本控制，加强成本的日常管理。成本控制就是按既定的成本目标，对成本形成过程的一切耗费进行严格的计算、调节和监督，揭示偏差，及时纠正，保证成本目标的实现。在企业经营中，实际成本的发生，要对照计划和预算，对超出计划的成本进行逐项检查，消除异常因素，改进业务流程，降低成本产生，尤其是油品存货管理过程的超定额损耗，一定要查明原因，属于责任人的要追究赔付，无法明确责任人的超耗应列支企业成本。

四是准确、及时核算产品成本，保证成本指标的真实性和可比性。成本核算的过程，既是对企业生产经营过程中发生的各种生产耗费如实反映的过程，也是为满足企业管理的要求进行成本信息反馈的过程，又是对企业成本计划的实施进行检查和控制的过程。要正确运用成本计算方法，严格执行企业规定的成本范围和费用开支标准，正确划分成本的界限，减少人为因素对企业库存成本和费用的影响，加强对成本的审核和控制，以保证成本信息的真实性和可靠性。

五是认真开展成本分析和考核工作。成本分析是成本管理的重要组成部分，它是利用成本核算资料及其他有关资料，全面分析成本水平及其构成的变动情况，研究影响成本升降的各个因素及其变动的原因，寻找降低成本的规律和潜力。

（2）逐步确立存货成本标准体系。

标准成本是通过精确的调查、分析与技术测定而制定的，用来评价实际成本、衡量工作效率的一种预计成本。存货成本标准体系就是存货成本管理中，将企业所有的存货成本进行分解、测定的一个标准体系，用以评价实际发生的存货成本与标准成本的差异，并分析其产生的原因，用以改进经营管理，降本增效。

标准成本系统建立的要点是全员参与，全方位、全过程制定。从台塑的管理经验看，建立标准成本、进行差异分析和异常检查，进而调整经营管理，是企业降低成本非常有效的手段。比如油库用电量，对其产生影响的因素非常多，如温度、油高、照明时间、接卸油量、

消防用电等，标准体系中，要对这些因素进行全面综合的考虑，而不仅仅是简单与油库发货量挂钩。销售企业重要的成本标准有：油品损耗比例，吨公里运费等。

6.1.2.3　存货成本管理措施

"零库存"是个被经常提起的名词，它的背后似乎集中了所有企业管理的优点，高效率、低成本和完美的流程。库存多，占用资金多，利息负担加重，库存商品贬值还会造成经济损失。但是如果过分降低库存，供应不及时，则会出现断档，经营单位易失去主动性，丧失市场机会，影响企业信誉及市场的巩固、扩大。成品油是特殊性质商品，近年来随着世界原油价格一路走高，成品油资源经常出现短缺情况，所以需要保持一定量的库存，确保企业经营和市场供应。

因此应该通过不断完善物流网络的硬件设施，逐渐实现较准确的需求补货，避免不科学的调运，加强过程管理，提高物流管理水平，降低库存成本。通过物流信息网络对在途库存、到货期以及油库进销存量，决定何时补货，实现自动的及时补货机制，从而加强整个供应链的反应速度，从而进一步降低库存成本。

1. 科学测算合理库存量

库存管理始于对市场销售的预测，要提高预测精度。一是考虑长期趋势，在较长一段时间内，持续呈现为同一方向发展变化的趋势，掌握其发展变化的基本规律。二是考虑季节变动，成品油在一年内，随时间变化而引起的有规律的周期性变动。如三夏农忙会出现柴油销售的高峰，冬季负号柴油的需求增长等。三是考虑循环波动和不规则变动，主要是由于意外的自然或社会因素引起的波动。如春运、抗洪、抗旱等时期，销量与平时有差距，库存量也须有差别。四是考虑其他因素影响，如炼厂生产周期，合理库存量与炼厂生产周期成正比关系。炼厂生产周期越长，合理库存量越大，反之，则越小；交通运输条件，合理库存量与交通运输条件成反比关系。交通运输条件越便利，合理库存量越小，反之，则越大。以这些因素为前提，再从经济效益角度测算合理库存的合理性，如库存周转率，库存周转天数等。

下面是××石油公司合理库存测算实例：

××石油公司在营油库27座，安全库容总量65.1万吨，在用油罐271个，其中汽油灌106个，容量为22.8万吨；柴油罐165个，容量为42.3万吨。

根据油罐结构，浮顶罐原则上以最低浮盘高度确定底量，拱顶罐以出油口高度确定底量（底量：由于工艺限制，正常操作无法出罐的油品数量），经计算油库库存底量38577吨，93#汽油底量12173吨，97#汽油底量4387吨，柴油22017吨。

周转库存原则上以日均出库量乘周转天数确定。日均出库量的确定，根据2010年油库出库情况除以天数得出各油库分品种日均出库量。周转天数的确定，全省27座油库根据其油品入库方式、地理位置、经营量等情况，参考2010年的资源调运情况将各油库分4种类型确定其周转天数。

（1）管道库（以管输为主）：根据目前管道库的运行情况，基本上每月管输2次，除去管输天数，间隔大约为10天，因此管道库的油品周转天数确定为10天。

（2）沿海油库：依据海运入库受海况等特殊因素影响，结合其资源调运、油品销售等情况，其汽油周转天数确定为7天，柴油为9天。

（3）内陆库（铁路、汽运进货）在油品资源正常调运的情况，结合其销量，以上油库汽油周转天数为5天，柴油为7天。

（4）炼厂管输库：依据资源入库及销售等情况，以上油库汽油周转天数确定为3天，柴油为4天。依据各油库的底量库存加上其经计算获得的周转库存得出各油库的合理库存。

2. 建立库存预警系统

由于油库点多面广，库存是否合理很难实时监控，所以必须建立一个库存超过或低于一定数量能够报警的系统，即库存预警系统。建立库存信息平台，通过各油库油罐自动计量系统、自动发货系统、ERP系统进行关联，实时得到库存信息，根据测算的合理库存数量，当实际库存量超出合理库存数量上下限时报警，便于物流调运人员及时调整库存数量。

不仅要掌握好实际库存总量，还要保持库存结构的合理，汽油和柴油的消费趋势有一定的差别，春耕、秋收季节柴油消费增长较多；而黄金周，汽油的消费会有很大的增长。既要保证全区的油品供应，确保不出现脱销局面，又要避免不合理的高库存带来的经营风险和过高的财务及仓储费用，实现经济效益最大化。

3. 存货成本控制的方法

存货成本管理的方法主要有：供应市场环境分析和采购价格预警分析；主要库存安全存量、采购期和付款期分析；存货成本ABC分析；保管、运输、装卸及损毁分析。

近年来，国内油品市场在国际市场影响下起伏波动，供应市场环境分析和采购价格预警分析是降低存货采购成本的一个重要手段。

库存安全存量和采购期、付款期分析是企业在保证存货供应的情况下，减少存货资金占用，降低库存成本的另外一个重要手段。

ABC分类法又称巴雷特分析法。此法的要点是把企业的物资按其金额大小划分为A、B、C三类，然后根据重要性分别对待。A类物资是指品种少、实物量少而价值高的物资，其成本金额约占70%，而实物量不超过20%。C类物资是指品种多、实物量多而价值低的物资，其成本金额约占10%，而实物量不低于50%。B类物资介于A类、C类物资之间。其成本金额约占20%，而实物量不超过30%。当企业存货品种繁多、单价高低悬殊、存量多寡不一时，使用ABC分类法可以分清主次、抓住重点、区别对待，使存货控制更方便有效。通常情况下仅对A类物资进行最优批量控制。使用ABC分类法，有利于销售企业管理种类繁多的润滑油。

保管、运输、装卸及损毁分析是销售企业减少企业库存成本的重要补充，尤其是保管和运输损耗，在销售企业中的存货成本中，占了很大的比例。对这些成本分析的主要方法有：原因分析、同比分析、类比分析、异常变动分析等。

企业每项成本的发生都需要有人对其负责，杜绝没有责任的成本是企业成本管理的基本要求。责任成本是以具体的责任单位（部门、单位或个人）为对象，以其承担的责任范围所归集的成本，也就是特定责任中心的全部可控成本。

4. 存货成本的责任落实

责任体系为企业库存成本控制的有效执行提供了控制责任主体的保障。只有明确各部门、单位的责任，才能使成本的控制工作真正落到实处，实现降低成本的目的。

责任成本核算的主要原则有：① 通常以责任人或责任单位作为成本的承担者，谁（或哪个单位）拥有一定的经济（成本）责任和相应的权力，就应对其权责范围内发生的有关耗费担负起一定的责任，而不是谁受益谁承担；② 以责任单位作为成本归集的对象，在计算责任成本时，通常按不同的职能部门、不同管理层次分别汇集、加工成本数据，并对责任

单位的有关成本进行计量和核算；③ 责任成本核算是在按成本的可控性，将全部成本划分为可控成本和不可控成本的基础上进行的。

按照商品经营的特点，各企业经营活动划分为采购、储运、分销、直销、零售等环节，各环节实行业务化分工运营，对各自责任范围内的库存成本负责。

商品采购环节应满足市场需求，做到采购价格合理、供货结构平衡，商品质量合格、结算资金安全。运输环节按照运输方式优化、动力调度及时、流向安排合理，努力做到运距最短、运费最省、效率最高。销售环节随时了解市场动态，准确把握市场信息、及时调整营销劳力，做到量价平衡互动、销售节奏平衡、资金回笼及时。商品储存环节确定合理库存，根据市场实际合理调整库存结构，做到既满足市场需求，又避免库存积压。各环节严格遵守国家及有关部门的数质量管理规定，做到数量准确，质量合格。

企业负责人是企业商品成本管理的第一责任人，企业内各职能部门根据商品管理分工对相关库存成本承担责任。

业务部门负责商品采购、调运和销售的计划编制和实施，保证批发货款回笼，并负责采购环节商品数质量。需要负责的成本有：采购成本、进货损耗、采购资金占用成本等成本。

调运部门负责的库存成本主要有：调运环节的商品损溢和安全成本、调运环节运杂费成本。

零售部门负责的库存成本主要有：未回笼资金成本、加油站商品安全成本、加油站油品损溢成本及质量成本。

润滑油、燃料油经营部门对润滑油、燃料油经营全过程中发生的库存成本负责。

实物保管部门负责的库存成本主要有：存储日常支出成本、商品数量质量成本、安全成本。

基建部分对库存成本中摊销的设施设备成本负责，安全数质量对各个环节的数量、质量成本进行监督、检查、审核。财务部门对资金筹集成本负责，并对其他成本进行核算、审核、监督。

5. *存货成本指标体系*

通过对存货的成本进行分解（见图6-1），分析其影响因素和责任部门，可以得出影响存货成本一系列的关键指标。这些指标共同构成了存货成本指标体系。

主要指标：

存货周转率：衡量和评价企业购入存货、投入生产、销售收回等各环节管理状况的综合性指标。它是销货成本被平均存货所除而得到的比率，或叫存货的周转次数，用时间表示的存货周转率就是存货周转天数。其计算公式如下：

$$存货周转次数=销货成本\div平均存货余额$$

$$存货周转天数=360\div存货周转次数$$

存货周转率指标的好坏反映企业存货管理水平的高低，它不但影响到企业的短期偿债能力，也反应了库存占用企业流动资金的多少，及存货的持有成本。

采购付款期限：企业采购存货，支付采购资金越晚，采购资金成本越低。在采购期限大于存货周转天数时，企业实际上的采购占用资金成本为零。

运费、吨公里运费：运费是企业在采购、调运、销售过程中必不可少的支出，在企业的库存成本中占用很高的比重。吨公里运费是指每吨油品运输1公里所支付的运费。降低运费的主要措施有：改变运输方式、合理调度、劳务外包等。

商品损耗、吨油损耗：减少商品损耗的主要措施有科学管理、全面盘点。财务部门要介入商品盘点，每季度至少组织一次全面盘点，防止企业损失。

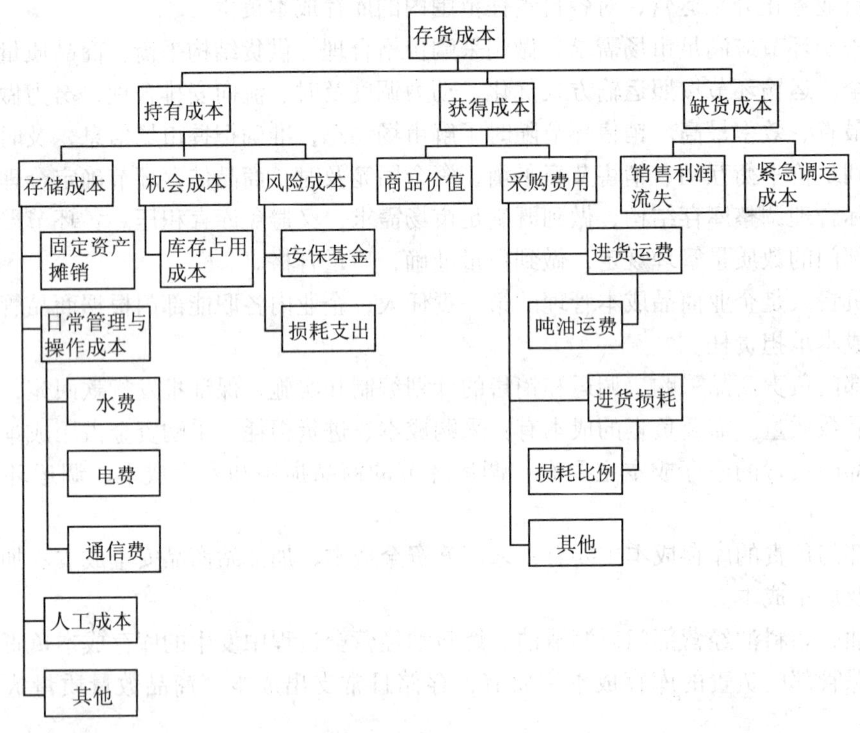

图 6－1　存货成本构成表

库存控制是个动态过程，如何把库存控制在一个理想的水平是库存管理的另一重点。库存控制必须以动态眼光、用周转的方法管理库存。预测平均每日需求量、进货入库准备期（最长时间和最短时间），加强日常出入库油品管理，并根据库存水平调节出库油品数量和分批采购计划及批量大小。同时由于成品油的特殊性质，调运过程受客观因素影响很大，如炼油厂的生产情况、铁路的运输计划、公路运输时天气情况等等，这些不可控因素更加大了成品油库存控制的动态性，需要不断地修正才能把库存控制在安全理想的水平。

6.1.2.4　存货成本管理的考核

完整的考核体系是企业降低库存成本的保证，考核体系的核心是相关考核制度的建立及制度的执行。建立销售企业库存成本考核体系，主要包括以下内容。

1. 完善以财务为核心的库存成本考核机制

财务人员负责组织建立库存成本管理体系，及时反馈成本信息，定期进行成本分析，有效控制成本。要做好库存成本管理的过程控制，包括对成本进行事先的预测、事中的控制和事后的分析。财务人员要完成指标的分解、预算的制定；对经营过程中发生的各种库存成本进行审批和控制，督促相关部门人员完成对库存成本的控制；在月末、季末或年末对当期的成本情况进行分析，发现其中的问题，以指导下一期间做出更合理的预算，进一步降本增效。

财务人员要深入各个部门，了解库存成本发生的每一个环节，指导相关部门或单位的预

算编制、过程控制和事后分析。完善定期考核制度，库存成本考核与工资资金挂钩，做到月月考核，时时考核。使每位员工在责任成本发生时即受到成本考核的约束。

2. **主要指标的考核**

（1）考核指标：存货周转率。责任目标：提高存货周转率，减少存货占用流动资金，减少资金成本。考核方法：根据历史优秀水平、其他单位优秀水平和市场状况，制定最低和最高库存。

（2）考核指标：商品损耗。责任目标：减少商品损耗，减少库存损耗成本。考核方法：根据油库、加油站及成本油、包装润滑油、散装润滑油的不同特点，分别制定盘点损耗管理办法，实行责任赔付等制度。

（3）考核指标：运费。责任目标：优化运输方式、减少重复调运，降低运费成本。考核方法：根据采购、二次物流的特点，针对区域特征，制订合理的运输方案，制订运输成本预算，并据此对相关责任部门进行考核。

6.2　非油品采购和存货成本管理

自2008年6月份开始，为充分利用现有加油站网络资源，完善加油站服务功能，提高服务水平，增强零售网络竞争力，中国石化销售企业在加油站开展了便利店非油品业务。便利店非油品业务是一项极具市场前景的衍生性业务，是依托加油站实现连锁经营的组织经营方式，是加油站除了加油、充气等常规业务之外，还开展的其他如商品、广告、洗车、修车、餐饮乃至银行提款机、通讯、彩票等业务。这些非油品业务不仅为消费者提供了方便，而且成为加油站新的利润增长点。在整个非油品经营活动过程中，非油品采购是全部运作的第一个环节。如何有效控制采购成本，是保证非油品业务快速发展的重要环节。

随着销售企业非油业务的逐步拓展，如何规范和加强便利店商品库存管理，优化商品库存结构，确保物流正常运转的同时降低存货资金占用等管理也逐渐摆上了重要议事日程。

6.2.1　非油品采购成本管理

6.2.1.1　非油品采购概述

销售企业非油品采购是指非油品业务部门按照商品采购权限，提出采购计划，经审核通过后，选择供应商，通过商务谈判并经相关部门审批后签订商品采购合同，分期分批下达采购订单，按照订单验收商品的过程。

非油品采购成本与油品采购成本有其相似性，但采购业务又有其独特性，具有如下特点：

1. **采购计划性强**

销售企业非油品采购计划的制定是建立在对市场状况和供应商情况进行深入调查研究的基础之上，充分体现了消费的需求和商品的供应趋势。要根据市场用户的需求来决定进货付款，以保证购进的商品符合消费者的需求，能尽快地销售出去。对于不同性质的商品采取不同的采购策略，根据商圈实际需求进行商品组合。这也是销售企业经营战略中的重要内容，如果采购没有计划，而采取“临时”政策，往往会给企业增加成本。因此，销售企业非油品业务的商品采购，必须制订严密的计划，并按严格的程序执行，通过采购计划预算采购成本。

2. 统一采购

连锁经营最大的特征是统一化以支撑着连锁经营的价格优势，如统一的店名店貌、统一的广告、信息等。而价格优势则首先来自于统一采购。销售企业实行总部、省、市三级采购模式，门店无采购任何商品采购权限。统一采购是连锁经营的基本特征，是企业实现规模化经营的关键环节。统一采购在规范采购行为、稳定商品质量的同时有利于降低采购成本。

3. 统一配送

区别于单店采购，连锁企业在采购商品后，将商品统一送到配送中心，再由配送中心将商品送到连锁店，降低了单店仓储、人员成本，从而降低采购成本。

4. 批量采购

销售企业拥有庞大的销售网络体系，占据特殊的零售终端渠道，能实现大额的销售业绩，其商品采购批量较大。这就使企业在与供应商进行采购谈判时处于绝对优势地位，能够在互惠互利的基础上发挥规模优势，要求进入销售网络的供应商以较低的价格供应商品，批量采购是企业降低采购成本、提高效率和缩短交货周期的有效途径。

5. 商品标准化

标准化是连锁经营的一大特点，标准化有利于企业节约资源，从而达到降低成本的目的。具体包括形象标准化，商品和服务标准化，销售标准化，陈列规模、方法标准化。商品和服务的标准化使消费者无论在哪个便利店都能享受到同样标准化的商品和服务，而要保证商品的标准化，商品采购就要强调商品的标准，尤其是质量标准。

6. 季节性采购

应根据不同季节进行商品淘汰和更换。特殊节日前后进行节庆商品的淘汰和更换。避免因积压反季节商品造成资源浪费及成本增加。

7. 差异化采购

销售企业在非油品业务运营过程中，不仅要采购大众性商品，即符合八成人收入、趣味、性格、学历、职业的商品，同时要兼顾个性化需求，体现出商品的差异化，提供给顾客更大的满足感，以形成经营优势，最大限度降低成本、获取最大利润。

6.2.1.2 非油品采购组织责任体系

1. 非油品采购组织管理

省（市）公司应建立由企业经理为组长，相关部门共同参与的非油品采购领导小组，审定购进价格，审核供应商资质，负责对审核后的供应商进行上报、维护和等级评定等工作，并监管供应商使用。

2. 严格按照统采商品目录进行非油品采购

按照内控制度要求，油品销售事业部非油品处将确定的统采商品目录，报总经理审批；省级公司非油品业务部门将确定的省级商品采购目录，报分管经理审批；地市公司非油品部门确定的地市级商品采购目录，经分管经理审批后，报省级分公司非油品业务部门审批通过。

省（市）公司要规范采购管理，未列入油品销售事业部统采范围的大宗畅销商品原则上应由省级公司统一采购、统一结算、统一配送；未列入油品销售事业部和省级公司采购清

单的商品，以及省级公司无法统一采购的如香烟、生鲜食品等，可授权地市公司组织采购和配送。

3. **建立严格的供应商引进制度**

非油品供应商引进由非油品部门主导，财务、企管、审计、纪检等部门会签审核，非油品部门会同财务、企管审计、纪检等部门，重点对各类商品供应商的的证件进行管理，应要求供应商提供营业执照、税务登记、一般纳税人证书、组织机构代码证、卫生许可证、质量管理等方面的有效证件，同时要求供应商提供一份相关商品的增值税销售发票复印件，以对该商品的税率进行审核。对供应商的经营资质、一般纳税人资质、经销等级、价格、变价条款、结算期、结算方式、产品质量、退换货条件、供货及时性、应缴纳的各种费用等内容进行审核，提出审核意见，按规定权限审批后，与供应商签订采购协议、合同以及相关补充协议。对企业的正式供应商要建立档案，供应商档案除有编号、详细联系方式和地址外，还应有付款条款、交货条款、交货期限、品质评级、银行账号等。省（市）公司的非油品采购必须在已入围归档的供应商中进行，供应商档案应定期或不定期地更新，并有专人管理。企业要制定严格的考核程序和指标，要对考核的问题逐一评分，只有达到或超过评分标准者才能成为继续成为供应商，达不到评分标准的及时淘汰。

4. **签订非油品采购合同管理**

非油品购进时选择重点商品供应商并签订采购合同，根据销售企业要货需求制定并下达采购订单，各销售企业确认收货，销售公司按照各销售企业的实际收货情况分别与供应商和各销售企业办理货款结算。

5. **非油品采购计划管理**

制定采购计划是根据商品需求品种情况和供应商情况，制定出切实可行的采购订货计划，包括选定供应商、供应品种、具体的订货策略、运输进货策略以及具体的实施进度计划等。采购计划实施，就是将制定的采购计划分配落实，根据既定的进度进行实施。具体包括联系供应商、进行商业谈判、签订订货合同、运输进货、到货验收入库、支付货款及市场支持服务等，通过这样的具体活动，完成一次完整的采购活动。

制定采购计划需进行资源市场分析。资源市场分析的重点是供应商分析与品种分析，分析的目的是为制定采购计划做准备。需求分析，就是要弄清楚需要采购什么品种、需要采购多少。什么时候需要什么品种、需要多少等问题。作为销售企业非油品业务的采购供应人员，应当掌握商品需求情况，制定商品需求计划，从而为制定出合理的采购订货计划做准备。

油品销售事业部确定统采重点商品目录，根据与供应商的合同约定，在充分考虑各销售企业对重点商品需求的基础上，编制、下发重点商品购销计划，同时向供应商下达采购订单。重点商品的计划完成率纳入各销售企业的考核排名范围。便利店要货单经地市公司审核后上报省（市）公司非油品部门审核，属于省（市）公司统采商品由省（市）公司非油品部门下达中央仓采购订单，属于地市公司采购权限的商品，经省（市）公司非油品部审核后授权地市公司下达采购订单。中央仓的采购订单可以由省（市）公司非油品部门直接在管理系统上填制，也可以利用管理系统的采购平台让系统辅助订货。

6. **非油品商品验收**

收货人员应根据采购订单核对供应商送达商品的品种、数量，查验商品外包装及保质期合格后，在送货单上签字确认，加盖收货专用章，同时在便利店管理系统中做收货操作，如发现品种、外包装及保质期不合格的，不得进行收货。

原则上，供应商的送货单应是我方管理系统打印出的采购订单，无采购订单的商品不得验收。商品验收要在管理系统或站级系统上录入实收数量，同时在相关纸制单据上收货方和送货方签字确认，供应商出具的原始配送单应由非油品部门集中统一归集，作为供应商送货资料备查。具体操作方法如下：

中央仓验收：按照供应商提供的送货单，到管理系统中查找相应的采购订单，录入实收数量，确认商品验收完成，同时打印出纸制《验收单》，收货员和送货人员双方签字确认并加盖收货专用章。

便利店直送验收：按照供应商提供的送货单，在站级系统中查找相应的采购订单，录入实收数量，确认商品验收完成；同时将同样的实收数量和站级系统中给出的《验收单》号填到供应商送货单上，收货员和送货人员在送货单上签字确认并加盖收货专用章。

《验收单》是财务部门核算及与供应商结算的原始依据，非油品业务部门应重点监控操作人员在系统内规范操作，系统《验收单》与供应商提供的送货单商品名称、金额和验收单号必须完全一致。

7. **非油品采购应付对账及付款**

应付对账及付款业务是对供应商的货款结算过程，标准对账付款业务流程包括以下环节：对参与结算的原始单据勾单→生成对账单→打印对账单双方签字确认→通知供应商按对账单开具发票→录入发票→发票勾对（将对账单与发票关联，生成结算单）→对结算单进行记账→按结算单上的发票金额部分或全额付款。

对账人员要严格按照合同约定的账期与供应商对账。企业在使用管理系统成熟、稳定的条件下，对账依据我方管理系统查询或打印的本期参与结算的对账信息，发给供应商对账。企业在使用非油品系统尚不成熟、稳定的条件下，应要求供应商提供本期可以参与结算的验收单等原始单据，与我方管理系统的相关数据进行对账。不准直接修改管理系统中已记账的各种单据。如供应商销售的商品存在不同税率时，要分税率核对。对账过程中，业务部门要参与审核，查验进价，在对账时若发现管理系统中的单据与供应商提供的原始单据有差异，并确认是我方错误的，要做进价调整等单据将差异调整在本期或下期。核对无误后，在管理系统里对原始单据进行勾单后系统生成对账单，打印对账单，双方对账人员确认对账结果后在对账单上签字并在系统中完成记账操作。然后通知供应商按照对账单金额开具发票。

发票勾对是建立供应商所提供的发票与对账单勾对、建立严格关联关系的过程，处理方法包括：发票录入、对账单与发票关联生成结算单、对结算单记账。供应商开具的进货发票必须与已记账的对账单金额一致，只允许无税金额有尾数差异。

对账单和发票建立严格对应关系的结算单，经记账后方可办理付款。

业务部门从管理系统中打印结算单，按《内控手册》——“权限指引”履行付款审批后续后，财务部门向供应商付款。付款金额可以是结算单的全额或部分金额。财务部门付款完毕后必须进入管理系统中完成付款操作，输入实际付款金额。

8. **非油品采购评估与分析**

采购评估，就是在采购活动完成后，对采购活动的分析评估，主要在于评估采购活动的

效果、总结经验教训、找出问题、提出改进方法等。通过评估与分析，找出问题、制定措施、改进工作，提高采购管理水平。可定期从管理系统中“门店收入、成本、毛利分析”查询当期销售商品的结转成本及实现毛利情况进行毛利率完成情况分析。

9. 非油品采购监督与控制

采购监督与控制，是对采购活动进行的监控活动，包括对采购有关人员、采购资金、采购实施活动的监督与控制，提高采购活动的透明度，积极推行阳光采购。

要建立采购控制制度，采购控制制度是指以文字的形式对采购组织工作与采购具体活动的准则、业务规范等做出的具体规定。为了规范采购工作，提高采购工作效率，必须建立健全多重采购管理制度，以此作为采购人员与采购部门的工作准则与行为规范，明确各岗位、各环节的责、权及相互关系；明确采购人员的业务操作要求，从而有利于加强考核，实现对潜在风险的提早防范和预警，降低或消灭风险因素的影响，最终实现对采购过程的有效监控，实现高质量、高效率、低成本的采购目标。

10. 非油品采购风险防控

采购风险通常是指采购过程可能出现的一些意外情况，包括人为风险、经济风险和自然风险。具体来说，如采购预测不准导致商品难以满足市场要求或超出预算、供应商群体产能下降导致供应不及时、货物不符合订单要求、采购人员工作失误、供应商之间存在不诚实甚至违法行为，这些情况都会影响采购预期目标的实现。针对这些风险，需要采取一定措施予以规避来减少损失。

任何事物都有风险，采购风险归根结底，也是可以通过一定手段和有效措施加以防范和规避的。规避采购风险主要的手段有：做好年度采购预算及策略规划；慎重选择供应商，重视供应商的筛选和评级；严格审查订货合同，尽量完善合同条款；拓宽信息渠道，保持信息流畅顺；完善风险控制体系，充分运用供应链管理优化供应和需求；加强过程跟踪和控制，发现问题及时采取措施处理，以降低采购风险。企业要在质量、交期、价格、售后服务、财务等方面降低采购风险，最关键的是与供应商建立并保持良好的合作关系。建立良好的合作关系需注意几个阶段。首先是供应商的初步考察阶段：在选择供应商时，应对供应商的品牌、信誉、规模、销售业绩、研发等进行详细调查，可以派人到对方公司进行现场了解，以做出整体评估。必要时需成立一个由采购、质管、技术部门组成的供应商评选小组，对供应商的质量水平、交货能力、价格水平、技术能力、服务等进行评选。在初步判断有必要进行开发后，建议将自己公司的情况告知供应商。其次是产品认证及商务阶段：对所需的产品质量、产量、用户情况、价格、付款期、售后服务等进行逐一测试或交流。第三是小批量认证阶段：对供应商的产品进行小批量的生产、交期方面的论证。第四是大批量采购阶段：根据合作情况，逐步加大采购力度。第五是对供应商进行年度评价：对合作很好的供应商，邀请他们到公司交流明年的工作打算。

6.2.1.3 非油品采购成本管理的主要内容

非油品采购成本管理的主要内容类似油品业务采购成本，主要有采购价格管理、供应商管理、运输成本管理、资金成本管理、质量成本管理及特殊商品管理等内容。

（1）采购供应商管理。供应商是采购管理中的一个重要组成部分，非油品商品采购权限自上而下分为油品销售事业部、省（市）公司、地市公司三级，不允许便利店自行引进供应商。油品销售事业部按照统一订货，统一结算，统一定价，统一配送的“四统一”的原则，负责重点商品的统采业务，制定非油品重点商品采购目录，列入上级单位采购目录的商品，下级单位未经批准不得自行采购。选择供应商时应充分考虑其商品质量、价格水平、交易费用、付款条件、交付及时情况及售后服务，同时要综合考虑供应商是否能保证长期稳定的供应、其生产能力是否能配合销售企业易捷的成长和相对扩展，以及是否具有长期合作的意愿等。采取考核选择法、招标选择法和协商选择法等供应商选择方法，本着“公平竞争”的原则，给所有符合条件的供应商提供均等的机会。这样在保证商品采购质量的同时，也能对采购成本有所控制。选择信誉佳的供应商并与其签订长期合同，不仅能保证供货的质量、及时的交货期，还可得到其付款及价格的关照，特别是与其签订长期的合同，往往能得到更多的优惠。为确保供应商供应的商品质量，同时在供应商之间进行比较，以便继续同优秀的供应商进行合作，销售企业应对供应商的行为进行绩效管理，在制定供应商考评办法或工作程序的同时，对供应商进行考评，建立质量、价格、服务、交货期等量化的供应商行为绩效考核指标体系，实施过程中要对供应商的表现（如质量、交货、服务等）进行监测记录，为考评提供量化依据。根据考核结果给供应商激励和奖惩。供应商考核总是与采购价格、成本相联系的，这样能促使供应商持续改善供货行为，保证优质及时供货，从而有效降低采购总成本。

（2）采购价格管理。采购价格的高低直接关系到企业经营商品毛利的高低，因此，销售企业采购管理最重要的工作就是确定最优的采购价格。企业采购部门要对所有采购物料建立价格档案，时时跟踪市场价格即资源情况，建立价格评价体系，由公司有关部门组成价格评价组，定期收集有关价格资讯，来分析、评价现有的价格水平，对每一批采购商品的报价，应首先与当期市场价格进行比较，分析价格与市场价差异的原因。销售企业在进行商品采购过程中，要确保在适当品质、数量、交货时间及其他有关条件下，付出合适的价格。决定适当采购价格的目标，主要在于确保所购商品的成本，以期能树立有利的竞争地位，并在维持买卖双方利益的良好关系下，使商品供应持续不断。

（3）商品质量管理。企业在进行成本控制的同时还必须要兼顾商品的质量，绝不能片面地为了降低成本而忽视产品的品种和质量，更不能为了片面追求眼前利益，采取偷工减料、冒牌顶替或粗制滥造等歪门邪道来降低成本；否则，其结果最终也会使企业丧失信誉，背离效益最大原则。要建立商品质量保障体系，包括来货批次合格率、来货抽检缺陷率、来货在线报废率、供应商来货免检率等，此外，还应让供应商提供相应的质量文件如过程质量检验报告、出货质量检验报告、产品成分性能测试报告等，以确保供应商提供的产品能够持续稳定地达到相关质量要求。对供应商提供的商品除了做质量检验外，还要考察其实际使用效果，即检查其在实际环境中使用的质量情况。这样尽可能减少企业因商品质量出现问题而造成的损失。

（4）运输成本管理。为有效降低非油品运输成本，一方面要考虑供应商整体服务水平，选择将商品送达的供应商。另一方面要考虑供应商的地理位置，地理位置相对较近，不仅能降低运输成本，还能缩短送货时间，保证紧急缺货时快速到达，对库存量有相当大的影响。最后要考虑商品配送、调拨及调整在中央仓及各便利店店间的优化，形成布局合理、运转高效、成本节约的便利店网络体系。

（5）资金成本管理。制定合理的采购结算天数，尽量降低预付账款。有效控制库存商品周转天数，根据商品的实际需求情况进行合理资源的采购，合理控制库存，以降低资金占用。如果企业资金充裕，或者银行利率较低，可采用现金交易或货到付款的方式，这样往往

能带来较大的价格折扣；如果利率合适，企业可以采取承兑汇票的方式与供应商结算，以取得较低的资金成本。

（6）特殊商品管理。特殊商品主要包括临期商品、滞销商品和不动销商品。

① 临期商品即是接近商品保质期的商品，对于临近商品保质期的时限国家并没有明确的规定，中石化易捷便利店运营手册（试行）中规定：非食品和保质期大于9个月的食品，临期时限为90天；保质期为9个月以内的食品，临期时限为保质期的三分之一。为降低临期商品造成的损失，企业必须加强临期商品的管理。中央仓统一配送的临期商品，便利店无权直接向供应商退货，需向中央仓发出退货申请，再由中央仓向供应商办理退货手续。采用直配订货方式的商品，在经中央仓确认后再由便利店将货物直接退给供应商，退货单作为应付账款的冲抵项与供应商结算。对临期不可退换商品应及时履行审批手续，采取降价促销措施，或用于油非互动、非油品业务促销礼品，将临期商品的损失降至最低。企业首先必须熟悉门店商品的保质期，登记台账便于每天检查区分临期商品；其次按照临期商品处理流程经相关部门审核批准后尽快采取退换货及促销等措施。

② 滞销商品是因为某些原因不受消费者欢迎而导致销售速度极慢、在一段时间内销售数量低于一定数值的商品。

③ 不动销商品是指商品入库后在一段时间内没有任何销售的商品。非油品部门及便利店应加强商品动销率监控和分析，对连续三个月动销率较低的滞销商品及时淘汰，并调整目录。并根据实际情况及时采取促销、调拨、退换货等方式消化库存，提高商品库存周转率。

6.2.1.4　非油品采购成本管理措施

商品采购成本是企业成本控制中的主体和核心，采购成本控制是企业成本控制中最有价值的部分，因此，控制采购成本是降低商品成本的主要渠道，也是其成本管理的核心内容。从商业角度来说，商业利润主要来源于“贱买贵卖”的流通差价，较低的购进价格对于企业利润具有决定性影响。要求采购全过程受控制，不应仅是控制采购人员的采购成本，而应控制的是整个采购管理体系的全部内容，实践证明，只有当采购整个过程得到有效控制，成本才会显著降低；而从全社会角度来看，只有如此才能真正达到节约社会资源的目的。因而降低采购成本是销售企业非油品部门的一项基本职责，下面介绍几种降低采购成本的具体措施方法。

1. 利用内部控制管理非油品采购成本

所谓内部控制是指企业为了保证业务活动的有效进行，保护资产的安全和完整，防止、发现、纠正错误与舞弊，保证会计资料的真实、合法、完整而制定和实施的政策与程序。建立健全内控制度管理体系不仅能提高企业经营管理水平和风险防范能力，更能规范企业采购行为，降低企业采购成本。

（1）采购审批内部控制。要保证采购业务按计划申报程序进行，由采购部门编制采购计划，提出具体的采购目录，经审核后报主管部门审批。

（2）签订采购合同内部控制。保证采购在授权下按合同进行，要求主管领导对采购人员进行授权委托，授权的内容一定是经过有关部门批准的内容；采购人员按计划签订合同，无权在授权之外签订合同和变更合同的内容，合同的副本应送会计和计划部门审核价格与留存。

（3）验收和入库内部控制。要保证采购数量、品种、质量符合合同的要求，做到准确、安全入库。

（4）采购资金支付结算内部控制。要保证货款支付正确、合法。

（5）核算内部控制。应通过采购部门和财会部门的日常核算保证采购业务资料准确、真实。

（6）内部稽核内部控制。应保证采购业务的记录正确，做到账账、账表、账实相符。

（7）内部审计。由内部审计人员抽查采购合同，审查合同是否经过授权、是否有效，同时审查在途存货，审核各部门核算是否正确，各部门反映的数据是否相符，有无违反规定程序和舞弊行为，还要对存货的内控措施进行评价。

（8）依据《关于印发〈中国石化效能监察规定〉的通知》（中国石化监〔2011〕418号）、《内部控制手册》（2011版）对非油品采购业务进行效能监察。

2. 在配送上下功夫降低采购成本

（1）充分利用企业内部的物流资源。要求以客户需求为中心，对供应链中的采购和分销等每一个环节进行分析，根据不间断、不迂回、不倒流、不等待的原则制定创造价值流的运输方案，实现物流的准时、准确、快速、高效、低耗，同时达到充分利用企业内部物流资源的目的。

（2）充分利用第三方物流。第三方物流企业作为专门从事物流工作的行家里手，有丰富的专业知识和经验，有利于提高企业的物流水平，加快企业产品的流转速度，提升产品服务形象。

（3）企业物流外包。可以减少物流设施投资费和物流人员管理费、减少流通环节、减少在产品质量和货款上的被欺诈行为；使企业专心致志地从事自己所熟悉的业务，将资源配置在核心事业上。

3. 通过付款条款的选择降低采购成本

在采购环节中，采购付款直接或间接地影响着企业的采购成本。如果选择的付款方式不当，则会导致公司资金运转不足、资金浪费、采购成本提高，从而出现采购成本、物流成本及期间费用增长等诸多问题。因此，为降低采购成本，增加收益，企业应严格控制采购付款的相关工作。

采购付款指采购过程中因采购商品而需支付给供应商的款项。采购付款控制是指采购人员对支付供应商款项的相关活动和内容的控制。其主要包括以下三个方面的控制：

（1）付款方式的控制：付款方式包括现金支付、票据支付等。

（2）支付方式控制：根据付款进度，不同公司可以选择不同的方式支付供应商款项，主要包括以下六种方式：预付部分货款、货到后一次性支付现金、货到后票据支付、货到后分期付款、货到后延期付款、以上方式的结合。

（3）供应商优惠政策选择控制：采购过程中，采购人员应结合企业的具体情况，分析供应商提出的优惠政策，选择对企业最合适的优惠方案，降低采购成本。

因此，尽量降低预付货款额度，有效控制库存商品周转天数，根据商品的实际需求情况进行合理资源的采购，合理的控制库存，以降低资金占用。如果企业资金充裕，或者银行利率较低，可采用现金交易或货到付款的方式，这样往往能带来较大的价格折扣，如果利率合适，企业可以采取承兑汇票的方式与供应商结算，以取得较低的资金成本，如果资金不充

裕，应尽可能以分期付款、延期付款的方式支付款项。也可选择固定的供应商，与其建立良好的合作关系，从而获得相对优惠的采购价格，在资金不足时，还可获得供应商提供的信用优惠。

4. **集中采购法**

“涨”声一片之中，考虑如何控制采购成本，很容易想到的解决之道是采取集中采购。集中采购是指销售企业非油品部门将各门店需求集中起来，以较大的采购筹码得到较好的价格折扣。非油品商品采购以省级公司统采为主，地市公司采购地产地销商品为补充，各企业要优化商品结构，发挥规模优势作用，扩大从厂家直接进货量，提高统采比例，向供应商要效益。也可以运用其他类似的方法降低采购成本，如联合采购、长期合约、总体采购合约等。

6.2.2　非油品存货成本管理

非油品存货也是企业的一项重要资产，在流动资产甚至总资产中占有很大的比重，在保证正常经营的情况下合理控制并减少非油品存货，可以有效减少资金占用和降低经营风险，改善企业的财务状况和提高抵抗风险的能力。

6.2.2.1　存货成本的构成

非油品存货资金主要占用在采购、储存和销售三大环节上，存货的成本主要包括存货的获得成本、持有成本、不动销商品成本和缺货成本。

存货获得成本是采购环节企业为了取得存货而承担的费用，包括存货本身的价值以及运输费用、进货损耗和其他订货成本。采购环节是存货成本的基础形成阶段。以合理的价格、数量采购到适销对路的商品是采购环节存货成本控制的目标。

存货持有成本是储存环节为保有和管理库存而需承担的费用开支。对非油品销售而言，持有成本主要包括存储成本、机会成本及风险成本。其中存储成本主要包括存货占用资金占用成本、中央仓及便利店库房存储设施设备投资的摊销，水、电等日常操作支出，人工成本及其他费用。机会成本是指库存所占用资金有可能带来的收益，原因是持有一定的库存会丧失所占用流动资金所能带来的投资收益或是增加借款从而增加利息支出。风险成本是从风险角度出发产生的费用，包括安保基金等保险费用以及存货在存放的过程中产生的定额损耗、超定额损耗等损失。

不动销商品成本是销售环节在一段时间内没有任何销售量的商品成本，主要包括库存商品占用的资金成本、机会成本及风险成本。

库存缺货成本是销售环节由于库存供应中断造成的损失。包括销售机会的丧失、延迟发货造成的损失以及紧急采购、增加存货调配而增加的支出。

6.2.2.2　存货成本管理的目标及主要内容

1. **存货成本管理的目标**

存货成本管理的目标是通过实施正确的非油品存货管理方法及措施，在充分发挥存货作用的前提下，合理降低企业的非油品资金占用水平，提高非油品存货周转率，以最低的存货成本保障企业非油品正常经营，最终提高企业的经济效益。

2. **存货成本管理内容**

存货成本管理体系是企业全面成本管理体系中的重要组成部分，建立全面的存货成本管理体系，是控制存货成本，实现降本增效的根本手段。存货成本控制内容包括：

（1）建立存货成本责任体系。

完善存货成本控制，有效进行责任控制，必须将成本管理责任落实到位，将企业逐级划分为多个责任主体，使每级责任主体明确成本控制，使每个商品业务的经办人员、保管人员、销售人员明确岗位职责。非油品存货成本管理的责任体系是主要包括以下内容：

一是建立成本责任中心。企业应根据自身组织特点，按照分工明确，权责分清，业绩易辨的原则，合理地划分内部责任中心，以非油品中心、中央仓、便利店等为责任中心作为责任成本的核算对象，责任中心的责任承担者是该责任中心的负责人。

二是编制责任成本预算。下达各责任中心的责任成本预算，是企业全面预算在各个责任中心的合理分解、落实和细化。作为企业业绩考核的标准，责任预算应当具有可控性、可计量性。企业所编制的责任预算应既先进又可行，既全面又有重点，使之真正成为责任中心的奋斗目标和完成企业全面预算的基础。在编制责任预算的方法上，企业要根据各个责任中心的具体性质和特点，灵活采取各种预算编制方法。全面的成本预算是企业控制库存成本的起点和基础。

三是进行责任成本控制。企业各责任中心应实行自上而下的控制，上级责任中心对所属下一级责任中心进行全面控制。各责任中心应加强自我控制，应根据各个责任中心的特定经营活动特点、行为和性质，采取与之相适应的控制方法，使控制行为成为各级自觉行为。要对照预算，对超出预算的成本进行逐项检查，消除异常因素，改进业务流程，降低成本产生，尤其是非油品存货管理过程的损耗，一定要区别订货、收货、销售、退货环节查明原因，属于责任人的要追究赔付，无法明确责任人的超耗应列支企业成本。

四是建立健全责任成本核算制度。企业必须建立一套完整的记录和核算有关责任预算执行情况的责任会计信息系统，以便及时报告责任中心执行责任预算的情况，并针对实际与预算的差异进行反馈控制。要正确运用成本计算方法，严格执行企业规定的成本范围和费用开支标准，正确划分成本的界限，减少人为因素对企业库存成本和费用的影响，加强对成本的审核和控制，以保证成本信息的真实性和可靠性。

五是进行成本分析和责任考核。成本分析是成本管理的重要组成部分，它是利用成本核算资料及其他有关资料，全面分析成本水平及其构成的变动情况，研究影响成本升降的各个因素及其变动的原因，寻找降低成本的规律和潜力。企业应根据责任中心的成本目标分析报告，找出与其对应的责任预算差异，并调查分析发生差异的原因，以辨明责任，做到奖惩分明。通过对各个责任中心的考核，可以总结经验，揭示存在的问题，并为下一期预算提供可靠的资料。同时，企业应制定一套完整、合理和有效的责任奖惩制度，以适应责任考核的要求，并有助于实现责任中心责、权、利的统一。

（2）合理安排非油品存货结构，逐步建立非油品存货成本作业标准。

存货结构的测算分析必须严格执行 ABC 分析法，要抓主要矛盾，重点监控 A 类商品，同时兼顾 B 类和 C 类商品。在实际工作中，根据不动销商品目录清单和 POS 日报表进行分析并制定详细的 ABC 商品盘存表，具体原则要强调商品“精细化”管理，支持按单品和类别相结合的商品管理模式。

对非油品库存结构进行分析还应考虑季节性因素，大多数商品销售都存在着一定的季节性，有销售旺季和淡季之分。这就要求企业把握商品的特点，合理布局，确保在某些商品销售旺季到来之时有充足的货源可供销售。优化门店的商品结构，有助于提高总体销售额，它

是一项长期的管理工作，应边总结边提高，这样才能在非油品快速发展中逐步摸清规律，建立非油品存货成本作业标准。

6.2.2.3 存货成本管理措施

1. 采购环节成本管理

(1) 采购环节存货管理的根本任务就是适当控制采购资金水平，在保证销售和耗用正常的情况下，尽可能地节约采购资金，降低存货成本。在日常管理中，一方面结合历史数据，就采购的批次、批量应建立系统的存货补给策略和经济订货批量模型。另一方面要充分利用收银结算系统的原始数据，做好供应阶段的ABC分类和供应商级别管理。

(2) 建立健全企业采购体系，加强采购管理。实行必要的招投标采购，公开透明；选择好供应商，实现供应渠道的稳定和低成本；通过与供应商签订所需物料协议，得到缩短提前期、减少库存积压占用资本。

2. 存储环节成本管理

存储环节需要考虑以下几个方面。第一，储存空间成本。储存空间成本包括把商品运进和运出仓库所发生的搬运成本以及租金、取暖和照明等仓库成本。这些费用根据具体情况不同变化很大，储存空间成本随库存水平的变化而变化，因此公司在估算空间成本的时候，不仅要计算固定成本，还包括变动成本。第二，库存服务成本，包括保险和税收带来的成本以及库存管理人工费用。第三，库存风险成本，它反映了存货的现金价值下降的可能性，这种可能性远远超出公司的控制范围。因此需要采取以下措施：在存储保管环节可采用ABC管理法，实施有重点的存货管理，降低保管成本；存货优化，以最少的资金占用和最低的成本耗费控制存货数量，以满足销售的合理需要；控制存货水平，要平衡存货采购与销售的数量与时间，平衡批量采购成本与存储成本，以形成最低存货成本。

3. 物流环节成本管理

物流资源是指有利于加强存货管理的所有资源。包括仓储资源、人力资源、信息资源、管理资源、动力资源等。物流资源的利用情况，直接影响着存货的经济采购量、仓储量和存货的仓储成本。通过强化物流配送功能，尽可能推动配送支撑的前进提升，朝着“快进快出”的物流进销目标努力，真正实现“零库存”的进销运作。

(1) 充分利用企业内部的物流资源。要求以客户需求为中心，从客户的立场来确定什么创造价值；对供应链中的采购和分销等每一个环节进行分析，根据不间断、不迂回、不倒流和不等待的原则制定创造价值流的商品调配方案。及时创造仅由客户驱动的价值，一旦发现有造成浪费的环节就及时消除，实现物流的准时、准确、快速、高效、低耗，同时达到充分利用企业内部物流资源的目的。

(2) 充分利用第三方物流。第三方物流企业作为专门从事物流工作的行家里手，有丰富的专业知识和经验，有利于提高企业的物流水平，加快企业商品的流转速度，提升商品服务形象。在最大程度上降低企业的仓储费用和运输费用，减少推销和采购差旅费用，形成企业成本的节约，提高商品的竞争力。

(3) 企业物流外包。可以减少物流设施投资费和物流人员管理费、减少流通环节、减少在商品质量和货款上的风险行为；使企业致力于自己专业业务，将资源配置在核心事业上。

4. 销售环节成本管理

在商品的销售阶段，一是采用先进先出法销售商品，保证每种商品的储存期不至于过长，避免造成采购成本及储存成本的浪费。二是强化特殊商品管理，加强商品动销率监控。制定临期（滞销）商品管理办法，非油品主管部门应加强对商品动销率的监控和分析，对连续三个月动销率较低的滞销商品及时淘汰，并调整目录。同时加强临期商品的监控和管理，及时采取促销、调拨、退换货等方式消化库存，通过专人分析、调度，将临期商品的损失降至最低。三是应建立以目标客户分析为核心的市场细分体系，抓住客户消费特点，提高商品周转速度，及时回笼货款资金。四是制定货款回笼时间规定及资金核算制度，尽量节约资金成本。五是搞好售后服务，重视商业信誉的培育，为提高销量加速周转奠定基础。

5. 建立以存货周转率为核心的存货成本指标体系

存货周转率是衡量和评价企业购入存货和销售收回货款等环节管理状况的综合性指标，销售企业作为商品流通企业，存货所占比重较大，存货的流动性直接影响企业的流动比率，存货周转率是反映企业存货流动性的关键性指标，又叫存货周转次数。

$$存货周转率 = 销货成本 \div 平均存货余额 \times 100\%$$

$$存货周转天数 = 360 \div 存货周转率$$

提高商品周转水平是一个系统工程，核心是两个内容。一是有效的商品评价体系，如进行 ABC 分析，对部分商品进行淘汰或更换，剔除滞销品；采用商品贡献率比较法（商品贡献率 = 周转率 × 毛利率）衡量商品的重要程度；通过品类管理技术的应用来改善商品结构，加强库存管理等。二是提高供应链的速度，包括建立完善信息管理系统，提高效率；努力实现快速反馈，加快衔接速度；加强物流配送能力，提高周转效率。周转加快直接关系到资金的使用效率的提高，同时可有效减少库存，降低费用。

存货周转率指标的好坏反映企业存货管理水平的高低，它不但影响到企业的短期偿债能力，也反应了库存占用企业流动资金的多少，及存货的持有成本。

其他主要指标：

（1）销售毛利率：是指一定期间实现的商品毛利与销售收入的百分比，其中毛利是收入和与收入相对应的营业成本之间的差额。

$$毛利率 = 毛利/营业收入 \times 100\% = （营业收入 - 营业成本） \div 营业收入 \times 100\%$$

要加强销售毛利率在经营效果指标体系中的作用，通过销售毛利率控制进货成本，合理制定进销差价。

（2）采购付款期限：企业采购存货，支付采购资金越晚，采购资金成本越低。在采购期限大于存货周转天数时，企业实际上的采购占用资金成本为零。

（3）运费、吨公里运费：运费是企业在采购、调运、销售过程中必不可少的支出，在企业的库存成本中占用很高的比重。吨公里运费是指每吨商品运输 1 公里所支付的运费。降低运费的主要措施有改变运输方式、合理调度、劳务外包等。

（4）商品损耗：减少商品损耗的主要措施有科学管理、全面盘点。财务部门要介入商品盘点，每月组织一次全面盘点，包括初盘、复盘及盘点后的综合分析，防止企业损失。

$$便利店损耗率 = \frac{\sum（损耗数量 \times 该商品不含税库存结存单价）}{当期便利店不含税销售收入}$$

（5）不动销率：是指一个月内不动销商品占整个经营商品的比例。

商品不动销率＝不动销品种数 ÷ 门店经营总品种数×100%

不动销品种数：门店中所有商品种类中没有销售的商品种类总数。这个比率是评价门店各种类商品销售情况的指标。不动销率高说明有一部分比例的商品在一个月内没有销售，相应不动销成本必然就高，造成商品空间的浪费及资源的浪费，因此不动销率分析也是控制非油品存货成本的一种方法。

6.2.2.4　存货成本管理的考核

1. 完善以财务为核心的库存成本考核机制

财务人员负责组织建立库存成本管理体系，及时反馈成本信息，定期进行成本分析，有效控制成本。要做好库存成本管理的过程控制，包括对成本进行事先的预测、事中的控制和事后的分析工作。财务人员要完成指标的分解、预算的制定；对经营过程中发生的各种库存成本进行审批和控制，督促相关部门人员完成对库存成本的控制；在月末、季末或年末对当期的成本情况进行分析，发现其中的问题，以指导下一期间做出更合理的预算，进一步降本增效。

财务人员要深入各个部门，了解库存成本发生的每一个环节，指导相关部门或单位的预算编制、过程控制和事后分析。完善定期考核制度，库存成本考核与工资资金挂钩，做到月月考核，时时考核。使每位员工在责任成本发生时即受到成本考核的约束。

2. 完善库存成本考核体系

成本的控制离不开健全的成本考核制度，建立健全成本考核制度是企业降低成本的有效保障。建立销售企业非油品库存成本考核体系，主要包括以下内容：

（1）考核组织系统。设立考核机构，负责成本考核的各项工作，建立存货成本控制系统，按照责任中心规范核算存货。各责任中心必须明确应该完成的存货成本目标、所负的责任和控制的范围。

（2）考核目标的制定。首先，由企业的财务部门根据存货总体目标测算应当完成的目标成本。并将目标成本分别划分到各责任中心。其次，由考核部门会同相关职能部门提出明确的考核办法，明确各责任中心的任务，做到每个目标都要有明确的责任中心和责任人。

（3）考核目标的分解落实。责任成本的分解是一个自上而下、自下而上及各部门之间反复协调的过程，使考核目标更加客观。设立的目标成本在反复调研完善后，就可将其自上而下逐级分解，落实到有关的责任中心。

（4）组织核算编制业绩报告。责任成本的核算是通过企业的财务系统来完成的，核算系统要做到结果真实可靠、反映及时、便于分析。业绩报告的主要内容应当包括以下几个方面：实际成本的资料，反映“完成了多少”；控制目标的资料，反映“应该完成多少”。

（5）差异分析。差异分析可以根据责任会计系统提供的核算资料来进行，在分析时应当注意价差和量差的区别，将重大的差异做出详尽的分析，以此作为例外进行管理。差异的产生有执行人的原因，也有目标制定不合理的原因，还有可能是实际成本核算的问题。各责任中心应当定期或不定期召开成本分析会议，分析差异产生的真正原因，明确责任，找出解决问题的方法，充分挖掘降低成本的潜力。只有通过调查研究，才能找出具体原因，并有针对性地采取行动。

（6）奖惩、纠偏。得到考核结果不表示考核任务已经完成，还需要通过奖惩的手段达到纠正偏差的目的。实施奖惩是考核制度有效实施的重要手段。

成本指标具有很强的综合性，无论哪一环节或哪一部门工作出了差错都会引起成本失控，因此，纠正偏差的措施必须与其他管理职能结合在一起才能发挥作用，包括经管、人事等。由于管理过程的复杂性和人们认识上的局限性，纠正行动不一定都能达到预期的效果，有的会出现新的偏差，这要求我们不断采取行动进行纠偏，达到成本降低的最终目标。

3. **主要指标的考核**

（1）存货周转率。责任目标：提高存货周转率，减少存货占用流动资金，减少资金成本。考核方法：根据历史优秀水平、其他单位优秀水平和市场状况，制定最低和最高库存。

（2）商品毛利率。责任目标：通过商品销售毛利率控制进货成本，合理制定进销差价。考核方法：制定品类商品毛利率水平，通过考核奖惩督促完成该指标任务。

（3）商品损耗。责任目标：减少商品损耗，减少库存损耗成本。考核方法：根据非油品经营特点，制定盘点损耗管理办法，实行责任赔付等制度。

（4）运费。责任目标：优化运输方式、减少重复调运，降低运费成本。考核方法：根据采购、二次物流的特点，针对区域特征，制订合理的运输方案，制订运输成本预算，并据此对相关责任部门进行考核。

（5）不动销率。责任目标：加强库存管理、减少不动销商品种类，降低不动销成本。考核方法：制定临期（滞销）商品管理办法，加强对商品动销率的监控和分析，并据此对相关责任部门进行考核。

6.3 销售物流成本管理

从成品油市场的特征来看：一方面成品油市场经过多年的发展已经是一个成熟的市场；另一方面，成品油是一种“同质的商品”，同型号的成品油，质量是一样的，难于使产品差异化，产品同质化程度高；加上成品油是一种消费品，消费者对价格较为敏感，价格是吸引消费者的主要手段之一，而低价格又必须有低成本的支持。因此，国内成品油销售企业要在将来的竞争中保持竞争优势就必须应用低成本的竞争策略，不断地降低成本来提高竞争优势，其中一项重要途径就是优化物流流向，降低流通费用，达到降低成本的目的。

6.3.1 物流成本管理的特点及重要性

物流成本是指伴随着企业的物流活动而发生的各种费用，是物流活动中所消耗的物化劳动和活劳动的货币表现。物流成本管理就是指在进行物流成本核算的基础上，运用专业的预测、计划、核算、分析和考核等经济管理方法来进行物流成本的管理，具体包括物流成本预算、物流成本性态分析以及物流责任成本管理、物流成本效益分析等。

销售企业物流是由储存、运输、配送三大主要功能和包装、装卸搬运、流通加工和信息处理四个辅助功能构成的。由于成品油本身的特殊性，就人们熟知的汽油和柴油来说，其物流过程中基本上不存在包装、搬运、流通加工等，所以，成品油物流过程如下：

炼油厂→运输→接卸→储存→配送→加油站

这个过程表示了成品油生产、销售的物流全过程，其中物流发挥着企业经营活动中最重要的两大机能——调整功能和经营指导功能。一方面，物流起到了生产、销售、库存之间的

调整作用，产销在时间、空间上的矛盾都可以通过物流来解决，同时又反过来引导产销的协调。另一方面，由于物流反映了成品油从炼油厂到消费者的运动过程，所以，油品的运动、销售状况，如生产、发货、在途、库存、销售、市场状况等信息要素，都是生产、经营决策的重要依据，需要即时把握。所以，物流的活动和管理直接影响着企业生产、经营决策的准确性，也影响着企业的经济效益。

6.3.1.1 物流成本管理的特点

由于成品油本身的特殊性，就人们熟知的汽油和柴油来说，成品油物流具有如下特点：

1. 成品油物流量大，并呈稳步增长趋势

石油是一种十分重要的战略性资源，而且是一次性、不可再生的。它在各国经济发展中占有十分重要的地位，全世界每年大约要消耗35亿吨石油和23亿吨当量的天然气。我国的石油消费量仅次于美国，成为世界石油第二大消费国，随着经济增长和人民生活水平的不断提高，未来我国能源需求总量将稳定上升，而随着工业化和城镇化进程的加快，交通运输、铁路、民航、石化工业等行业的快速发展以及我国汽车时代的逐步到来，我国对石油的需求将呈强劲增长态势。

2. 成品油物流过程中的损耗，并造成环境污染

石油主要由碳、氢、硫、氧、氯五种元素组成，此外还有微量的金属元素。从石油的元素构成看，碳和氢是石油的主要组成部分，因而石油中的化合物主要也是碳和氢组成的碳氢化合物，俗称烃类。这种化学组成决定了石油及成品油具有易燃、易爆、易蒸发、易产生静电、有一定毒性等特性，由于成品油具有上述特性，物流过程中需要特殊的装载容器，并且在物流过程中会不可避免的发生损耗。

3. 成品油物流有多种运输方式，其中管道运输最经济

根据运输设备和运输工具的不同来分类，运输方式主要有：公路运输、铁路运输、水运、航空运输和管道运输等。而在这多种运输方式中，管道运输最为经济。

4. 成品油物流运载工具具有专用性，返程或起程空驶

由于成品油自身的特殊性，它的运输需要专门特殊的装载容器，如铁路油槽车、汽车罐车、油船等，这种容器一般只能装载成品油等特殊商品，不能象社会其他运载工具可以双向载货运输，造成返程或起程空驶。这样，当用铁路槽车、汽车罐车、油船等装载成品时，无法避免会造成一定的动力浪费。

5. 成品油物流有特殊的安全要求

成品油按危险性划分属于化学品中的第三类易燃液体类，具有易燃、易爆、有一定毒性等危险特性。在运输、储存过程中，若处理不当，极易造成事故，轻则影响生产，造成经济损失，重则造成人员伤亡，严重污染环境。

安全储存是成品油物流过程中的另一个重要环节，必须使用符合安全要求的运载工具。为保证成品油质量安全，汽油、柴油的运输要求专车专用，这在一定程度上造成动力失衡和动力结构的不合理。

6.3.1.2 物流成本管理的重要性

物流成本管理在物流管理中占有重要的位置，“物流是经济的黑暗大陆”“物流是第三利润源”以及“物流成本冰山说”等观点都说明了物流成本问题是物流管理中人们关心的主要问题。所谓“物流是第三利润源”，是指通过物流合理化，降低物流成本，成为继降低劳动力资源和物质资源消耗之后企业获取利润的第三种途径。正是由于在物流领域存在着广阔的降低成本的空间，物流问题才引起企业经营管理者的重视，企业物流管理可以说是从对物流成本的关心开始的。

物流成本管理是物流管理的重要内容，降低物流成本与提高物流服务水平构成企业物流管理最基本的课题。物流成本管理的意义在于，通过对物流成本的有效把握，科学、合理地组织物流活动，加强对物流活动过程中费用支出的有效控制，降低物流活动中的物化劳动和活劳动的消耗，从而达到降低物流总成本，提高企业和社会经济效益的目的。

1. **节约成本，提高企业利润**

随着社会经济发展和管理水平的提高，产品和服务的市场竞争愈加激烈。企业在生产和销售领域内降低成本的空间越来越小，而在运输、仓储和配送等物流环节上能够节省的成本相比之下显得越来越可观。通过优化物流管理，减省物流活动的费用，从而实现降低企业的成本，为企业提供大量直接和间接的利润的作用。

2. **提升客户服务水平**

90 年代后，经济社会向国际化，信息化、多元化发展，企业的营销理念已经从生产型发展为现在的市场营销理念，企业经营战略转变为满足客户服务需要，进而追求顾客服务的差别化，实现与对手的竞争。通过优化物流管理，研究不同因素对客户服务水平的影响程度及成本支出，系统组合在不同因素上的投入，从而可以在合适的成本下实现客户服务水平的提高。

3. **增强企业核心竞争力**

核心竞争力就是一种特殊能力，独特专长，一种可以在同行竞争中明显优势。物流管理以企业整体最优为目的，着眼于整个流通渠道的商品运动，实现较低成本与较高质量的差别化服务，满足顾客的需求。物流系统已经成为能够保证企业在激烈市场竞争中生存和发展的核心竞争能力的一个重要组成部分。

6.3.2 物流成本的构成

从物流成本构成看，大区、省市公司物流成本包括两大部分一是一次物流费用，是商品进货资源一次配送省市公司发生的运杂费用，包括铁路、水路、公路、炼厂管输发生的运杂费、大区（省市）管输成本费用（包括管道运输发生的所有费用，如人工、折旧、日常操作等等）。二是二次物流费用，是商品一次配送入库后省市公司发生的内部移库支出以及最终到终端客户等销售过程中发生的二次运杂费用。

6.3.3 物流成本管理措施

目前，各大区销售公司实行一级配送和省级公司进行公路二级配送。从物流角度来说，一次配送指的是油品从各大炼油厂到各辖区的省级或直辖市油库的流动，二次配送指的是油品从省级（直辖市）石油公司油库经过市级石油公司直至加油站，最终被消费者消费的过程。成品油物流过程如图 6－2 所示。

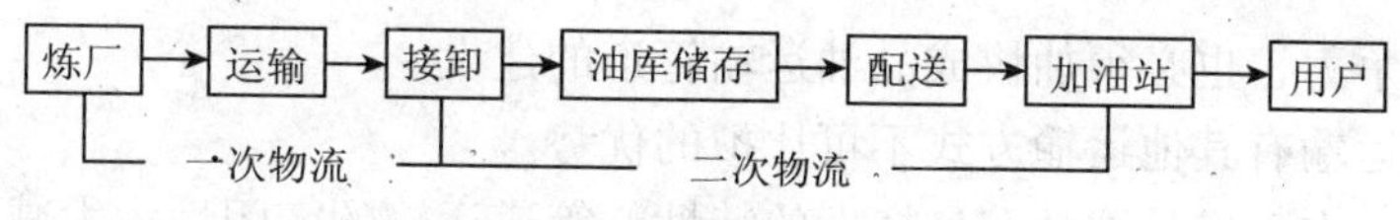

图6-2 成品油物流供应链

6.3.3.1 一次物流运输成本控制

1. 资源的统筹优化

我国成品油市场环境比较复杂，资源结构多样化，有配置资源、外采资源、串换资源等，尤其近年来，成品油市场出现短期的资源紧缺，因此如何做好成品油资源的统筹工作是保证市场供应、实现物流优化、促进企业效益最大化的重点。

外采资源对于销售企业来讲不仅仅是石化资源的补充，也是资源平衡、市场调控的重要手段，发挥好外采资源的作用不仅可以保证市场供应，也可以创造更大的利润空间。所以，在处理石化资源和外采资源的关系上，要在总部的统一部署下采取稳妥并重的原则统筹安排。在进行资源优化时通盘考虑外采资源品种及数量需求，根据石化资源品种、数量、流向及运输方式的不同，统筹安排各油库的进货计划，实现石化资源和外采资源在品种、数量、时间和空间节点上的相互补充。利用石化资源和外采资源品质上的差异，实现对高端市场和低端市场的有效控制和维护，提高市场占有率，达到市场保供和增量增效的双重目的。以某省成品油市场为例，地炼资源是外采资源的主要组成部分，其加工量逐年增加，在目前的市场和资源情况下，××石油公司扮演着地炼企业的竞争对手和合作伙伴的双重角色，通过两种角色的合理运用，坚持“于控制寓服务之中”的理念，促使地炼资源有序流动，最大限度地降低其对市场秩序的冲击。

串换资源也是销售企业成品油资源的重要补充，中石化和中石油、中海油的关系既有合作又有竞争，在不同的地区应该根据资源品种、流向及运输方式的不同积极开展与中石油、中海油的资源串换工作，主要目的是在解决紧急状态下市场保供的需要、保证局部市场的供应、促进联手推价、保价的同时，达到缓解运输压力、化解运输瓶颈、提高运输效率、降低运费的目的。

2. 运输方式的统筹优化

成品油入库运输方式包括了铁路、公路、水路、管道运输，在物流运作优化中，关键在于成品油物流配送运输结构的优化，就是上述四种方式所承载的运量在配送总量中的数量、费用和时间的结构优化，要考虑比较各种运输方式的适宜性、协调性和成本效益比，以实现物流配送空间效用、成本效用和时间效用。

首先，充分发挥管道管输成本低、批量大、效率高的优势，通过合理加大二次配送范围来提升管输库辐射半径，努力提升管道下载量；二是对沿海油库的外采资源以船运为主，充分发挥海上船运方式大批量、少批次购进外采资源；三是对于内陆的油库，配置资源以铁路运输为主，而自采地炼油品则以汽运方式为主，通过积极统筹安排各进货方式及资源摆布，合理调配，节能降费。

3. 充分发挥管输优势

管道输送成品油由于具有运量大、运输成本低、易于管理等特点已经被世界各国广泛接受，并大量应用于内陆地区的成品油运输。中国也不例外，如果想进一步提高成品油运输效率和企业综合竞争力，也必须加快成品油运输管道的建设。

成品油管道运输有其他运输方式不可比拟的优势。

运输损耗低：由于成品油具有易挥发的特性，管道运输的密闭性大大减少了其他陆上运输方式（装车、卸车等）过程中的蒸发损耗。

运输成本低：由于管道运输环节少、能耗低、节约人力，因此运输成本很低。

作业环节少：由于作业环节少，安全性和运输效率高。

不受环境、气候、道路等外在因素影响。

运输过程中影响油品质量因素少。

作为一种先进的运输方式，具有铁路、公路等其他运输方式无法比拟的优势，其运输安全、均衡、通畅、快捷、损耗低。随着科学技术的发展，运行管理的自动化，管道运输将会发挥愈来愈大的作用。尤其我国西部石油资源丰富，但东部石油消费量大，铁路运力又十分紧张，大力发展管道运输是最好的办法。

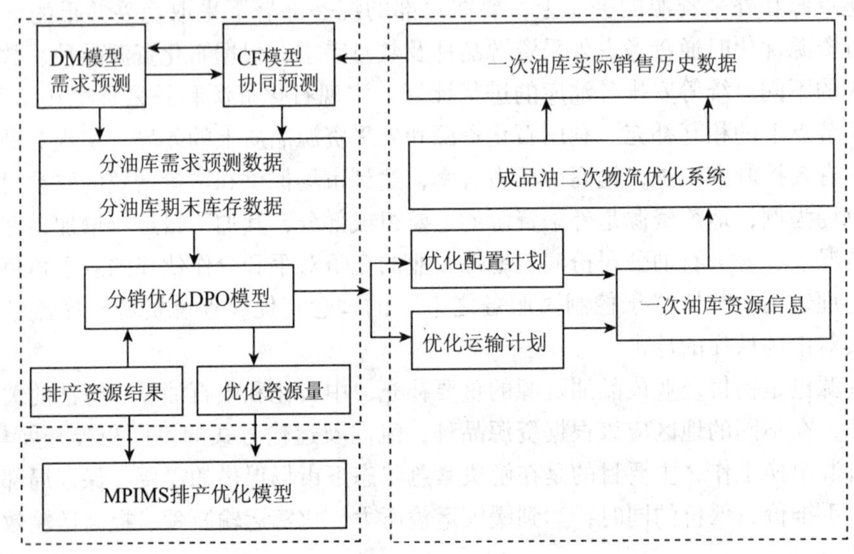

图 6-3　中国石化一次物流系统运行流程

6.3.3.2　二次物流运输成本控制

近年，中国石化在扩大市场占有率、技术创新和节能降耗等方面做了大量的工作，特别是成品油销售企业，大力减人增效和加快信息化改革，减少和关闭低效油库和加油站，积极扩大加油站零售市场，提倡和稳步推进节能降耗；实现了外部开拓、内部精简，由下而上的一条稳步高效的改革之路，从而不断提升自身的竞争力。中国石化实行“四统一”购销政策，即：资源统一配置、运输统一组织、价格统一制定、货款统一结算，由各销售企业自采制转变为各大区销售公司实行铁路一级配送和公路二级配送等，意识到油品配送必须走专业化道路，通过努力，物流运行成效显著，物流运成本大幅下降，物流运行效率迅速提高。

根据中石化物流体制改革的总体要求，省级石油公司在本部设立物流中心，将油库和调运部门的职能、人员和设备设施一并上收，由省公司统一集中管理；在市公司层面成立配送中心，直接隶属物流中心，负责对油库和调运配送的管理；对运输管理体制进行社会化的改革，把油品配送业务交由社会承运商来完成。

这样通过彻底压扁中间层次，在省级公司这个层次上建立起一个垂直、专业、高效而有权威的物流组织系统，能够控制物流状态和运作情况，实现从设备设施、库存、运输的物流一体化专业管理。

由图6-4可以看出，加油站销售管理是省公司到市公司再到加油站，物流管理是省物流中心直接到加油站，这是两个不同的体系，各自独立运行，彼此没有隶属关系。在物流管理系统内，加油站每天将油品收、付、存数据通过信息系统给物流中心，物流中心调度部根据加油站库存信息利用Retail进行优化，生成配送计划，下达给配送中心（油库），由配送中心调运部门对配送计划进行修正后，打印派车计划给运输公司，运输公司根据派车计划将油品配送至加油站。

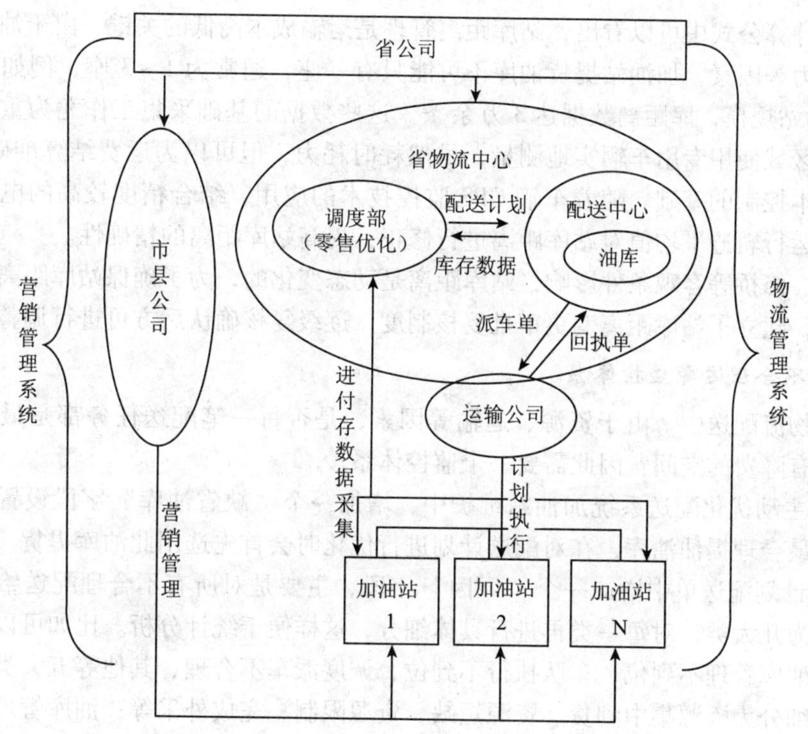

图6-4 省石油公司二次物流优化流程

在物流成本中，运输成本占的比例较大，因此运输成本的高低直接影响整个物流成本，运输成本的控制至关重要。

目前石化销售企业二次物流配送基本为第三方物流，各地执行统一的运费标准，运费计算公式为：

运费=运量×运距×运费标准

其中运量是加油站经营的需求量，是市场决定的，所以只有运距是变动的，也是在日常管理中，可以进行控制来降低运输成本的唯一环节。

1. **确定合理配送模型**

二次物流链条中，油库与加油站位于两端，它们之间通过配送车辆实现了点对点的连接。油库和加油站之间的运输距离越短，运输成本将越低。在旧的资源配送管理模式下，由于油库是按照行政区域的划分范围，分别隶属于不同的地市公司，于是加油站的资源配送不是按照就近的原则进行的，而是必须在所属辖区范围内的油库进行提油，这样无疑加大了运输距离，增加了运输成本，同时也造成加油站资源配送周期长，极易出现库存短缺脱销，并增加了油库库存管理难度，从而影响了企业的效益。

为此，实行物流中心直接管理之后，按照运距最短、运费最省、流向最优的原则，彻底打破行政区域，以油库为中心对每座加油站都明确了最佳配送油库及最佳配送路径，物流中心根据油库、加油站库存和销量情况，通过对全省资源的统一调度，来主动补充加油站的油品资源，把“被动配送”模式转变为“主动配送”模式，这样一方面优化了加油站的库存，另一方面也使油库库存得到了优化，并实现了有限资源的效益最大化。

2. 站库距离管理

从运费计算公式中可以看出，站库距离管理是运输成本高低的关键，由于油库的储存品种和发货能力等因素，加油站提货油库不可能只有一座，通常为1～3座，例如××石油公司2500加油站规模，库距离数据达3万余条。这些数据的基础采集工作尤为重要，目前采集方法是分区域使用专用车辆实地测量，虽然耗时耗力，但可以为运费结算准确提供支持，也是运输成本控制的基础。随着车辆GPS监控技术的应用，结合精度较高的电子地图，可以使用车辆运行轨迹平均值对站库距离进行修正，提高站库距离的精确性。

受修路、修桥等客观条件影响，站库距离是动态变化的，为了确保站库距离调整的精确性、严肃性，建立了站库距离变更审批复核制度，逐级复核确认后方可进行调整。

3. 建立不合理运费监控体系

在二次物流配送中，由于资源、运输等因素，是否每一笔配送任务都是最合理最经济的？是否还有降费的空间？因此需要一个监控体系。

（1）在主动优化配送系统加油站维护中，增加一个“缺省油库”字段设置，即对每个加油站设置最合理提油油库，在对配送计划进行优化时会首先选用此油库提货。

（2）在计划配送单中增加一个“原因”字段，主要是对所有不合理配送给出明确的原因，原因分为几大类，对每一类再进行具体细分，这样便于统计分析。比如可以分为一次物流不到位，油库管理不到位、车队执行不到位、调度派车不合理、其他等五大类；一次物流不到位又可细分为资源集中到货、资源短缺、资源限制、完成外采等；油库管理不到位类可分为油库发货系统故障、停电、卸油等；每一类原因要留出冗余，可以在日常调度中逐步完善。

（3）建立运费分析报表（如表6－1）。在月末，要统计运量、运费、吨油运费、不合理资源流动等情况，找出运费增长和降低的原因，为后续运输成本控制提供依据。

表6－1　××石油公司二次物流运费分析样表

项目	地区1	地区2	地区3	地区4
运量（吨）	45594	16746	18895	16175
运费（元）	1788590	638379	492134	758959
吨油运费（元）	39.23	38.12	26.05	46.92
上月吨油运费（元）	37.03	36.17	25.78	45.02
上线车辆数（台）	39	19	15	21
总趟次	3125	1341	1479	1078

续表

项目	地区1	地区2	地区3	地区4
车辆使用效率（趟/天）	2.67	2.35	3.29	1.71
重车行使里程（吨公里/月）	2842979	983358	633506	1260089
车均载重里程（吨公里/月）	72897	51756	42234	60004
车均营业收入（元/月）	45861	33599	32809	36141
理想运费（元）	1752859	607740	479524	754023
不合理资源流动增加运费（元）	35730	30639	12610	4935
理想吨油运费（元/吨）	38.44	36.29	25.38	46.62

4. 油库优化布局

对成品油物流供应链起到承上启下作用的物流构件是以油库为中心的成品油储运设施，但储运设施已经成为成品油物流发展的瓶颈，一是成品油经营总量大幅增长和零售比重不断提高与仓储设施发展相对滞后不相适应，单库规模较小，贴近消费市场、进出便利的骨干油库库容不足。二是各地新建、扩建炼厂投用后，生产资源快速增长，而当地油库规模未有大的变化。三是部分油库设备老化，存在的安全隐患多，自动化水平低，监控手段落后。四是成品油型号增多，尤其是车用柴油和高品号的汽油进入市场，而仓储设施基本维持原状，油库的油罐库容结构满足不了生产企业。五是油库布局不尽合理，单库储存量小，库容结构不合理，出现了一些油库满负荷周转，另一些油库却闲置的现象，个别油库年周转次数很低。

因此油库布局优化是强化油库管理、实现油库库容资源合理配置、降低管理运营成本、提升管理效能的一项重要工作。低效油库的关闭对于加油站配送运费有一定的增加，但减少一种成本总是会使另一种或几种成本增加，将所有的成品油存货集中到更少的配送中心（油库），可以减少仓储成本，并提高库存周转率，但运输费用却增加。在物流系统的各组成部分之间保持成本平衡是关键，达到整体物流成本的降低才是最终目的。

5. 承运商管理

要实现降低运输成本的管理目标，就必须降低运输公司的运营成本，提升其盈利水平。承运商管理要坚持监督与引导，服务与服从的原则，按照成品油运输社会化服务、市场化运作、合同化管理的要求，引导运输公司转变经营观念，提升服务质量、增强竞争意识、提高管理效能、降低营运成本、提升盈利水平。

立足合同化管理。首先要制定内容完备、操作性强的《成品油公路运输合同》，做到同一标准、统一管理。根据运输公司所属油库的合理辐射半径中加油站年平均零售量、参与改制车辆年实际完成运输量等指标测算出各运输公司合理的合同运输量。“合同”严格界定了甲乙双方在计划执行、油品安全、数质量管理、运费复核和结算等各方面的责任，尤其对驾乘人员违规情况进行明确的阐述，对违约赔偿金额和方式进行严格规定，“合同”是承运商管理的基础。

制定具体的《成品油公路承运商管理考核办法》，明确对承运企业管理和服务的考核标准和考核办法。建立考核档案，考核结果与承运商的信誉度挂钩，承运企业信誉度作为运输业务招标时的参考指标。通过考核，促使承运商自觉加强管理，把“要我管”转变为“我要管”。在此基础上，可以向社会公布油罐车驾驶员偷盗油品行为举报电话，以及对举报人的奖励措施，通过发动社会力量参与监督，来有效打击运输公司驾乘人员的违规行为。

采用科技手段，提高配送车辆监控水平。配送车辆的监管是物流配送工作的重点，也是难点，因此采用科技手段，加强配送车辆的监管是必然趋势。目前，各销售企业对配送车辆安装了不同的监控系统，如××石油公司配送车辆安装的监控系统，是基于 GPS 的定位技术和服务器的数据处理能力，实现电子封签只有在油库、加油站特定位置才能进行施封和解封操作，所有施解封指令的下达全部由省公司服务器完成，除省公司指定的管理人员外，任何人都无法对封签状态转换进行控制。

油罐车监控系统的启用，大大提高了物流过程的油品数质量管理水平和车辆实时监控水平，物流配送各环节交接更加流畅，使配送车辆的管理水平上了一个新台阶。

6.3.4 物流成本管理的考核

6.3.4.1 物流成本考核指标

以总部下达的经营期间物流成本预算为基础，突出大区公司一次运杂费、省市公司二次运杂费考核，同时兼顾大区、省市经营管道管输成本的开支，建立考核、评比机制，以先进带后进，比差距、找不足，不断提升物流成本控制水平。

1. 吨油运杂费成本

预算期实际发生的运杂费成本÷预算期承担运杂费运量

2. 运杂费开支完成率

预算期实际发生的运杂费成本÷预算期运杂费计划指标

3. 管输计划完成率

实际管输量÷管道计划量

4. 实际电耗比率

管道实际单位电耗÷设计单位电耗

5. 成本费用增长率

当期（月/年）费用总额÷上期（月/年）同口径费用总额-1

6. 吨油管输成本费用

当期（月/年）管输成本费用总额÷当期（月/年）管输量

6.3.4.2 物流成本考核程序

1. 收集考核数据

责任中心上报物流成本控制情况，相关职能部门复核，公司管理层审定。

2. 计算考核分值

按照指标体系设定明细指标的考核分值和权重，同时剔除预算期内不可控增减因素，将各考核指标加权平均计算考核分值。

3. 业绩反馈

考核结果还将与责任中心进行反馈，肯定成绩，指出不足，并提出改进建议和要求，制订后期工作计划。

4. *考核兑现*

销售事业部按月度考核省市公司吨油运杂费预算完成情况，并按考核制度给予奖惩。制定考核制度，明确奖惩办法，对于未完成物流成本管理目标的责任部门，扣减考核分数。

6.4　商品流通费用管理

商品流通费用核算销售企业在经营管理活动中所发生的各种期间费用，包括“销售费用”、“管理费用”和“财务费用”。前面第三章已介绍了期间费用管理，作为销售企业，与炼化企业、油田企业区别最大的当属销售费用，本章节重点讲解销售企业销售费用管理。

6.4.1　油品销售费用概述

销售费用是成品油从油库发出到完成销售的全过程中，直接发生的相关费用支出。包括销货运杂费、广告费、业务宣传费、租赁费、经营资产折旧费、保管和销售环节的合理损耗，以及销售人员职工薪酬等；但销售费用中无相关项目的除外（如企业管理过程中发生的业务招待费、咨询审计费、诉讼费、环保支出、研究开发费、图书资料费、车辆费、信息系统运行维护费、四小税等费用项目列入管理费用）。其特点：一是量价关系明显，费用增减与销售量直接相关，属于变动成本费用范围；二是管理方式多样，销售费用的支付对象包括经营人员、供应商和销售客户，对不同管理对象应采取不同管理方式实施有效管理；三是边际效用突出，有效的销售费用支出能够有效提升销售收入实现能力，合理降低边际成本，提高收益曲线是销售费用控制的研究方向。

6.4.2　销售费用的构成

按成品油销售的各个业务环节，销售费用分为运输环节费用、存储环节费用、销售环节费用和营销环节费用四个方面构成，具体包括。

（1）运输环节费用主要指油品收储到指定油库之后再发生的油库到加油站、油库到油库、加油站到加油站的二次运输费用，以及销售给终端客户发生的配送运杂费用。一般分为铁路运杂费、水路运杂费、公路运杂费和销售环节管输费、装卸费及其他运杂费用。

（2）存储环节费用主要指成品油在油库、加油站存储、运输和销售期间，发生的合理损耗和经批准核销的非自然灾害、非责任事故所造成的损耗。包括油库储存损耗、销售运输损耗、油气站损耗、输油损耗。

（3）销售环节费用是在为实现成品油对外销售，而发生的与销售活动相关的各项操作性费用、资产性费用和销售人员的职工薪酬支出。主要包括水电费、修理费、经营通讯费、IC卡系统运行维护费、销售服务费、代理手续费、经营资产租赁费、折旧费和销售人员薪酬支出。

（4）营销环节费用是企业为营销和塑造企业形象，提高销售能力而发生的各种业务宣传费用和广告费用。主要包括业务宣传费和广告费。

6.4.3　销售费用管理的措施

企业根据内控管理原则完善费用日常控制管理，采用切实有效的方式、方法不断改进费用管理，提升费用管理水平。费用管理控制的方法有：

1. 核算控制的方法

成本核算既是对企业经营管理过程中发生成本的如实反映的过程，也是对各成本责任主体的各种费用实际支出的控制过程。它是成本管理的最基本环节。

（1）正确划分销售费用和管理费用。按照专业线条划分，除会计核算中心外的其他各专业中心、油库发生的费用应计入“销售费用”（销售费用未设相关科目的除外）。

（2）正确归集各专业中心费用，便于费用分环节核算。为便于分析和考核各责任中心的经营业绩，应根据费用受益对象，将可以直接认定的费用归集到“物流中心”“商业客户中心”（按照批发、直销环节分别认定；不能直接认定的，月末按本公司批发、直销的销售量比例进行分摊）、“零售中心”“润滑油中心”“燃料油中心”“其他石化产品”“非油品中心”下属的成本中心，区分成本中心准确核算。

（3）正确归集成品费用和其他石化产品费用。在费用核算及归集过程中，应认真区分成品油（汽油、柴油、煤油）和其他石化产品（润滑油、燃料油、其他产品，其他产品主要是液化气、天然气产品）、非油品费用，正确归集，准确核算。便于区分成品油费用和其他石化产品费用，按年初预算分别考核。

2. 建立责任管理体系进行控制的方法

销售成本责任体系包括职能管理和具体控制两个层面责任，职能管理层面为每一具体费用项目的统筹管理部门，具体控制层面是每一成本目标的具体控制主体并细分到加油站、油库等成本管理单元或管理操作岗位。即对具体费用项目进行划分，通过对每项费用明确责任部门、落实控制部门、建立责任指标、定期发布责任报告等方式强化责任管理意识。

同责任部门体系相分离，财务、审计、纪检部门作为成本费用的监督部门按照事前介入、事中审核、事后检查的方式，对各责任部门的费用管理责任落实情况进行全面检查，并按重要性不定期开展专项检查，对检查发现的问题及时上报进行处理。

根据费用预算管理需要，结合内控制度要求，在预算控制管理的前提下，销售成本各主要费用的责任部门和控制部门如下：

销售服务费：责任部门为销售管理部门，负责制定零售、润滑油、非油品等不同销售部门的销售服务费列支标准，通过核定销售指标或管理范围、服务对象和频次以及交通方式等具体内容，综合确定每名销售人员的月度销售服务费标准；控制部门为商业客户、润滑油、零售和分公司相应管理部门，各控制部门应根据下达的费用标准，平时注重提高销售人员服务水平，考核服务成绩，在月度列支费用时予以审核，对不能达到标准的销售人员及时提出调整意见。

销货运杂费：责任部门和控制部门均为物流配送部门，负责现场测量每一个加油站和配送客户至油库的配送距离，对油库间移库业务要测算水路运输路径、运输距离和过闸情况等。根据市场价位制定公路吨公里运价和水路运价标准，待运价标准确定后，应在不超过标准的前提下，通过公开招标方式确定承运商，对承运商实行监督评价，推行优质优价，实施有效管理。日常操作中，实行预算控制和过程控制管理，积极优化资源流向，合理分布资源，减少跨区调运和移库。

业务宣传费：责任部门为经营管理部门，负责制订审订零售、润滑油、非油品、商客中心及分公司的营销计划，确定营销对象、范围、目的，统筹安排营销资源，定期实施营销评价。各业务部门和分公司为业务宣传费的控制单位，负责提出营销需求，并根据营销计划，

组织实施营销活动，对加油站、便利店等销售人员进行营销宣传教育，检查营销礼品发放程序是否规范，发放对象是否合理，保证营销计划有效达成。

租赁费及经营资产折旧费：该项费用为刚性费用，应从租赁产生和资产形成源头落实责任，其责任部门和控制部门为发展规划部门，负责测算租赁和投资的可行性研究，分析投资回报，审批租赁合同的费用标准、租赁期限和经营资产的购置、改造等具体行为，并在资产运营后参与评价分析。

保管和销售环节的合理损耗：责任部门为安全和质量部门，控制部门为零售管理部门和各分公司加油站。具体管理责任参见存货成本。

3. 重点控制的方法

费用管理过程中，一是成品油销售企业应选择对企业成本费用控制全局或经营有决定意义或重大影响的目标做为重点加以控制。如对新建、改建加油站网点、油库、管线等储油设施，加油站、油库的大中维修项目，自采油品的采购成本，油品库存的溢耗，人工成本等重点成本支出进行重点控制。二是对于油库、加油站、直销网点、油品采购、投资部门等企业的重点部门，也是成本目标控制的重点。

销售成本的归集对象是销售全过程中发生的费用支出，从油品出库开始的各个业务环节应实施不同方式管理，一般分为运输环节管理、油站存储环节管理、销售操作环节管理、业务营销环节管理。在不同环节，其管理重点和对象均有所区别，在运输环节重点是运费，对象是运输单位；在存储环节重点是保管损耗，对象是保管人员；在销售环节重点是销售服务费，对象是销售人员；在营销环节重点是业务宣传费，对象是营销单位。

在销售成本的过程管理中，要充分发挥每个销售及管理人员的主观能动性。在业务开展过程中，对成本费用进行分析，压缩不必要的费用支出，尽最大可能发挥费用开支的作用，使客户满意，保障经营业务顺利开展。

4. 联量控制的方法

根据成本费用性质可划分为固定成本费用和变动成本费用，对于固定成本费用按照下达的预算实行绝对额控制，变动成本费用与经营量挂钩实行吨油控制。销售费用属变动成本费用，与销售数量有直接关系，属于量价管理范围，对销售费用应参照历史成本、标准成本实行联量控制。如对销货运杂费应按照库站公里和吨油运费进行量价分离管理；对销售服务费按经营量或管理范围挂钩，实行分类标准以量定费。

5. 分级控制方法

为保证费用总体目标的均衡性，费用管理中还应实施逐级控制，即销售事业部对省级公司费用支出进行管理控制，省级公司对市级公司费用支出进行管理控制，市级公司对所属零售、直销、油库等经营网点的成本支出进行控制。实际工作中，一是上级单位或部门应把费用目标按时间顺序分解成不同时期的具体预算目标值，便于将实际费用支出情况与费用目标进行对比，查找偏差。二是各级单位和部门之间应建立信息系统和信息反馈制度，及时掌握相关数据信息。三是对于实施中发现的偏差，上级部门或单位应及时提出有效的措施，指导下级部门纠正偏差。

6. 制度控制方法

制度控制是指企业通过规章制度等形式，规范与限制各级管理者与员工的行业不违背企业成本控制的目标。制度控制的作用在于明确了哪些事项不能做、哪些事项应该做、应该做到什么程度。企业成本支出制度控制主要体现在企业的报销审批制度上，通过明确审批权限、成本费用开支范围、标准以及审批所确定的控制主体等，形成人人接受监督的内部机制。

6.4.4 销售费用管理考核

销售费用作为商品流通费用的成本项目内容，与企业经营活动存在很大的关联，同时，销售费用还有企业资源的含义，用好销售费用，会给企业经营业务带来额外收益。考核时一是要建立完整考核体系，设定明细指标的考核分值和权重，二是合理区分考核期内的不可控增减因素，保持预算考核口径一致性，三是将考核要按照责任体系对职能管理和具体控制两个层面进行分类考核，即要强调管理责任，也要反映控制能力，在此基础上对责任中心的成本执行进行考核和反馈、提出改进建议和要求，并制订后期工作计划。

1. **销售费用指标体系**

（1）吨油销售费用 = 预算期实际发生的销售费用 ÷ 预算期实现的销售量

根据业务类型，还可细分为成品油吨油销售费用、润滑油吨油销售费用、非油品销售费用收入比等相关指标。

（2）销货运杂费指标

库站配送吨公里运杂费 = 库站配送费用 ÷ Σ（配送数量 × 配送公里数）

润滑油吨油销货运杂费 = 润滑油销货运杂费 ÷ 润滑油销售量

直分销吨油销货运杂费 = 直分销销货运杂费 ÷ 直分销销售量

（3）零售环节保管损耗率 = 零售环节损溢量 ÷ 零售量 × 100%

其中零售环节损溢量不包括密度损益。

（4）营销费用

零售吨油营销费用 = 成品油零售环节营销费用 ÷ 成品油零售量

直分销吨油营销费用 = 成品油直分销环节营销费用 ÷ 成品油直分销量

润滑油吨油营销费用 = 润滑油营销费用 ÷ 润滑油经营量

吨油营销费用 = 营销费用总额 ÷ 油品经营总量

备注：营销费用 = 业务宣传费 + 业务招待费

（5）零售销售费用

吨油日常操作费用 = 成品油零售环节日常操作费用总额 ÷ 成品油零售量

吨油资产性费用 =（零售环节折旧摊销 + 租赁费 + 土地租金）÷ 成品油零售量

吨油租赁费用 = 零售环节租赁费 ÷ 成品油零售量

加油站资产维修率 =（零售环节修理费 + IC 卡系统运行维护费 + 信息系统运行维护费）÷ 资产原值 × 资产成新率

备注：资产原值为年初数；资产成新率为年初资产净额 ÷ 年初资产原值。

（6）吨油销售服务费 = 销售服务费总额 ÷ 油品销售量

（7）预算完成进度 = 预算期实际发生的销售成本 ÷ 预算期销售成本预算

（8）销售费用销量增长比 =（预算期实际发生的销售费用 ÷ 前期实际发生的销售费用）÷（预算期实现的销售量 ÷ 前期实现的销售量）

（9）销售费用效益比 = 预算期实际发生的销售费用 ÷ 预算期实现的利润

（10）毛利费用比 = 当期毛利 ÷ 当期费用

2. 区分预算外因素

保持预算考核口径一致性，关键是合理区分考核期内的不可控增减因素，核心是判断销售费用支出与销售收入的关联程度，预算外因素主要包括以下方面：

（1）与当期销售收入无直接关联的偶然性或专项成本费用支出，包括在当期核增的形象改造费用支出，当期发生的非预算内大额营销、广告费用支出和职工薪酬调整支出。该类支出在年终考核时，应同时从实绩和核增预算中剔除。

（2）因价格调整发生的增量费用支出，包括水电价格、运价调整、土地租金价格调整等。由于销售费用与销售总量高度相关，当发生市场价格大幅调整形成增量支出时，销售收入并未能因费用增长而体现同步增长，因此应在考核时从当期实绩剔除或调增年度预算规模。

（3）因机构调整发生的增减费用支出，如销售企业为提高销售执行能力，调整销售区域划分或销售人员结构，与此相关联的费用支出变化应从当期预算中同步调整。

3. 区分职能控制与具体控制责任

从职能控制部门来看，其销售费用的考核应以定量与定性考核结合方式展开，在定量控制方面，主要考核其预算控制水平、量费联动标准、边际收益能力，包括预算执行率、吨油营销费用、费用毛利率等指标，在定性控制方面，应从其制度执行情况、现场管理效果、营销活动评价等方面分析论证，综合评价其费用控制能力。

从具体控制部门来看，其销售费用考核应以定量考核为主，主要评价其预算完成情况和费用控制水平，考核指标主要包括预算执行率、费用增长率和吨油销售费用等。

4. 组织对标分析

在组织销售费用考核同时，应定期对销售费用组织专项分析，分析上应以对标分析为主，纵向上与同期指标、标准指标和预算指标对比；横向上与兄弟单位、竞争对手、管理单元进行对比，通过对比分析，发现存在问题，提出改进意见，共同提高销售费用管理水平。

5. 费用考核程序

（1）收集考核数据。

责任中心的费用情况由上级单位预算管理部门负责收集，相关职能部门复核，公司管理层审定。

（2）计算考核分值。

按照指标体系设定明细指标的考核分值和权重，同时剔除预算期内不可控增减因素，将各考核指标加权平均计算考核分值。

（3）业绩反馈。

考核结果还将与责任中心进行反馈，肯定成绩，指出不足，并提出改进建议和要求，制订后期工作计划。责任中心对考核结果有异议的，可向上级公司反馈，确需修正的，按规定程序报批。

（4）考核兑现。

费用考核实行“双考双挂”，即：预算期费用考核分别与责任中心工资总额和责任中心管理者的个人工资总额进行挂钩和考核。

费用考核由人事部门存档，作为责任中心管理者预算期履职情况的重要依据。

第7章 先进企业成本管理典型案例

7.1 某油田企业系统节点管理实践

某采油厂成立于1986年，年产原油近百万吨。随着油田勘探开发的不断深入，产量与成本的矛盾愈加突出。面对严峻的生产经营形势，该厂大力推进精细管理，积极创新管理运行机制，突出细化工作量和价值量配置，优化产量和成本结构，努力化解产量与成本的矛盾，通过不断探索完善，总结形成了具有该厂特色的“系统节点”精细管理模式。

1. 以“系统节点”管理为依托，健全成本目标管理指标体系

分系统到节点的指标分解落实是推进全员成本目标管理的前提。工作中，该厂坚持以优化设置“三层次四体系”的系统节点管理构架为基础，以分层级、分系统、到节点细化分解指标为核心，积极构建横向涵盖全厂各系统、纵向逐级细化到节点，从上到下一级统领一级、从下到上一级保一级的全员成本目标管理指标体系，为推进成本目标管理提供了保障。

一是抓基础，优化设置系统节点。

“系统节点”管理模式中所指的“系统”是为完成全厂成本目标而将采油厂整体工作按照专业性质划分的相同或相近管理业务的集合，具有整体性、层次性、动态性的特点；“节点”是保证系统成本目标实现的管理重点、难点和关键点，是企业绩效的保证环节，也是工作目标、责任、运行、考核的集合点。

系统的科学划分、节点的优化设置是构建全员成本目标管理指标体系的重要基础。在系统优化上，采油厂坚持以专业划分和管理机构设置为依据，按照“全面覆盖、专业突出、效益优先”的原则，将全厂工作分为18个系统；三级单位和四级单位则对照采油厂系统设置，根据工作性质和管理权限，合理划分本单位管理系统，确保系统设置既涵盖单位整体工作、又符合自身工作实际。

在节点优化上，由采油厂及三、四级单位的系统管理组负责按照逐步细化的原则，认真梳理工作中的管理重点、难点和成本关键点，确定本系统的一级、二级等多级管理节点，确保系统工作的层层细化、逐级落实，从而构建形成采油厂—三级单位—四级单位逐级细化的系统节点管理构架，为落实指标体系提供了抓手、奠定了基础。

二是抓核心，细化分解成本指标。

按照系统节点设置，细化落实指标是构建全员成本目标管理体系的核心内容。为确保产量和成本两大核心指标的完成，该厂在目标细化分解落实上，坚持以“三层次、四体系”的系统节点设置为依托，由采油厂全面预算管理委员会牵头，按照“留足固定性和政策性费用，压减非生产费用，保障直接生产性投入”的思路，坚持量价匹配的原则，结合成本动因和定额标准，通过加强产量结构、注采结构、人员设施状况等专项业务分析，狠抓从采油厂—系统管理组—三、四级单位业务量和价值量多个轮次的双向对接优化，明确落实各层

级分系统、到节点的具体指标，从而构建起了横向到边、纵向到底、全员参与的成本目标管理体系。

三是抓保障，落实管理控制责任。

明确工作责任、规范运行制度是落实成本目标管理指标体系的根本保障。每年初，根据全员成本目标管理确定的工作指标，采油厂按照权责对等的原则，对各系统、三级单位下达责任书，落实各级领导、单位的目标任务和工作责任，各系统管理组结合节点设置，将目标责任逐步细化落实到各级责任人。各三级单位结合本单位系统节点设置，进一步将目标任务和工作责任细化分解到各基层队、井站班组及岗位，保证成本管理目标切实落实到基层。为进一步规范责任落实，采油厂还结合全员成本目标管理指标体系，对有关成本管理的各种控制措施、核算制度、运行机制等进行修订完善，形成分系统、到节点的管理制度、工作标准和工作流程，以制度化、文本化的形式，进一步对各级干部和岗位职工所负责的节点目标、具体责任、运行办法和考核标准进行详细明确，使大家更加明白自己的责任节点是什么、责任指标有哪些、如何操作运行，确保了全员成本目标管理的有效落实。

2. 以“系统节点”管理为平台，落实成本目标管理责任

分系统到节点的过程优化管理是实现全员成本目标管理的关键。在健全完善成本目标管理指标体系的基础上，该厂以优化完善系统节点管理模式为平台，抓住影响成本管理的重点系统，瞄准降本增效的关键节点，创新落实系统节点运行机制和管理措施，强化开发生产全过程的优化控制，充分挖掘分系统到节点的降本节支潜力，确保各项成本费用的平稳运行。

一是以完成产量任务为目标，突出产量和成本结构优化。突出强化产能建设和油藏管理工作，提高新井贡献率和老井自然产量，通过优化产量结构，降低生产成本。

二是以全面落实目标成本为核心，狠抓重点成本费用管理。作业费、电费和运费占到该厂可操作成本的79%，抓住这些影响成本管理的关键系统，强化系统内重点节点的优化控制，确保成本费用平稳运行。

三是以实现减费增效为重点，切实加强管理费用控制。在成本管理系统，该厂狠抓预算执行和运行监控等节点的管理，努力降低管理费用支出。

通过全方位推进“系统节点”精细管理，该厂原油产量稳中有升，成本费用得到有效控制，经济效益进一步提高。

3. 以“系统节点”管理为抓手，完善成本目标管理激励与约束机制

分系统到节点的监督考核是落实全员成本目标管理的保障。在系统节点检查考核上，该厂依托成本管理系统，建立完善“三会运行机制”和系统节点考核体系，狠抓过程控制和绩效考核两个节点，保证了成本目标管理的过程监控到位、检查考核到位，有效调动了全员参与成本管理的积极性和主动性。

在过程控制节点上，该厂突出强化运行监控和分析调整两个节点的管理。以建立分系统到节点的管理体系为基础，以生产经营数据采集、上报、审核网络信息化为平台，以“三会”（预算例会、合同签订会、经济活动分析会）运行机制为手段，狠抓每个系统节点的生产经营动态运行监控，通过对各节点工作量落实源头资金、过程动态监控、末端对比分析，实现了生产经营工作的全过程、全方位动态管理。在预算例会上，该厂在抓好月度预算平衡优化的同时，按照“以月保季、以季保年”原则，每季度末组织各系统管理组和三级单位依据季度开发工作部署和节点工作量安排情况，优化平衡季度业务量和费用预算，保证预算

的均衡运行；在合同签认会上，经营管理科、财务中心和三级单位共同研究确定节点工作量合同，固化项目预算；在经济活动分析会上，按照“财务部门牵头，业务部门专题分析，三级单位全面分析”的思路，强化分系统到节点的生产全过程运行监控和动态分析，结合工作量、费用支出情况及时预警，实现各系统、节点成本费用的有序运行。

在绩效考核节点上，该厂以厂—矿—队“三个层次”的系统节点设置为依托，以分系统检查、分层级考核为主要方式，采取“日检查、旬分析、月考核”的动态管理办法，由全面预算管理委员会负责定期对各系统指标完成情况进行考核；由各系统管理组负责定期对各级节点指标完成情况、工作量运行状况进行检查，依据节点指标完成情况，按照产量指标占50%、成本指标占30%、管理指标占20%的比例，逐级兑现到各级节点主要责任人和连带责任人，形成了厂—矿—队—班组—岗位层层考核、逐级兑现的检查考核机制，做到了检查考核到节点、奖惩兑现到人头，实现了检查考核结果与各级领导干部收入、岗位职工收入、评先树优等挂钩，增强了系统节点考核的刚性，有效地激发了全员参与管理、全员控制成本的积极性和主动性。

通过深入实施“系统节点”精细管理，全面落实全员成本目标管理体系，全厂工作形成了纵横有序、上下协调、规范运行、灵活创新的良好管理态势，有力推动了该厂经济效益的稳步提升。

一是成本效益理念深入人心。依托系统节点管理，全面落实全员成本目标管理，将责任和考核锁定到采油厂的每名干部职工身上，改变了以往主要依靠管理层抓成本的模式，形成了“人人头上有指标、个个肩上有责任”的良好氛围，有效增强了全员的责任意识、效益意识。

二是基础管理更加规范。依托系统节点管理，全面落实全员成本目标管理，做到目标逐级分解，责任层层落实，实现整体工作系统化、系统工作节点化、节点工作目标化、责任目标岗位化。分系统到节点的管理网络，理顺了工作思路，突出了工作重点，使全厂成本指标分解更加细致、工作目标更加明确。过程管理更加顺畅有序；分系统到节点的责任体系使各项岗位规范和工作流程更加完善，实现了任务和责任的逐级落实，促使广大干部职工能够自觉按照目标和要求抓落实，工作效率明显提高；分系统到节点的考核机制，明确了具体检查标准和内容，形成了定期检查、内容全面、一级抓一级、逐级细化的全过程监督检查体系，使检查考核做到了横到边、纵到底，保证了全员成本目标管理的有效落实，提升了该厂精细管理水平。

三是生产经营管理水平持续提升。依托系统节点管理，全面落实全员成本目标管理，促进了该厂各项开发、经济、管理指标有效改善，实现了生产经营各项工作的良性发展。自2008年以来，该厂油气勘探取得新成果，连年实现储采平衡；油田开发水平持续提升，原油产量稳中有升，油田自然递减率下降1.05%；经营状况不断改善，油田生产成本得到有效控制，成本结构更趋合理，在消化各类涨价因素的基础上，吨油可操作成本下降了11.47元，实现了“总体费用有效控制、成本结构持续优化、经济效益不断提高”的总体目标。

7.2 某油田企业标杆管理实践

某采油厂组建于1977年，年产原油百万吨，油田进入开发后期，产量、成本、安全之间的矛盾越来越突出。面对挑战，该厂牢固树立“产量、安全、成本”三位一体化管理理念，坚持向管理要产量，向管理要效益，不断探索精细化管理的新理念、新思路、新方法，逐步建立起一套符合企业管理实际的标杆管理体系。

7.2.1　标杆管理的内涵

经过多年的探索实践，不断创新和完善，该厂逐步凝炼出符合本厂油藏经营管理实际的"标杆"管理内涵和体系。

标杆管理涵义：是指一个企业在不断寻找最佳指标的过程中，通过比较、分析、判断，把较为先进的指标作为标杆，从而推动企业内部不断改进、超越自己、超越标杆、追求卓越，创造优异业绩。

标杆管理基本原理：以行业、系统、部门中的最佳指标为基准，通过分类排序、找准定位、比较分析、重新设计等一系列措施，使学习有榜样，赶超有目标，最终达到"全面对接、重点剖析、扬长治短、整体提升"的目的。

标杆管理理念："产量、安全、成本"三位一体化管理。

标杆管理原则：没有最好，只有更好。在竞争中不断进步、不断成长。

标杆管理宗旨：更优、更高、更好；始终追求更优的运行参数；始终追求更高的开发水平；始终追求更好的开发效益。

标杆管理目标：全面对接、重点剖析、扬长治短、整体提高。

7.2.2　创新"标杆"管理的主要做法

1. 建立标杆管理组织与领导保障体系

为了加强标杆管理的组织领导，强化落实责任，该厂建立了厂、矿、队三级标杆管理组织与领导保障体系。

厂标杆管理领导小组主要有厂领导组成，统筹领导标杆管理活动，负责标杆管理理念的引导、框架的定位、态势的把握、确立工作思路、指导活动运行。厂标杆管理办公室主要负责制定相关制度和办法，指导、协调基层立标、对标、超标管理，组织开展标杆管理工作经验交流、经验推广、活动总结和奖励，解决标杆管理活动中出现的问题，敦促帮助后进单位改进管理、提升指标。

矿（大队）标杆管理领导小组指导督促本单位标杆管理活动的开展，负责矿（大队）、基层队标杆指标的确定、发布；组织基层队、站开展标杆管理活动，对标杆管理活动和指标进行检查和考核。

基层队标杆管理活动小组负责本队标杆指标的统计、上报、分析，将标杆指标分解到责任人，制定标杆指标规划值，提出保持和提升标杆指标的保障措施，进行效果分析和评价，落实班组标杆管理活动的考核与奖励等。

2. 建立标杆管理指标体系

根据实际需要，将支撑"产量、安全、成本"三位一体、能够充分反映基层管理水平、具有可比性的单耗、效率、效益、质量和安全等指标选定为标杆项目，在采油、集输、测试等系统内，科学合理地选定多个项目作为标杆项目，建立"标杆"管理指标体系，其中：采油系统17项，集输系统10项，测试系统6项。

3. 创建标杆管理工作流程

建立"立标、对标、追标、创标、奖标"的标杆管理工作流程。立标：科学确立标杆指标值。根据管理幅度的不同，分别设置厂、矿、队三级标杆指标，按照月度、年度的时段分别确立月度和年度标杆指标。依据标杆项目，分类排序，参照先进的经济技术指标，确定标杆指标值，树立“标杆”；同时，实行动态管理，随着标杆指标的不断刷新，动态树立新标杆。对标：每月对各项标杆记录的排序情况进行网上公示，分矿、队、站三个层面开展对标活动，横向对比找差距，纵向对比查原因。超标：瞄准学习的榜样和赶超目标，挖潜力，拿方案，定措施，抓落实，追标杆，破纪录。奖标：设立标杆管理奖励专项基金，对保持、提升标杆指标的单位进行奖励，促使标杆指标不断刷新，管理水平螺旋式上升。

4. 推行计量站“121”精细管理模式，助推标杆管理

计量站是油田开发生产管理考核的基本单元，该厂把井站和班组作为标杆管理工作的前沿主阵地，2008 年，本着抽象事情具体化、复杂问题简单化、常规工作标准化的原则，整理编撰《计量站管理制度汇编》，形成了计量站“121”精细化管理模式。

“1”是用活一张油水井生产运营参数健康评价表。将每天录取的电流、回压等各项参数像量“体温”、测“血压”一样进行诊断，“把脉问诊”，提前预防，制订对策，确保油井健康长寿，提高油水井运行的受控程度。

“2”是用好计量站主要生产经营指标和经济技术指标两块板面。动态分析、评价生产经营指标和经济技术指标的变化、状态、问题和运行水平，使经济技术指标显性化。

“1”落实一本计量站综合管理手册。计量站把《计量站管理手册》作为油水井管理的一条主线，按照“参数录取—分析对比—措施制定—跟踪评价”的流程，规范和引导员工的岗位行为，做好日对比—周分析—月总结，激发员工参与管理的积极性，促使职工养成主动学习、主动发现问题和解决问题的习惯。

对班站工作重新定位、重新规范，促使班站由单纯资料录取、井站维护提升到发现问题、分析问题和解决问题，不断推动基层队由现场管理型向技术效益型的转变。

5. 创新“问题管理”机制，提升标杆管理效能

2009 年，针对基层技术力量不足、掌握的资源有限，影响指标分析和提升的难题；针对两级机关人员对指标变化的关注度不够、对基层帮助不够，不能及时解决影响指标提升的问题，该厂运用系统论、网络化先进理念和方法，结合部门职能分工和岗位职责，建立问题处理制度和问题处理闭环操作流程（见图 7－1），简称“问题管理”。即以计量站既为始点、又为终点的闭环式管理，采取自下而上、逐级上报、逐级处理方式，留下痕迹，形成问题追踪处理路线，促使队、矿、厂相关技术人员和管理人员发挥各自优势，在不同的层面上，解决影响“标杆”指标提升的问题，从而全面提升“标杆”管理水平和管理效能。

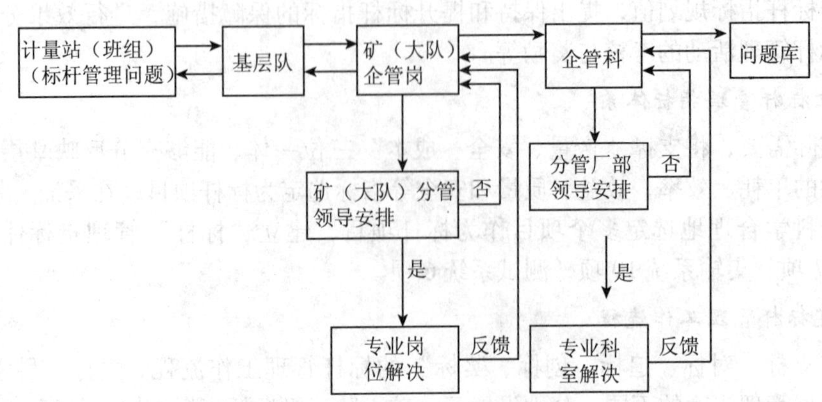

图 7－1　标杆问题管理流程

为提高问题管理效率，该厂开发了“标杆管理问题处理系统”软件，实现了问题上报、处理和解决的程序化、网络化、可视化，不同层面，每个注册用户都可以进入系统进行上报、处理和查询。自下而上，逐级解决，逐级上报，留下痕迹，形成了一个快捷、有效的问题追踪处理路径。

6. 完善评先机制，提升标杆管理的激励作用

该厂以重要的标杆指标为首要标准，整合评先机制，对原有的评先项目进行梳理，整合为劳动模范、科技标兵、巾帼标兵、优秀班站长等十大类“百面红旗”的评比，在企业的各个层面树立起学习标杆。对各个层面的标杆，严格按标杆管理激励思路来制定评比细则，确保标杆的先进性。

以十大优秀基层干部评选为例：主要由参评资格指标、通用指标和专项指标三部分组成。参评资格指标包括本队产量任务完成、成本不超、安全生产、无信访和上访事件，本人无行政处分和违纪、违法行为；通用指标包括集体荣誉、个人荣誉；专项指标包括百米提液单耗、油井作业频次、油井单井耗材、水井单井耗材、抽油机平衡度合格率、连续无躺井天数指标的先进性和动态提升幅度。

通过建立以标杆指标为核心的评比标准，在先进的评比上由以往的“评”先进，逐步转化为现在的“比”先进，确保“标杆”在员工中的认可度，进而提升“标杆”管理的激励作用。

7.2.3　“标杆”管理取得的成效

推行“标杆”管理以来，有力促进了开发生产、安全环保、节能降耗、降本增效等各项工作的有机融合，各项经济技术指标得到了有效提升，达到了“全面对接、重点剖析、扬长治短、整体提升”的目的，精细化管理水平迈上了一个新的台阶，该厂连续四届被评为红旗采油厂。

1. 主要生产经济技术指标得到提升

主要开发指标得到提升：自然递减率、阶段含水上升率、油井措施有效率均出现明显好转，产量超、成本降的目标得以实现。

2. 业绩评价体系更加科学合理

推行“标杆”管理后，该厂将“标杆”指标纳入业绩评价体系与评先标准体系，制订了比较详细的评先标准，实现了定性考核向定量考核的转变。

3. 技术效益型基层队伍已基本成型

推进了生产、经济、技术一体化的进程，各基层队、各计量站都能正确量化指标、找准位置，解剖差距、明确目标方向，基础管理工作逐步实现了由模糊粗放向精细化、过程量化控制的转变，有效解决了基层管理的问题，初步实现了以产量为中心向以产量效益为中心的转变，全厂技术效益型基层队建设已基本成型。

4. 精细文化初步形成，持续发展更具活力

有力推动了企业精细化管理向纵深发展，激活了内部潜能，基层主动管理、自主提高的积极性显著提高，为各级班子、组织、队伍、团队，搭建了一个公开、公平、公正的竞争平台，为不同层次、不同层面的员工，提供了一个施展个人才华的舞台，企业可持续发展的能

力得到增强。各单位、各部门之间的交流更加有效，协作、配合意识更加浓厚，学习、交流更加积极主动。同时，“大地质”、“大采油”、“大安全”、“大财务”等理念得到广泛认同，产量是核心、安全是前提、成本是关键已成共识，有力促进了全厂各大专业之间的有机融合，精细文化已初步形成。

7.3 某炼化企业单元成本分析借鉴及应用

7.3.1 台塑基本概况及发展

王永庆于1917年1月18日出生在台北县新店，祖籍福建省安溪县。1932年，15岁的王永庆在嘉义米店当学徒，两年后，向父亲借200元旧台币开办米店。1954年，王永庆成立福懋塑料公司（后更名为台湾塑料公司，简称台塑），生产PVC。

经过55年的发展，台塑从小到大、逐步发展，分级管理、层次清晰，各行其责、运行流畅。经过1954～1967年的自然成长阶段、1967～1981年的统一管理制度、追求合理化阶段、1982～1992年的管理计算机化阶段、1993年至今的调整产业结构和管理E化阶段，其营业额超过1705亿台币，第四结算阶段的发展重点是整合传统产业，扩大海外投资，推动管理E化及一日结算作业。

经过四个阶段发展，台塑已经形成以炼油化工为主，电力、电子、钢铁等产业（见图7－2）并行发展的跨国公司，员工9.43万人，2008年营业额21505亿台币，利润186亿台币。

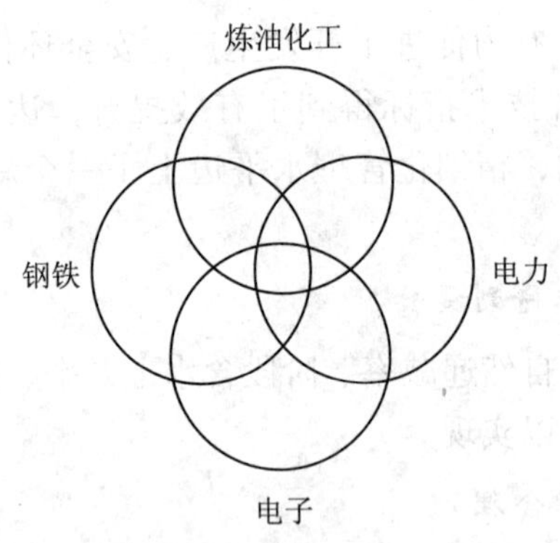

图7－2　台塑四大产业

7.3.2 台塑成本管理先进实践

台塑的管理经验用一句话概括，就是追求和实践管理“合理化”，也就是在坚持统一管理理念的前提下，不断推进“管理制度化、制度表单化、表单电脑化”。体现成本管理方面，主要表现为基于目标成本的单元成本分析，对分析差异持续关注、跟催直到满足目标。

1. 实施出轨“异常管理”

台塑对生产经营中产生的异常现象，通过正常反馈、跟催、稽核、改善四个环节解决问题。异常问题的界定有校准，比如事业部连续亏损三个月为异常，同一检查项目一年发生三次错误就要处分经办人员和上一级主管，并对异常责任人员进行辅导；凡是列入异常范围

的，都要提出改进措施，异常问题立案后进入计算机管制，直到异常案例改善后方可关闭问题。

2. 单元成本分析

永无止境地降低成本管理。主要有三种方式：① 推行目标成本管理，结合每个公司的具体情况，每年设定能耗、物耗以及人工成本的降低目标，分解落实到各公司、事业部、厂等各级成本中心，并与绩效管理结合；② 开展单元成本分析：依据不断完善的成本目标，按公司、事业部、分厂、产品等类别，逐月及时跟踪实际成本与目标成本之间的差异，对成本差异形成原因，追根究底并找出主要矛盾，落实改进责任，不断降低成本；③ 实行专案成本管理：各级管理部门都有专项管理责任，定期分析挖掘与本专业相关的成本异常，设定专案实施管理。

为了更清楚地了解台塑成本管理的特点，重点介绍其单元成本管理的主要做法。

单元成本是以产品类别单位成本各项构成要素为分析基础，再将每一成本的发生来源分成细目，逐项进行深入探讨，达到分析改善的目的。台塑单元成本分析主要有六个步骤：一是对成本要因进行细分，二是发掘问题关键点，三是拟定改善方案，四是对改善的效益进行预测，五是提出分析报告，六是执行改善方案并进行跟催。

在形成成本的要因细分中，台塑把产品制销总成本分为原料取得成本、人工成本、制造费用、销售管理费用、财务费用等五大类，再将每类成本进行进一步地细分（见图 7-3 ~ 图 7-8）：

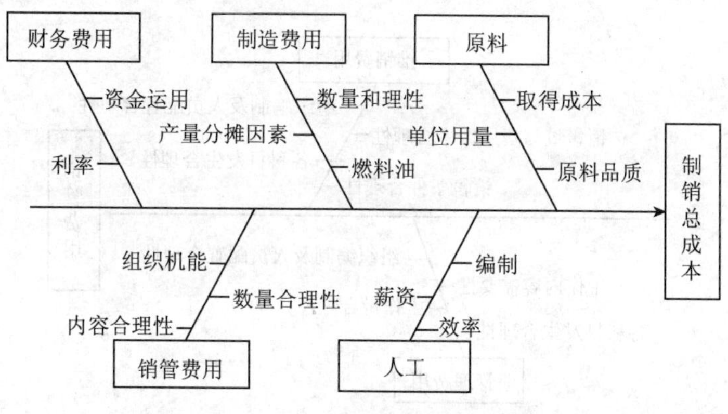

图 7-3　产品制销总成本分解图

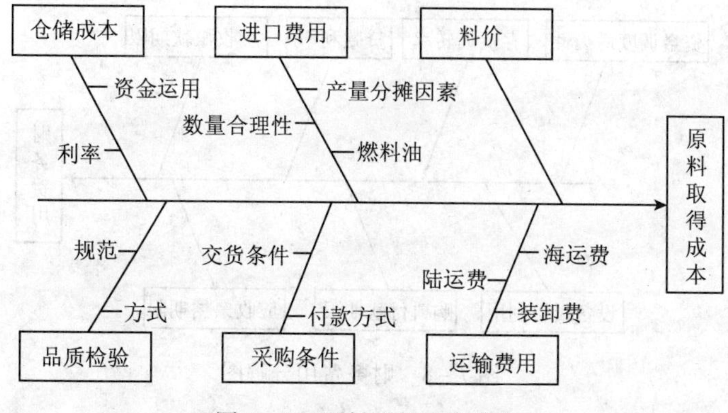

图 7-4　原料取得成本分解

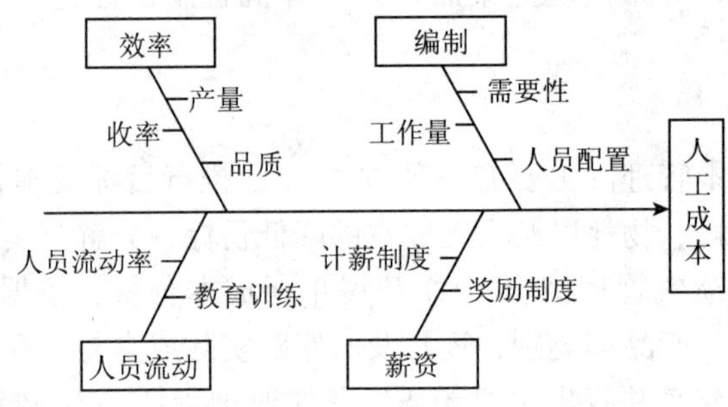

图 7－5　人工成本分解图

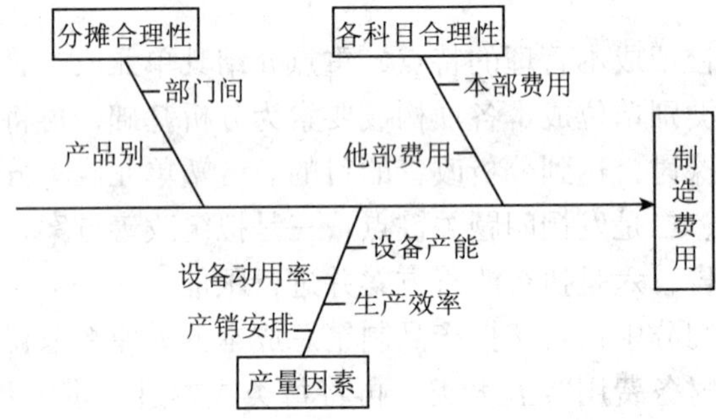

图 7－6　制造费用分解图

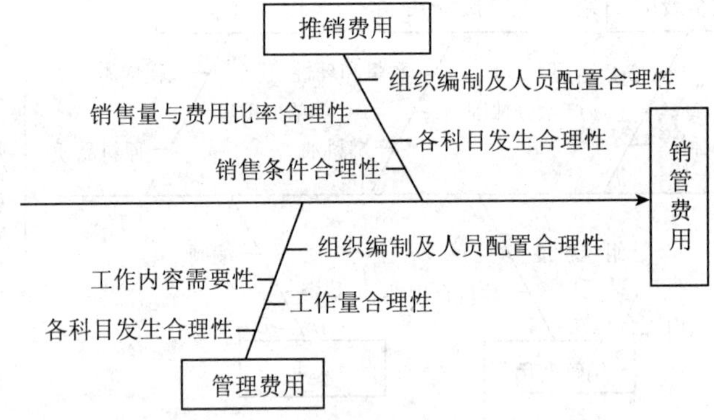

图 7－7　销售管理费用分解图

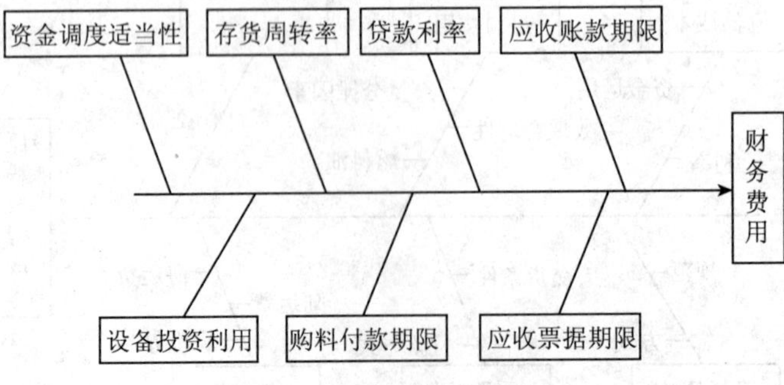

图 7－8　财务费用分解图

例如，在对某事业部加工丝的成本分析中，本期的总成本与前期相比非常接近，但分析显示本期产量要比前期低5%，导致单位成本比前期高1.88元/公斤。于是就接着分析产量为什么低，分析表明本期产量低是因为瑕疵品多了5%。而在瑕疵品产生的诸因素中，“起毛”的因素最严重，占46.8%。进一步分析造成“起毛”的各种因素，发现“起毛”有30%的因素是人为造成的，是主要因素。接着又分析出人为因素是因为手的触摸和刮擦引起的。最后，针对手的触摸和刮擦提出改善的对策——“工作人员要戴手套操作”。以此类推，通过层层分析，“追根究底、止于至善”，不断提出降低成本的方案对策并付诸改善行动。

3. *单元成本分析在某大型炼化企业的应用*

根据总部开展全员成本目标管理的要求，某大型炼化企业自2007年着力有效抓成的“ERP下的基层车间（班组）以成本控制和绩效考核为主导、全员参与的一体化管理体系（CPMS是其实现工具和运行系统）”作为抓手，全面深化和提升全员成本管理水平；以学台塑的单元成本法作为打破平均推进的项目突破，重点创立新的成本领先者和示范区，取得了显著效果。其中，化工厂继07年率先进行公司CPMS试点后持续结合保市场名牌、学台塑经验等要求，不断推进工厂装置经济运行新水平。该厂以构成产品成本的各个方面为优化对象，对成本单元进行合理组合、细分，深入分析产品成本结构中的可降低因素，将成本管理和控制责任细分到成本中心、班组、岗位、人头，将成本目标控制细化、量化，选择可降低可控制成本要素作为重点成本管理项目即成本单元，采用“比学赶帮超”的思路和改善经营管理建议项目及劳模工作室，全面攻关，重点激励，全员参与和考核，让每位员工对单元成本管理负起自己应有的责任，在实时动态运行“成本重担众人挑，人人肩上有指标”的成本管理责任体系的基础上，初步形成有重点有计划地全员成本目标管理新的渐进良好过程。

（1）实施单元成本管理的主要思路。

化工厂自加压力，在成功完成扬子公司CPMS试点后，又争取作为单元成本的再试点，在公司组织指导下，确立并牢牢抓住成本与业务是两个轨道的现实，采取要实现全员成本目标管理必须使业务中有成本（业务经济化、生产经济化、运行经济化），员工不是转到会计角度而是努力转化，把成本融入业务来做的策略，即：以CPMS为基础，推进两大系统与我公司CPMS（车间班组成本控制和绩效管理系统）的有效集成，深化总部ERP（企业资源计划系统）和TBM（全面预算及生产经营监控系统）的应用，实现成本费用的精细分解、精确控制和重点破解；通过建立单元成本管理的责任和控制架构，将财务成本指标向技术经济指标、继而向控制和管理指标从装置向专业和工厂层面进行进一步转化，对照合理的标准指标体系，及时分析实际成本与目标控制成本之间的差异，采取相应的措施，保证成本控制目标的实现；同时进一步细化预算的零基申报，提高预算准确率；建立正向激励约束机制，调动员工节能降耗、降低成本的积极性；强化单元成本控制，提高装置工艺参数的平稳率。

（2）实施单元成本管理的主要做法。

① 建立工厂单元成本管理责任架构。在工厂组织架构的基础上，梳理各层级成本管理的责任及要求，结合专业管理分层级建立以工厂、装置（工区）、班组三级为基础框架的纵向，以专业化成本管理为依托的横向，逐层负责、专业分工的单元成本管理责任架构（见图7－9）。各层级均对上一级分解的成本目标负责，对下一级成本单元设置及成本控制提出要求，承担本级成本管理责任，如此层层分解，直至最细化的成本单元层级。

根据化工厂组织机构的设置，明确各部门成本管理责任，从以下三方面完善单元成本管理的闭环控制：

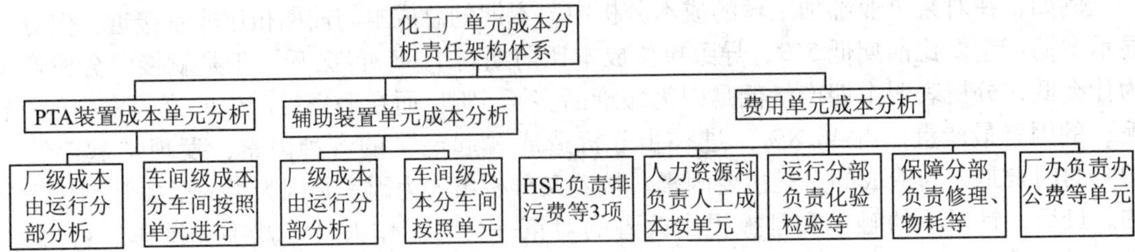

图7－9　化工厂单元成本管理责任架构

一是建立工厂成本分析和管理例会制。在每月召开的经济活动分析会中深化生产成本分析，包括预算与实际，实际与指标、实际与上年同期比，实际与上月，实际与同类装置比，将引起生产波动的因素一一列出，分清主要影响因素、明确责任，并研究背景和影响原因，设计制定出防范措施。针对财务指标和技术经济指标、TBM 预算进行差异性分析，对于产量、动力、辅材和原料进行生产技术分析，总结经验，查找不足。费用分析主要是实际与预算比，完成月度、季度、年度计划情况。工厂每月召开 TBM 预算会议，根据生产实际做好月度预算，尽最大努力提高预算的准确性，力争做到费用的均衡性。工厂、装置主要经济指标做到了日统计并通报，班组根据经济指标控制工艺生产指标做到了实时全天候，向全控方向迈进了一大步。

二是建立装置成本分析和管理制度。每日早调会通报消耗情况，做到月初有计划，月中有跟踪，月末有分析，随时掌握各项成本指标完成情况，及时反馈信息，对未及时完成控制的指标重点攻关，使其尽快达标。在内部运行责任制的考核中，突出成本考核指标和效益指标，并依托内部运行责任制，建立起成本考核体系，以清晰的成本责任体系提供的详实、准确的核算资料为考核的首要依据，通过各班组之间成本指标相分析对比，找出执行差异、评出优劣，使成本控制真正做到有目标、有措施、有考核、有奖惩，同时也起到维护内部成本考核体系的严肃性、公正性和权威性的作用。

三是积极开展班组可控成本分析控制。把成本指标转化为技术经济指标和操作指标，在物耗、能耗、成本核算指标上选择班组可控、能够真正反映班组操作水平的指标；抓住原料、水、电、汽、燃料消耗、“三剂”消耗，综合商品收率、损失率等关键环节，找准成本与工艺参数之间的关联关系，选择恰当的工艺指标直观地反映生产装置运行水平和技术经济指标，以更好地指导班组精心操作，提高装置运行平稳率。

② 科学划分成本管理单元，建立单元成本指标体系。单元的划分从成本控制的目标出发，与生产技术和可行可操作相结合，从上至下层层分解建立单元，单元可以是装置单元、需要控制的成本事件，而更多的形态则是发生成本支出的明细、机泵等。原则是要在可控制可计量的范围内逐项细分，直到分至最终的责任点。

一是细化成本管理单元。

以沿生产线细分装置（车间）成本单元为例，首先将装置细分为运行单元，在此基础上对成本要素进一步细分为原辅料、燃动力等，继续对燃动力要素细分为燃料、循环水、蒸汽、电等，再进一步对循环水等按照消耗机泵进一步细分，如此将成本单元细分为装置（车间）—装置运行单元—成本要素大类—成本要素明细—消耗明细单元的 5 级单元层级，前四级与单位成本分析目标一致，最后的消耗明细单元则是在单位成本基础上的进一步深入。在成本单元的划分过程中，首先分析成本构成，突出重点可控成本要素，优先考虑计量手段完善的控制点，以点带面快速体现控制效果。

在对化工厂成本单元的细分中，将 PTA 装置按 3 条生产线细分，首先分解为氧化、精制单元，再按成本项目逐项分析分解两单元的成本构成，如将醋酸消耗细分 1HR－301A/B/

C/2HT701 等具体消耗机泵，将排污细分1～5#排口等，PTA 一/二装置共细分为44 个成本单元，PTA 三装置细分为31 个成本单元。同理将公用工程工区细分22 个成本单元，将包装工区细分为7 个成本单元，全厂共104 个成本单元；费用一级管理分5 个部门、二级管理具体到11 个成本中心。具体如下：

PTA 一/二装置的 PX、酸耗、氧气、氢气、钴锰催化剂、四溴乙烷、碱、S_{103}、S_{90}、S_{14}、污水11 个可控项目进一步细化至四个运行班组控制。

PTA 三装置 PX、酸耗、甲醇、氢气、钴锰催化剂、氢溴酸、碱、醋酸、S_{103}、S_{90}、S_{14}、污水12 个项目进一步细化至四个运行班组控制。

公用工程按动力、三剂、制造费用中化验费、低耗、污水、通讯费进行细分，其中电、工业水、脱离子水细化至班组进行控制。

包装工区按包装物、物料消耗、办公费、电话费、修理费、氮气、残次料进行细分和控制，其中包装物中的包装袋、锁扣带、物料消耗中的液化气、残次料细分至班组控制。

排污费、劳动保护费、消防费由 HSE 科总控制，再二次细分到11 个成本中心。

物料消耗、低值易耗品、修理费、折旧、租赁、财产保险由保障分部总控制，再二次细分到11 个成本中心。

化验费和图书资料费由运行分部总控制，其中化验费 PTA1/2/3 装置及公用工程工区细化控制正常工作量、加样量费用；图书资料费二次分解到11 个成本中心。

厂办控制办公费、通讯费、差旅费、水费、印刷费、业务招待费、警卫费、环境卫生费、绿化费，其中办公费、通讯费、差旅费由厂办控制总费用，二次细分到11 个成本中心。

二是转化成本控制指标。

在细化成本管理单元的基础上，做好各级财务指标与技术经济指标的相互转化，直至转化为现场的各种控制指标、各种工艺参数（见图7－10）的工作，打通成本指标到技术指标再到操作指标的管理流程，显化成本管理、技术管理和绩效管理之间的内在关系，使成本控制向生产末端延伸，形成成本控制持续优化的循环。图7－11、图7－12 为成本指标转换示例。

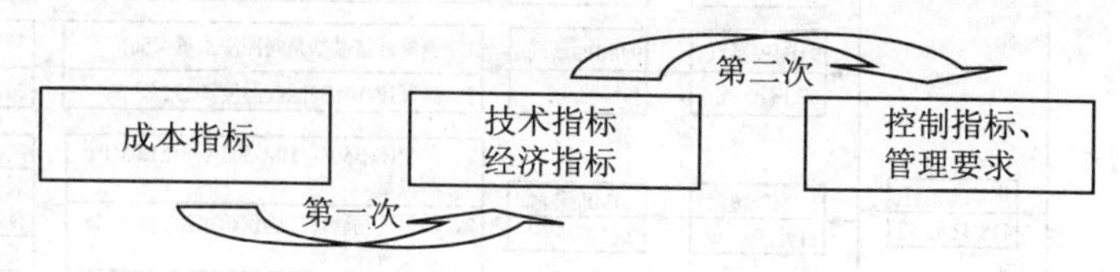

图7－10　成本指标转换示意图

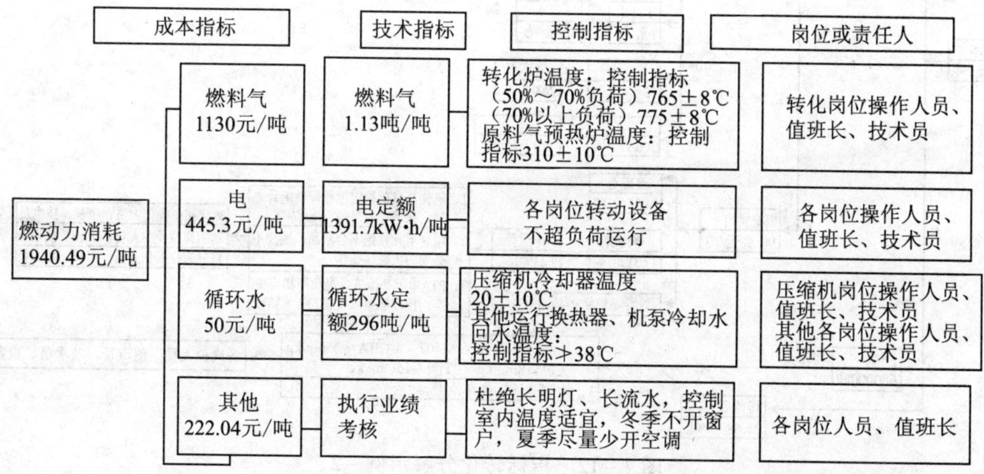

图7－11　指标转化分解示例－1

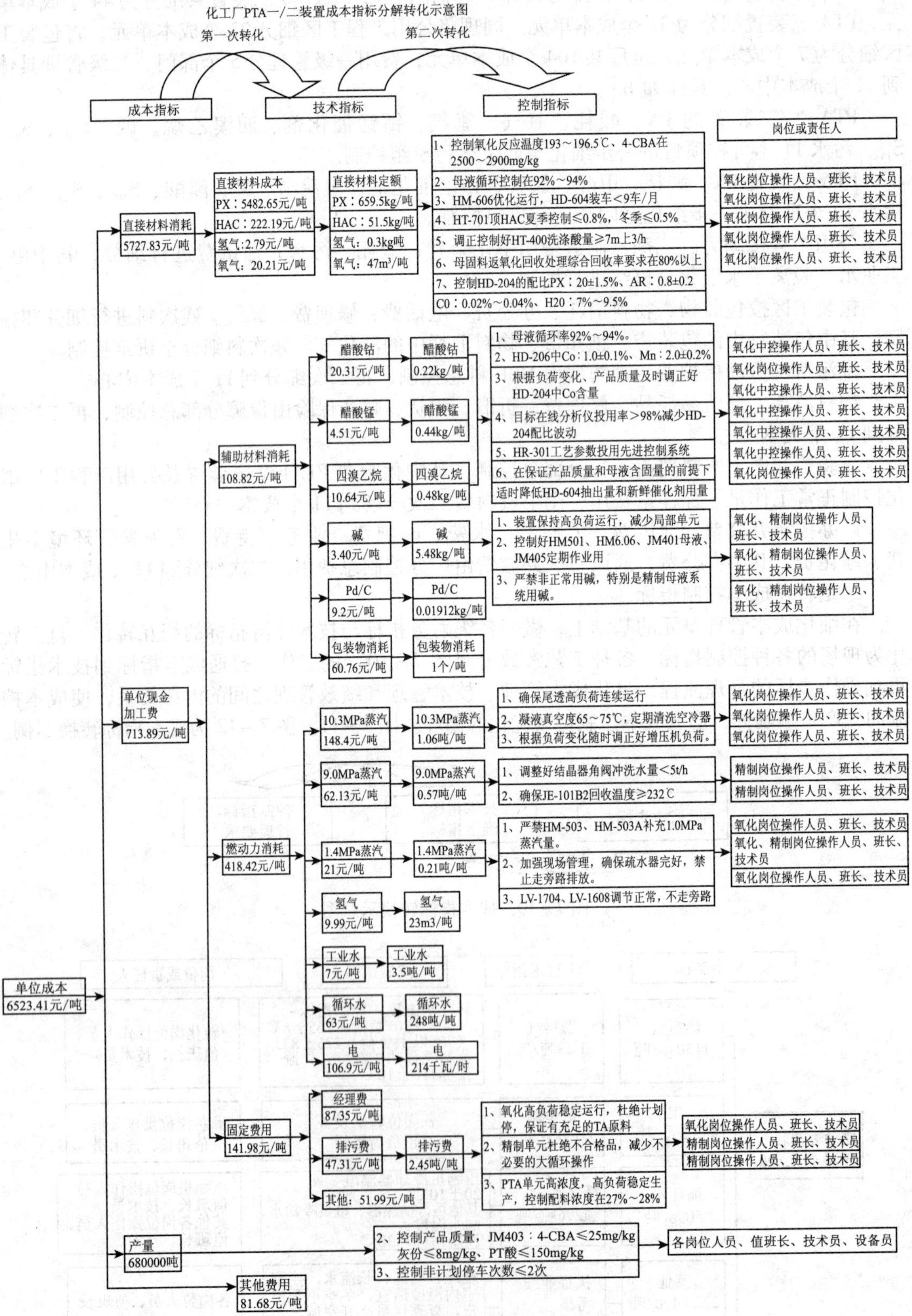

化工厂PTA一/二装置成本指标分解转化示意图

第一次转化　第二次转化

成本指标 → 技术指标 → 控制指标 → 岗位或责任人

单位成本 6523.41元/吨

- 直接材料消耗 5727.83元/吨
  - 直接材料成本：PX：5482.65元/吨；HAC：222.19元/吨；氢气：2.79元/吨；氧气：20.21元/吨
  - 直接材料定额：PX：659.5kg/吨；HAC：51.5kg/吨；氢气：0.3kg/吨；氧气：47m³/吨
  - 控制指标：
    1、控制氧化反应温度193～196.5℃、4-CBA在2500～2900mg/kg
    2、母液循环控制在92%～94%
    3、HM-606优化运行，HD-604装车<9车/月
    4、HT-701顶HAC夏季控制≤0.8%，冬季≤0.5%
    5、调正控制好HT-400洗涤酸量≥7m上3/h
    6、母固料返氧化回收处理综合回收率要求在80%以上
    7、控制HD-204的配比PX：20±1.5%、AR：0.8±0.2　C0：0.02%～0.04%、H20：7%～9.5%
  - 岗位或责任人：氧化岗位操作人员、班长、技术员；氧化岗位操作人员、班长、技术员；氧化岗位操作人员、班长、技术员；氧化岗位操作人员、班长、技术员；氧化岗位操作人员、班长、技术员
- 单位现金加工费 713.89元/吨
  - 辅助材料消耗 108.82元/吨
    - 醋酸钴 20.31元/吨 → 醋酸钴 0.22kg/吨
    - 醋酸锰 4.51元/吨 → 醋酸锰 0.44kg/吨
    - 四溴乙烷 10.64元/吨 → 四溴乙烷 0.48kg/吨
      - 控制指标：
        1、母液循环率92%～94%。
        2、HD-206中Co：1.0±0.1%、Mn：2.0±0.2%
        3、根据负荷变化、产品质量及时调正好HD-204中Co含量
        4、目标在线分析仪投用率>98%减少HD-204配比波动
        5、HR-301工艺参数投用先进控制系统
        6、在保证产品质量和母液含固量的前提下适时降低HD-604抽出量和新鲜催化剂用量
      - 岗位或责任人：氧化中控操作人员、班长、技术员；氧化岗位操作人员、班长、技术员；氧化中控操作人员、班长、技术员；氧化中控操作人员、班长、技术员；氧化中控操作人员、班长、技术员；氧化中控操作人员、班长、技术员；氧化岗位操作人员、班长、技术员
    - 碱 3.40元/吨 → 碱 5.48kg/吨
      - 控制指标：
        1、装置保持高负荷运行，减少局部单元
        2、控制好HM501、HM6.06、JM401母液、JM405定期作业用
        3、严禁非正常用碱，特别是精制母液系统用碱。
      - 岗位或责任人：氧化、精制岗位操作人员、班长、技术员；氧化、精制岗位操作人员、班长、技术员；氧化、精制岗位操作人员、班长、技术员
    - Pd/C 9.2元/吨 → Pd/C 0.01912kg/吨
    - 包装物消耗 60.76元/吨 → 包装物消耗 1个/吨
  - 燃动力消耗 418.42元/吨
    - 10.3MPa蒸汽 148.4元/吨 → 10.3MPa蒸汽 1.06吨/吨
      - 1、确保尾透高负荷连续运行
      - 2、凝液真空度65～75℃，定期清洗空冷器
      - 3、根据负荷变化随时调正好增压机负荷。
      - 岗位或责任人：氧化岗位操作人员、班长、技术员；氧化岗位操作人员、班长、技术员；氧化岗位操作人员、班长、技术员
    - 9.0MPa蒸汽 62.13元/吨 → 9.0MPa蒸汽 0.57吨/吨
      - 1、调整好结晶器角阀冲洗水量<5t/h
      - 2、确保JE-101B2回收温度≥232℃
      - 岗位或责任人：精制岗位操作人员、班长、技术员；精制岗位操作人员、班长、技术员
    - 1.4MPa蒸汽 21元/吨 → 1.4MPa蒸汽 0.21吨/吨
      - 1、严禁HM-503、HM-503A补充1.0MPa蒸汽量。
      - 2、加强现场管理，确保疏水器完好，禁止走旁路排放。
      - 3、LV-1704、LV-1608调节正常，不走旁路
      - 岗位或责任人：氧化岗位操作人员、班长、技术员；氧化、精制岗位操作人员、班长、技术员；氧化岗位操作人员、班长、技术员
    - 氢气 9.99元/吨 → 氢气 23m3/吨
    - 工业水 7元/吨 → 工业水 3.5吨/吨
    - 循环水 63元/吨 → 循环水 248吨/吨
    - 电 106.9元/吨 → 电 214千瓦/时
  - 固定费用 141.98元/吨
    - 经理费 87.35元/吨
    - 排污费 47.31元/吨 → 排污费 2.45吨/吨
      - 1、氧化高负荷稳定运行，杜绝计划停，保证有充足的TA原料
      - 2、精制单元杜绝不合格品，减少不必要的大循环操作
      - 3、PTA单元高浓度，高负荷稳定生产，控制配料浓度在27%～28%
      - 岗位或责任人：氧化岗位操作人员、班长、技术员；精制岗位操作人员、班长、技术员；精制岗位操作人员、班长、技术员
    - 其他：51.99元/吨
- 产量 680000吨
  - 2、控制产品质量，JM403：4-CBA≤25mg/kg　灰份≤8mg/kg、PT酸≤150mg/kg
  - 3、控制非计划停车次数≤2次
  - 岗位或责任人：各岗位人员、值班长、技术员、设备员
- 其他费用 81.68元/吨

图7－12　指标转化分解示例－2

三是建立控制指标体系。

通过认真测算、合理标定，以装置设计能力、达标指标及2008年以来实际消耗情况为参考，建立各成本单元在95%、100%、105%加工负荷下的可控标准成本指标体系。录入CPMS系统作为单元控制及分析的标准，图7－13为指标体系的信息维护。

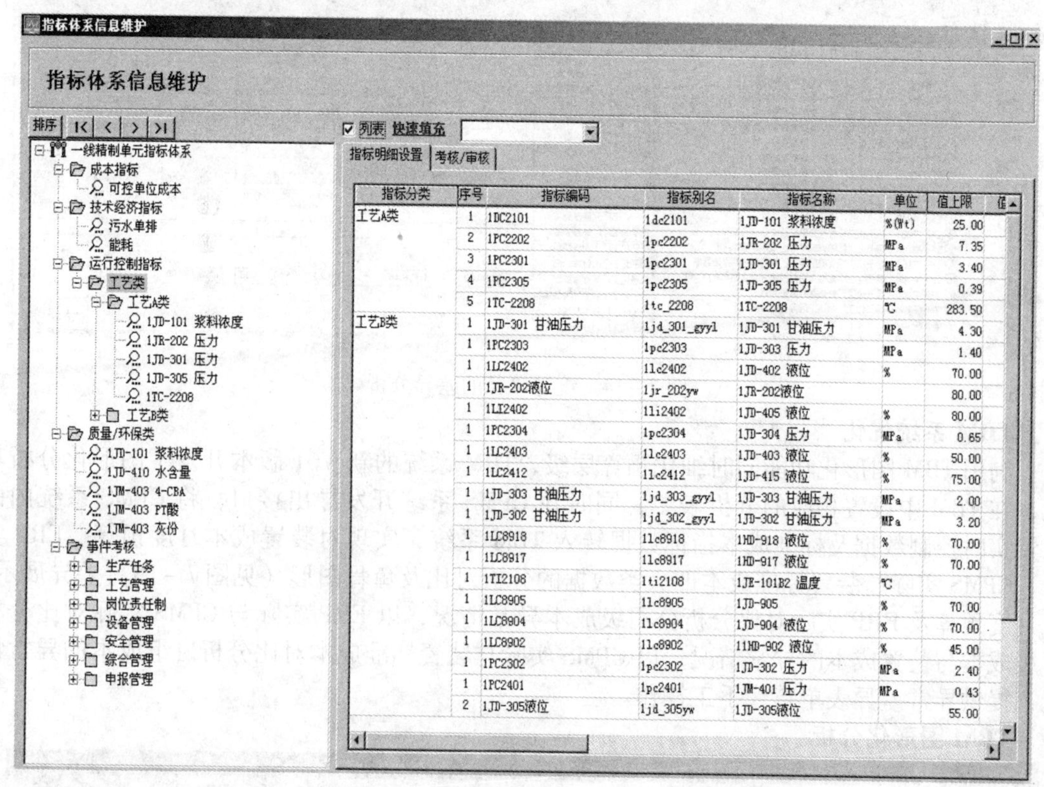

图7－13　指标体系的信息维护

③ 加大三大系统开发应用，实现单元成本集成管理。为更好地实施单元成本管理，化工厂在公司专业部门的大力支持指导下，深化ERP、TBM系统的功能完善开发，推进ERP、TBM两大系统与公司自主开发的CPMS系统的集成应用，按照费用控制责任细化零基预算申报，在ERP系统中建立工厂各级费用异常查询表单体系；在TBM系统中植入装置成本的鱼骨分析功能；在PTA装置对CPMS系统进行优化调整，利用各单元标准成本指标体系，强化班组对单元成本的控制。

ERP系统的深化应用

在ERP系统内开发ABAP查询报表，建立厂级及装置费用异常表单查询体系，实时展示各项费用的月度及年度预算完成差异情况，在异常表单内开发穿透查询功能，方便各级管理人员查询使用。图7－14为统计口径的差异分析。

实际数据
双击可追溯

化工厂物料消耗异常差异表

会计年度：2009 会计期间：009

部门	本月预算	本月实际	月度异常%	年度预算	累计已下达预算	年度实际	年度异常%
合计	186,900.00	168,828.28	9.67-	4,475,000.00	3,580,310.00	3,352,810.03	6.35-
扬子化工厂PTA一装置		42,248.37				2,463,927.91	
扬子化工厂PTA二装置						1,082.05	
扬子化工厂PTA三装置		77,481.71				499,405.36	
扬子化工厂PTA车间	110,900.00	119,730.08	7.96	3,733,000.00	2,980,395.00	2,964,415.32	0.54-
扬子化工厂HAC装置							
扬子化工厂ACC装置							
扬子化工厂HAC车间							
扬子化工厂公用工程	24,000.00		100.00-	100,000.00	48,335.00	19,748.84	59.14-
扬子化工厂包装工区	47,000.00	47,559.74	1.19	532,000.00	513,150.00	365,846.72	28.71-
扬子化工厂党群办公室							
扬子化工厂厂长办公室							
扬子化工厂人力资源科							
扬子化工厂运行技术部							
扬子化工厂运行保障部	5,000.00	1,538.46	69.23-	110,000.00	38,430.00	2,799.15	92.72-
扬子化工厂安全环境健康科							
扬子化工厂技术改造办							
扬子化工厂总单位							

图7-14 统计口径的差异分析

TBM系统优化

利用TBM图形化功能同时细化预算层级，TBM系统的新V61版本开发了图形化分析功能，在TBM中设置相应的分析表单，同时在CPMS系统开发导出接口，将CPMS系统内的装置实时控制数据及标准成本指标数据转入TBM系统，实现对装置成本月度预算、ERP实际、CPMS实际、装置标准成本四大类数据的分析对比及鱼骨图形（见图7-15）差异展示，以月度预算及ERP实际对比分析公司级成本异常情况，以ERP实际与CPMS实际对比分析厂级成本与装置成本的异常情况，以CPMS实际与装置标准成本对比分析班组成本的异常情况，提供异常差异表单替代手工操作。

TBM图形化分析

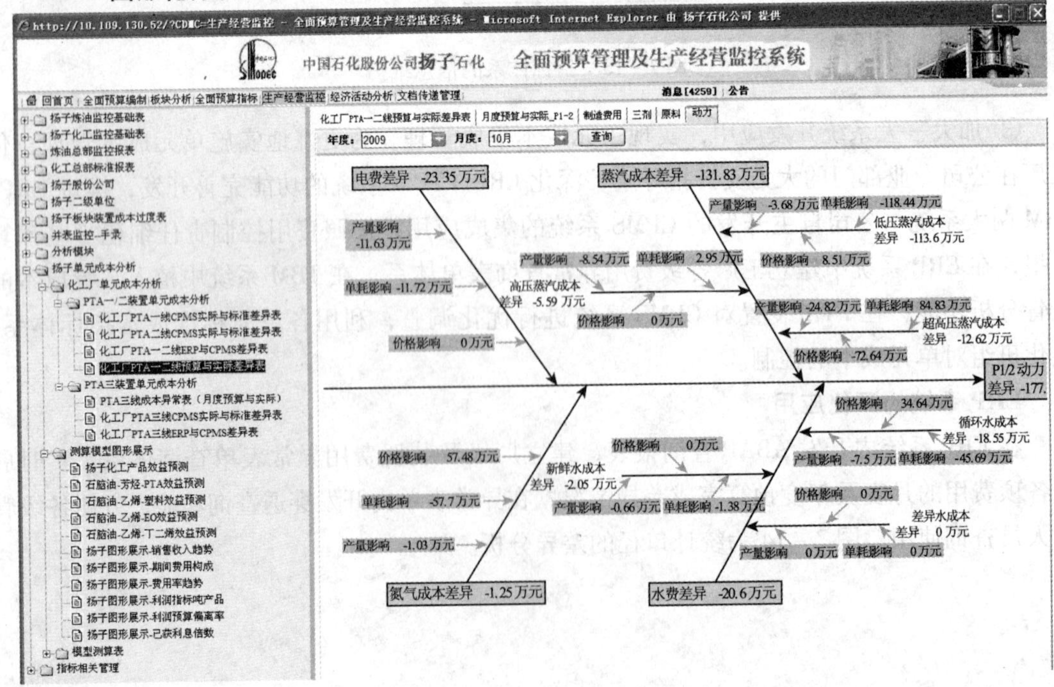

图7-15 鱼骨图成本异常分析

TBM 系统中单元成本分析（见图 7－16）的主要内容：

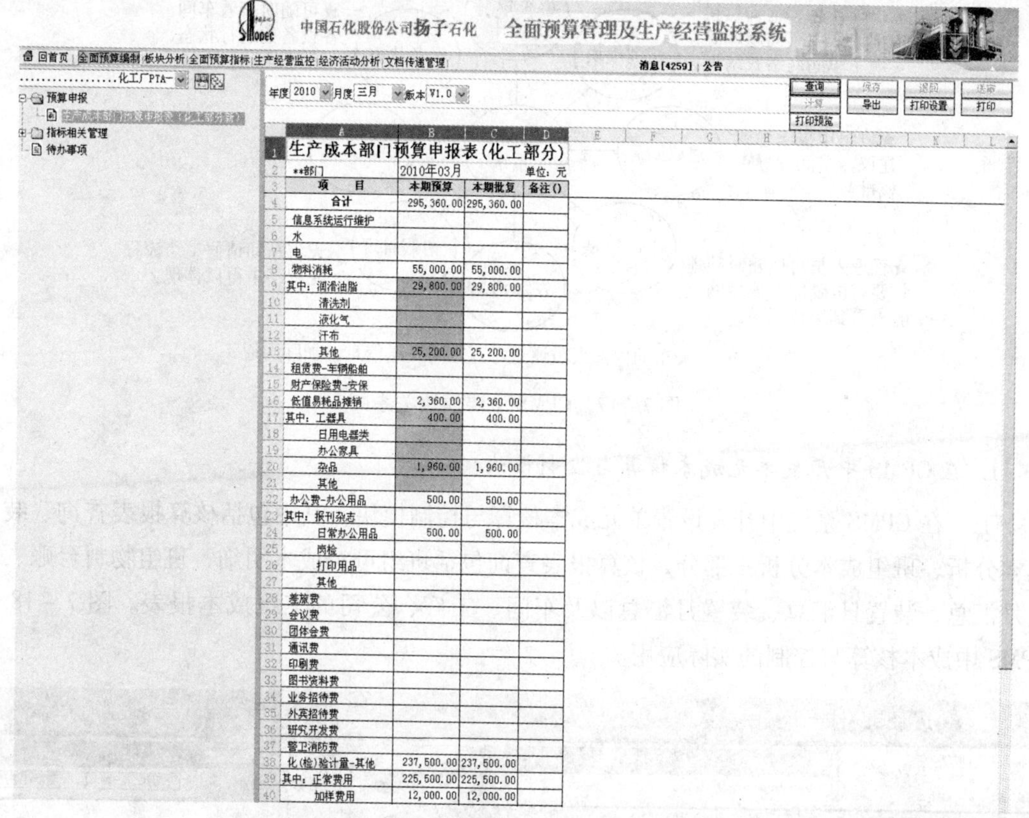

生产成本部门预算申报表（化工部分）			
**部门	2010年03月		单位：元
项　目	本期预算	本期批复	备注()
合计	295, 360. 00	295, 360. 00	
信息系统运行维护			
水			
电			
物料消耗	55, 000. 00	55, 000. 00	
其中：润滑油脂	29, 800. 00	29, 800. 00	
清洗剂			
液化气			
汗布			
其他	25, 200. 00	25, 200. 00	
租赁费-车辆船舶			
财产保险费-安保			
低值易耗品摊销	2, 360. 00	2, 360. 00	
其中：工器具	400. 00	400. 00	
日用电器类			
办公家具			
杂品	1, 960. 00	1, 960. 00	
其他			
办公费-办公用品	500. 00	500. 00	
其中：报刊杂志			
日常办公用品	500. 00	500. 00	
岗检			
打印用品			
其他			
差旅费			
会议费			
团体会费			
通讯费			
印刷费			
图书资料费			
业务招待费			
外宾招待费			
研究开发费			
警卫消防费			
化(检)验计量-其他	237, 500. 00	237, 500. 00	
其中：正常费用	225, 500. 00	225, 500. 00	
加样费用	12, 000. 00	12, 000. 00	

图 7－16　TBM 中的单元成本分析

按照工厂各项费用的控制责任，对费用的单元成本分析进行层级设置，费用一级管理分 5 个部门、二级管理具体到 11 个成本中心，对 18 个费用项目进行严格控制，对费用项目的单元细目进行分解，将物料消耗细分为润滑油脂、清洗剂、液化气、汗布及其他五类；低值易耗品细分为工器具、日用电器类、办公桌椅、杂品、其他五类，化验检验费细分为正常费用及加样费用，办公费细分为报刊杂志、日常办公用品、岗检、打印用品、其他五类。在 TBM 系统内增加相应的指标体系，对厂各级预算申报、审批表进行调整，以预算编制为起点做好单元成本分析准备。

7.3.3　CPMS 系统中开发装置、班组单元成本控制模块

为全面规范和提升装置（车间）、班组的基础管理水平，促进降本增效和运行成本控制，进一步深化扁平化改革，完善准运行部运行机制，公司开发了适用于基层单位管理的信息化管理平台——车间班组成本控制和绩效考核系统（简称 CPMS 系统）。同时在 CPMS 系统中开发设置了单元成本核算与控制模块，通过与其他模块间的横向联系（见图 7－17），达到单元成本控制的目的。

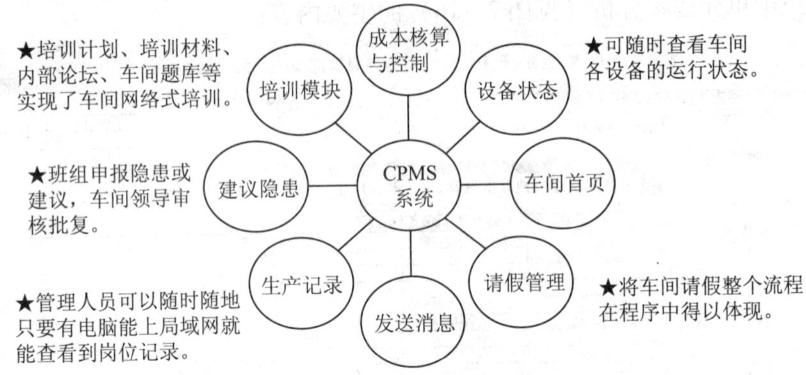

图 7－17　CPMS 主要模块关系图

1. **在 CPMS 中开发单元成本核算与控制模块**

工厂在 CPMS 系统中开发设置单元成本核算与控制模块，其中包括核算报表查询、装置成本分析、班组成本分析三部分，核算报表查询包括班组可控成本明细、班组物料台账、班组月汇总、装置日汇总、装置月汇总以及车间、工厂、公司的三级成本报表。图 7－18 为 CPMS 中成本核算与控制的实际应用。

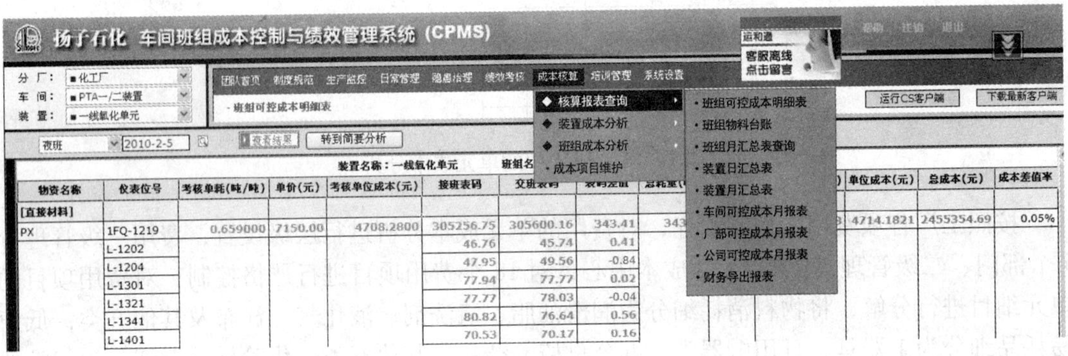

扬子石化　车间班组成本控制与绩效管理系统 (CPMS)

分　厂：化工厂
车　间：PTA一/二装置
装　置：一线氧化单元

团队首页　制度规范　生产监控　日常管理　隐患治理　绩效考核　成本核算　培训管理　系统设置

· 班组可控成本明细表

◆ 核算报表查询　◆ 装置成本分析　◆ 班组成本分析　· 成本项目维护

· 班组可控成本明细表　· 班组物料台账　· 班组月汇总表查询　· 装置日汇总表　· 装置月汇总表　· 车间可控成本月报表　· 厂部可控成本月报表　· 公司可控成本月报表　· 财务导出报表

运行CS客户端　下载最新客户端

夜班　2010-2-5　查看结果　转到简要分析

装置名称：一线氧化单元

物资名称　仪表位号　考核单耗(吨/吨)　单价(元)　考核单位成本(元)　接班表码　交班表码　……　单位成本(元)　总成本(元)　成本差值率

[直接材料]

PX　1FQ-1219　0.659000　7150.00　4708.2800　305256.75　305600.16　343.41　……　4714.1821　2455354.69　0.05%

L-1202　46.76　45.74　0.41

L-1204　47.95　49.56　-0.84

L-1301　77.94　77.77　0.02

L-1321　77.77　78.03　-0.04

L-1341　80.82　76.64　0.56

L-1401　70.53　70.17　0.16

图 7－18　CPMS 的实际应用

2. **建立班组比、学、赶、帮、超平台**

通过 CPMS 系统，将所有生产成本项目细化分解，准确归集，实行成本核算，使成本管理渗透到装置的每个岗位和生产的每个环节，为装置进行效益评价和成本分析提供及时、准确的数据支持。成本的核算自动化，数据自动从 PHD 等系统中采集，系统提供各类班组可控数据报表、班组交接班数据明细表、班组月汇总表、装置月汇总表、分时段报表、班组/装置台账等，让班组班班算成本，班班见成本，最终达到班班控成本。图 7－19、图 7－20、图 7－21 是班组比学赶帮超活动的逐层示意图：

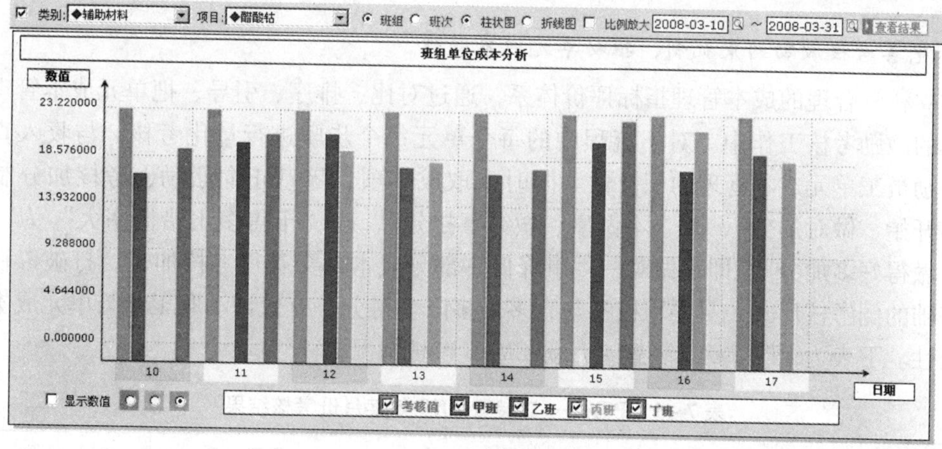

图 7-19 班组单位成本分析

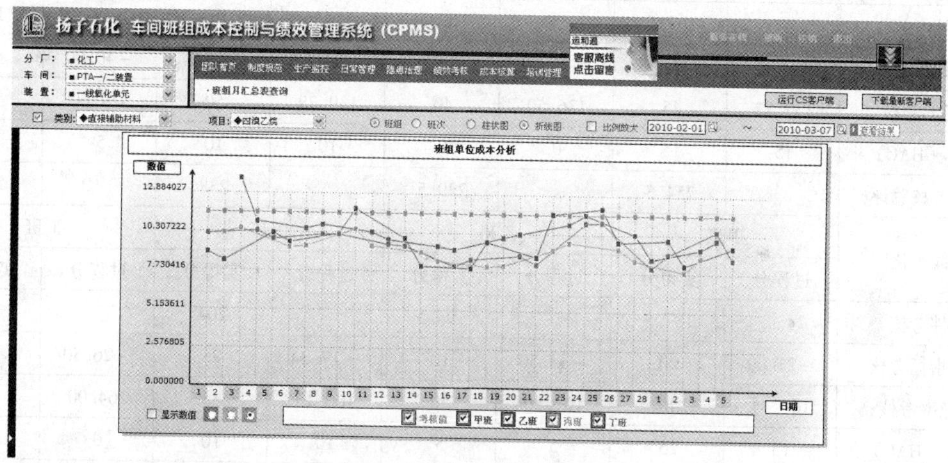

图 7-20 班组成本快速查询折线

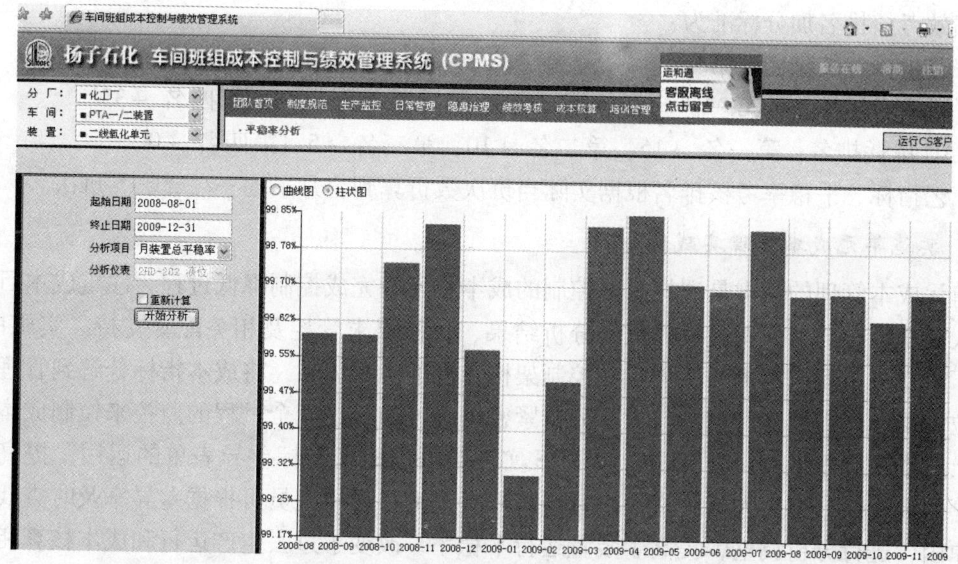

图 7-21 班组成本控制运行平稳率

3. 完善考核激励约束机制，推动单元成本管理

建立科学合理的成本管理指标评价体系，通过对比、排序、引导，把单元成本管理落实到具体的激励考核工作中。对于流程中的每个单元每个步骤进行量化考核，与收入直接挂钩，激励员工单元成本管理的积极性。同时采取成本项目零基正向激励、考核加分制（工作从零开始、做对加分），改“不做事、做错事扣分”，改“干得多出错概率大”为“多做得分、做得好多加分”。即每做对一件事降低一部分成本都会获得考核加分。打破以往以满分为基础的倒考核形式，只要积极参与，多做多降多得分，有效调动职工参与单元成本管理的积极性。下表为 PTA 一/二装置 4 月份 CMPS 考核情况。

表 7－1　PTA 一/二装置 2010 年某月份考核结果

一线氧化	甲班		乙班		丙班		丁班	
	过程分	实得分	过程分	实得分	过程分	实得分	过程分	实得分
事件考核		169.5		169.5		163		163
工艺指标考核	－16.88	25	－24.00	20	－24.38	15	－40.00	10
平稳率考核	137.72	45	136.50	40	139.78	50	129.60	35
成本（HAC）	15	15	0	0	10	10	5	5
绩效考核总评		254.5		229.5		238		213
二线氧化	甲班		乙班		丙班		丁班	
	过程分	实得分	过程分	实得分	过程分	实得分	过程分	实得分
事件考核		187.5		194.5		204		184
工艺指标考核	－21.09	20	－33.50	10	－17.34	25	－26.50	15
平稳率考核	161.44	40	167.80	50	160.13	35	164.00	45
成本（HAC）	15	15	5	5	10	10	0	0
绩效考核总评		262.5		259.5		274		244

绩效考核排名加分标准为：

工艺指标考核排名：第一名 ＋25，第二名 ＋20，第三名 ＋15，第四名 ＋10。

平稳率考核排名：第一名 ＋50，第二名 ＋45，第三名 ＋40，第四名 ＋35。

HAC 单耗排名：第一名 ＋15，第二名 ＋10，第三名 ＋5，第四名 ＋0。

工艺指标、平稳率考核排名根据实际当班次数折算到全月平均一/二线 15 班次。

4. 实施单元成本管理实践体会

单元成本管理的关键是选择好可控制的成本单元并完成控制降低过程，注重成本目标的责任人和全员参与，强调过程的成本分析结果、目标追求管控及相关配套支持。实施以来，化工厂建立了单元成本责任、分析和控制架构和标准指标体系，将成本指标分解到管理和操作岗位员工，使生产运行控制与成本分析紧密结合，通过生产全过程的监控来控制成本，提高全员成本控制意识；ERP、TBM、CPMS 实时数据与标准指标差异表单的运用，提高了零基预算的准确性，相关人员可直接进行经济分析查询，班组人员可根据差异率及时查找造成差异原因，进行分析调整，提高了装置运行平稳率，改变了过去生产运行和成本核算相脱节的现象，使得经济指标得到进一步提高。总结实施过程，有以下体会。

（1）成本异常的E化管理是手段。

要针对各成本单元的实际与目标控制情况的比较需求，开发成本异常表单体系，通过E化的电子表单，快速展现成本单元的问题所在，以差异报告单、跟催单、异常解决情况表等电子表单形式，加快问题的流转，分析所显示的问题点、异常点，深入了解生产单位的实际情况，针对异常找到企业的合理成本，及时调整工艺操作参数，以实现成本最小化，效益最大化。

（2）成本分析和管理内容的自动集成是重点。

要集成应用各信息平台，建立起自下而上、上下沟通的成本管理信息系统。近年来炼化企业已经基本建立两大财务信息系统，一是ERP系统、二是全面预算系统。首先ERP系统的实施推进，企业的各种经济业务全部通过计算机进行，逐步实现了流程优化、控制强化、操作简化，ERP系统记录了企业各项基础业务的实际数据；全面预算系统的实施，建立了企业预算自下而上逐级编报，同时也是预算指标逐级分解下达的平台。单元成本管理在深化运用上述两系统的基础上，结合MES、PHD、DCS等技术、操作数据平台，数源一次录入，将成本分析内容自动集成，快速展示各级差异，运用单元成本责任体系对超出报警范围的异常，以邮件、表单、短信等提醒方式传递给事先确定好的责任人，实施分析、查找、跟催、优化调整等直至问题解决，实现闭环管理。

（3）成本控制目标的责任人推进和全员参与是关键。

要把确定单元成本控制目标作为首选和关键，将其纳入到年度和月度绩效考核之中。成本控制工作是全体员工参与，领导的责任更大工作更深更广，工厂、装置的每一个环节、每一个人，每一个员工的工作中要对单元成本管理担负责任。通过月度考核，将成本控制目标与班组以及个人绩效挂钩，逐级传递运行压力，建立纵向到底、贯穿始终的全员、全方位、全过程的精细目标成本管理模式。

（4）成本管理单元的细分和重组是保障。

借鉴台塑合理化管理经验，结合本单位成本管理、计量手段等实际情况，按三套装置、两个工区及机关科室对成本的控制责任进行成本单元的最小化细分，建立切实可行的更小成本单元组织架构。在成本预算的申报、审核、控制、分析的各个环节均严格执行最小单元管控。只有通过细分和重组，才能寻找的成本关系，落实成本责任，通过实施成本管理后达到降本增效的目的。

7.4 某炼化企业全面预算管理实践

随着某大型炼化企业向炼化一体化的转型，生产经营实现了大跨越，财务管理工作也取得了长足进步。特别是在全面预算管理方面，该企业以“比学赶帮超”为抓手，深化预算、资金和全员成本目标管理，深度参与生产经营优化，不断强化过程控制，使全面预算管理成为降本增效的“紧箍咒”、提升价值创造能力的“指挥棒”、查找管理短板的“信号树”，为实现企业整体效益最大化发挥了重要作用。

7.4.1 全面预算管理成为降本增效的“紧箍咒”

该企业通过全面预算管理，将年度生产经营、降本减费目标全方位、逐层级分解，并加以固化和量化，落实了各级预算责任主体，以刚性的指标考核念好“紧箍咒”，不仅促使了降本增效目标的实现，还不断锻炼广大干部员工艰苦奋斗、厉行节约的优良作风。

1. 职责清晰是实施“紧箍咒”的前提

为了保证管理责任的真正落实，该企业通过“三项制度”建设，明确了谁来管，管什么，怎么管。例如，对于化工辅材的管理，该企业明确生产管理部门为责任主体，承担化工辅材采购、消耗的全部管理责任；物质采购部门为与之相关的挂钩单位，对化工辅材的采购价格承担连带责任。这样的职责明晰彻底解决了一项业务涉及多个单位参与过程中常见的扯皮、不负责任现象，增强了预算管理的有效性和时效性。

2. 指标先进是实施“紧箍咒”的关键

为激励和引导全体干部员工“跳一跳摘果子”，该企业结合“比学赶帮超”活动，按先进原则设置确保、力争、奋斗三档考核指标：“确保指标”为总部考核指标或本单位三年平均水平的择高，“力争指标”为本单位历史最好水平，“奋斗指标”为确保指标与力争指标差距的两倍。该企业将324项关键指标、短板指标纳入绩效考核，并明确每个指标的责任部门，责任部门再将指标分解到基层，形成了“指标层层分解、责任逐级传递”的指标体系。在奖金分配时，将每个人的奖金与公司的预算指标、所属单位的预算指标、个人的预算指标挂钩，使每位员工不仅要做好自己份内的工作，同时还必须紧盯本单位及公司的绩效指标，这一考核机制有效地调动了全员参与预算管理的积极性。

3. 直达基层是实施“紧箍咒”的基础

全面预算管理不能仅停留在处室、运行部层面，而要深入到最基层，只有这样，全面预算管理才能焕发出强大的生命力。该企业借助班组成本管理平台，使全面预算直达班组和一线操作人员。通过班组经济核算系统，班组成员可以一目了然地看到各项操作对成本效益的影响，各班组在对比分析中可以看到自身的差距，进而找到优化的方向、改进的措施。

4. 刚性执行是实施“紧箍咒”的保证

全面预算管理是一个联系实际、注重绩效的弹性决策过程，但预算一经制定后，便应在企业内部具有“法律效力”，各部门在执行中必须严格按照预算办事。为了提高全面预算执行的“刚性”和“权威性”，该企业对制度进行了全面梳理，将公司业务流程、内控流程与ERP系统流程进行统一，实现了“人控”向“机控”的转变，使全面预算管理得以全面提升，为“刚性”执行提供了可靠的制度保障。

7.4.2 全面预算管理成为深化“分子管理”、提升价值创造能力的“指挥棒”

以“分子管理”为核心的“一平稳四优化”的生产经营优化机制，对财务管理工作提出了更高要求。该企业不断实践探索，把全面预算管理作为生产经营的“指挥棒”，不仅将账算得更勤、更细，而且将账算得更深、更透，为企业价值创造能力的持续提升作出了积极贡献。该企业连续3年利润均超过了50亿元，使价值创造能力得以充分体现。

1. 发挥全面预算管理连接“市场”和“现场”的桥梁作用

尽管在总部集中管理体制下，生产企业不再直接面对市场，但市场永远是现场的导向。在执行总部下达计划的前提下，将市场信息转化为可操作的数字信息，落实到产品品种、数量、结构的排序和优化，是该企业开展全面预算管理工作的重点。从“算了再干”到“算精了再干”，使全面预算管理优化生产经营的“指挥棒”作用更加明显。2008年前，该企业

执行的是月、旬、日优化机制，2008年后是“日产销平衡、周生产优化、旬经营决策、月分析完善”优化机制，一字之差，背后工作量的增加何止几倍。财务、计划、经贸、生产等部门联动，近几年各类生产经营优化方案测算均超过了600次/年。2011年，针对化工产品大量增加、每个产品定价机制各不相同等特点，该企业以产品获利能力动态排序指导产品结构调整，全年完成45稿。该企业全面预算管理的工作重心，从传统的“六轮测算”转向“对比、监控、分析、优化”上，切实发挥了“市场”指挥“现场”的桥梁作用。

2. 发挥全面预算管理融合“炼油”和“化工”两大板块的优化作用

一是从全面预算的源头上打破板块界限。传统的炼油思维是走劣质化低成本路线，乙烯开工后，通过精细的财务测算，该企业发现原有的原油结构并不能做到整体效益最优。但如果放弃劣质化就意味着炼油装置能力的放空和高企的原料成本。面对既要调轻满足产乙烯原料需求，又要劣质化控制采购成本的巨大压力，该企业及时提出了“原油适度劣质化，在确保本质安全的基础上，更多地向后续加工要效益”的思路。2011全年采购原油平均API为30.31，平均硫含量为1.67%，累计进口原油成本比总部平均水平低1.27美元/桶。二是把全面预算的账算到每个“分子”。一方面，通过财务效益测算，该企业统筹氢气、C_1 ~ C_6资源的综合利用，使低价值的干气、富乙烷气、正构C_5等多种炼油副产品成为优质裂解原料；另一方面，将抽余油、高辛烷值组分等低价值的乙烯副产品反哺炼油，转变为高价值炼油产品，实现了炼油、化工的相互促进，使乙烯原料更丰富、更轻质、成本更低。2011年乙烯对石脑油的依赖度从设计的87%降至50.85%，原料成本比总部平均水平低473.68元/吨。

3. 发挥全面预算管理变“理论数据”为“操作成果”的转化作用

该企业在系统内首家自主建成桌面炼厂系统（RSIM）模型，同时又对裂解模拟软件（SPYRO）有深入的应用，而这些优化软件成功应用的关键是财务必须提供精准的数据。该企业发挥全面预算管理的作用，使系统优化软件发挥了巨大的作用。如通过“公司产品效益排序”和裂解模拟软件（SPYRO）联合应用，使“分子管理”更为自如，不仅可以对所有乙烯原料进行优选，而且能对同一类原料按来源的不同进行优选、对每一种原料确定最佳操作点。以液化气为例，某该企业可以通过分析不同来源的液化气分子组成，轻松确定产出液化气进裂解炉效益前三名装置是轻烃回收、三重整、三常，进而最大限度使用这三套装置产出的液化气进裂解炉，同时指导运行部确定装置最佳运行参数，从而把理论数据转化为实际操作成果，精确定位到了装置馏出口和最佳操作点。2011年，乙烯装置双烯收率超过49%，仅多使用液化气等轻烃类原料16万吨一项，就增效2.4亿元。

7.4.3 全面预算管理成为挖掘绩效增长点、查找管理短板的“信号树”

在炼化一体化的生产经营格局下，生产战线拉长了，工艺流程复杂了，预算的步骤烦琐了，但全面预算管理更有“文章”可做了。该企业充分利用全面预算管理绩效监控分析系统，对影响公司生产、经营、管理各环节的要素进行监控、对比、分析，透过数据变化及时发现管理短板和增效点的“信号”。

1. 通过监控分析发现管理短板的“信号”

一是监控过程更加突出一个“细”字。每个财务指标细化到底，不留死角，触及生产经营各个环节。比如对吨油完全费用指标中的“外购辅材”项目的监控，该企业细化到每一种化工原材料的数量、单耗、价格、生产厂家等因素，每个因素稍有异常，就可以通过

"ERP"系统、"TBM"系统接口追查分析原因，发现管理上存在的"短板"。二是监控的范围更加突出一个"广"字。该企业将先进企业的主要财务指标、技术经济指标纳入绩效监控分析系统，同步跟踪对比，查找自身的不足。比如，裂解装置产品单位加工成本是重点监控指标，乙烯开工初期，这个指标在系统内处于落后，某大型炼化企业通过持续优化乙烯原料结构、降低能耗、提升收率等措施，乙烯产品单位成本指标迅速走到了国内大乙烯前列，2011 年全年乙烯产品单位成本较股份公司平均低 479. 59 元/吨。但当把这个指标剥开来细分析，发现动力单耗落后于其他先进企业，生产部门即展开了降低能耗的课题攻关，较好地提高了乙烯裂解装置的绩效水平。

2. 通过全面预算管理发现各种增效点的"信号"

全面预算管理重中之重在于生产经营优化，但是诸如项目审核、资金结算、票据管理、税收筹划等环节，如果管理得好，加起来也是一个大数字。在项目审核方面，2011 年度财务审核单项工程 348 个，累计核减金额 1272 万元。乙烯工程总投资相比基础设计，同口径节约超过 30 亿元。在资金结算方面，在总部的支持下，2011 年提前签定了新一轮"银关保"合同。全年"银关保"业务累计节约资金占用 146. 54 亿元，节约财务费用 2801 万元。在票据管理方面，该企业在炼化企业中首家自主在 ERP 系统中开发票据管理系统，2011 年，累计背书使用 9. 8 亿元，节约财务费用约 365 万元。2012 年上半，在严峻的生产经营形势面前，该企业专门制定措施强化信用背书使用，1 ~6 月累计背书使用银行承兑汇票 4. 23 亿元，接受背书的供应商数量累计已超过 60 家，直接降低公司资金使用成本超过 500 万元，在税收筹划方面，该企业坚持最大限度地用好用活税收优惠政策，主动加强税企交流，采取"走出去"、"请进来"的工作方式，召开税企座谈会，编报了税收宣传专刊，积极增进税企沟通。经过努力，2011 年累计享受各类税收优惠 10512 万元。2012 年上半年已累计争取到各类税收优惠 9067 万元。

7.4.4 几点启示

1. 加强全面预算管理要注重理念更新

全面预算管理是企业成本管理的核心，要不断加强成本管理新知识、新理念的学习，既要关注当期效益的最大化，更要关注企业价值的最大化；既要关注控制价值牺牲，更要关注价值创造；既要关注内部制造成本，更要关注经营决策。

2. 加强全面预算管理要注重结合企业实际

财务人员要贴近企业生产经营实际，主动学习生产知识，同时加大对各级经营管理人员财会税务知识的培训力度，让生产人员也要懂财务知识，切实将财务指标与生产实际、岗位操作结合起来，更好地指导企业生产经营。

3. 加强全面预算管理要注重连结市场与现场

尽管在总部集中管理体制下，生产企业不再直接面对市场，但市场永远是企业的"衣食父母"。在执行总部下达计划的前提下，企业预算必须连结市场与现场，坚持不断完善企业的"雷达系统"，时刻保持对市场高度的嗅觉，这是保持良好价值创造能力的重要组成部分。

7.5 某油品销售企业调整运输结构有效控制物流成本案例

7.5.1　案例简介

某成品油销售企业如果采取油品全部从600公里以外的炼厂通过公路运输的方式直接配送入站的方式，按照0.655元/吨公里的成本计算，每吨运费393元。面对居高不下的物流成本，经公司研究考察决定，决定调整物流方式，将油品先从炼厂运至具有铁路专用线的油库中储存，再通过公路运输配送至加油站。经测算，炼厂到油库需铁路运输费用200元/吨，油库到加油站二次配送费用50元/吨，仓储、接卸费用及合理损耗25元/吨，吨油物流成本为275元，较原通过公路运输一次配送入站公路运费节约118元/吨。

7.5.2　案例分析

（1）二次配送优化。面对物流成本居高不下的局面，该公司能够适时调整，将炼厂汽运到站的物流形式调整为由炼厂铁路运到库，再汽运配送到站，吨油配送费用降低了118元，实现了向物流优化要效益。但考虑到该公司二次配送业务刚刚开展，在实现配送计划统一安排、运力统一调配、库存统一管理以及加油站主动配送等方面仍需优化。

（2）油库仓储。该企业为了保证市场供应和资源周转，油品入库虽增加了仓储和损耗费用，但大大降低了物流成本。同时，增强了应对突发事件和市场保供的能力，在资源供应紧张的情况下，可以利用现有库容，发挥淡储旺销、调节供需、平抑市场的作用，为企业实现更多利润。

（3）物流人才。通过该企业物流配送方式的变化，可以看出企业先进的物流管理技术和管理方法还尚未得到完全应用，企业内部既懂得物流管理知识又具有实际操作技能的人才相对短缺，仍有进一步优化物流配送系统的潜能。

7.5.3　解决措施

（1）建立集中统一的成品油物流调度指挥系统。随着油品销售业务的快速发展，先进的成品油物流调度指挥系统显得日益重要。该企业应加快建设并完善成品油物流调度指挥系统，以优化成品油从炼厂到油库、从油库到加油站的运输，实现对油库库存和各种物流作业的实时动态监控，从而降低大大物流成本。

（2）加大物流设施设备的投入力度。该企业应分阶段投入资金，逐步完成对成品油物流设施设备的自有化，增大库容规模、提高运能运力及油库设施设备自动化水平，以适应不断增长的成品油销售业务对物流服务的需求。

（3）重视物流人才引进与培训工作。高度重视物流人才的引进与培训工作。在引进物流人才时，建议分别制定物流作业人员、基层物流管理人员和高层物流管理人员三类人才引进标准。在引进物流人才之后，对不同物流人才进行相应的培训和开发。

7.6 某油品销售企业采取定额管理控制销售服务费案例

7.6.1 案例简介

某成品油销售企业，通过定额管理的方式，合理管理销售服务费。

（1）销售服务费用定额管理的范围：县公司（片区）经理、商业客户部、润滑油管理部等经营部门因在现场管理、客户维护过程中发生的交通费。

（2）销售服务费的核定：① 片区经理销售服务费的核定：根据片区站点的个数以及到站、点的距离（公里）×每公里油耗费用×每月下站、点的次数×12 个月标准计算核定。② 商业客户经理以及润滑油客户经理销售服务费的核定：按照省分公司客户管理办法要求，每月对辖区客户至少走访一遍的标准计算核定。

（3）销售服务费用的考核：每月初，由市分公司考核部门根据每个片区上个月的实际费用开支情况和加油量以及客户经理的销量与预算进行对比考核并实施奖惩，节约 50% 奖励，超支 30% 扣发当事人工资。

7.6.2 案例分析

（1）预算风险。销售服务费用既然是根据各种因素经测算或参照历史数据核定的，只能是主观与客观相结合上的理论耗费，与实际必然存在着一定的差距，且受各种不确定因素的影响，超支和预算结余的可能都存在，预算偏差必然会对费用的管理带来风险，一方面有的费用超支不够用，另一方面可能存在定额结余用不了的情况，有的县公司（片区）经理或客户经理为了套取费用，可能会将节余的定额费用虚报冒领，造成浪费。

（2）税务风险。县公司（片区）经理或客户经理为了用足定额费用指标，套取费用，不管实际开支与否，在其能办到的可能下，收集各种发票或找人代开发票报销费用，造成大量的虚假发票报账。在税务检查中，被税务人员提出，给企业造成很坏影响，有的被税务部门处罚补税，给企业造成经济损失。

（3）经营风险。为了不超销售服务费的预算，避免超支费用被扣发工资，县公司（片区）经理或客户经理想尽办法减少开支。有的为了节省销售服务费，减少下加油站检查次数，减少走访客户的次数，放松了对加油站和客户管理力度。

7.6.3 解决措施

（1）提高销售服务费用管理的科学性。应充分考虑各片区加油站、点距离和数量，实际销量大小，以及各片区车辆情况，制定接近实际的销售服务费，减少主观性，使各单位销售服务费核定尽量准确。明确客户经理走访客户的次数，提高回访质量。

（2）加强发票的审核力度，利用国税网络发票查询系统，甄别发票的真伪，减少虚假发票报账，杜绝税务风。

（3）加大督察力度，细化管理措施。督查部门经常下站对片区经理管理加油站情况进行督查，避免为减少费用减少下站次数的行为。

后 记　中国石化成本管理挑战及前瞻

伴随中国石化的发展，这些年来公司的成本管理工作在方法、理念和实践等方面都取得了长足的进步。《企业成本管理》教材是对中国石化成本管理状况的初步总结，也是适应公司发展需要，完善成本管理体系的一次探讨，供关注和执行成本管理工作的同志参考和借鉴。受参编人员业务面的限制，教材恐未能全面提炼和展示中国石化的成本管理经验和特点，成本管理从来也不仅是财务人员的担当，而是每个员工的责任。为实现世界一流能源化工公司的战略目标，成本管理的提升仍面临诸多挑战，任重而道远。

1. **成本管理的价值理念仍需继续推广和深化**

企业不论是实行成本领先或是差异化战略，均应以价值最大化为经营目标。现阶段，中国石化实行成本领先为基础的成本管理体系，为实现成本领先目标，企业在责任目标设计和管理实践中容易单方面突出成本降低。但是成本指标的降低，在不少时候难以全面提升甚至是损害企业价值。

成本管理工作要深化，需要让成本管理的价值化理念深入人心，需要营造出成本管理工作的良好氛围，使得各层级的领导、各岗位的职工，能对自己和相关人员的成本责任、实践方式有清醒认知。由此，成本价值化管理理念推广、实践落实和目标实现的良性循环才能持续出现。

2. **成本管理的压力和紧迫性逐步增强**

随着国家收入倍增计划的逐步实施，以及民众对环境的日益重视，中国石化未来的人工成本、环保以及社区管理等社会责任将日益增长；页岩油气等低成本新型能源和化工原料的出现，已经对现有的能源和原料的结构形成现实的冲击。与此同时，成品油价格的政府调控，通用化工品市场受经济放缓、投资扩大影响，近年出现的饱和迹象，使得公司的盈利空间不可避免受到压缩。随着公司经营规模的逐步扩大，折旧、人工等固定性支出占比加大，经营的弹性减小，强化日常经营成本管理的难度加大。盈利空间受限带来的降本需求加大，而规模扩大造成原有的降本手段和效果减小，由此带来的矛盾需要我们以更新的角度、更宽的视野、更丰富的手段来化解。

由此，我们成本管理的重点需要进一步拓展到投资、技改、采购、科研等更广泛的环节，需要对相应环节的成本逐步建立起完备的评价体系、系统的改善方式和合理的责任考核。

3. **成本管理者之间需要加强协同**

成本是资源耗费的价值计量，是生产经营各环节的价值流出，其核心目标是价值增值，在明确各责任单元的增值责任后，需要以总体产出最大化作为最终目标，但合力的发挥我们现在仍远不到位。投资项目、技术改造、流程优化和计划排产等多个经营环节，尚未在公司层面，整体形成对原料和产品价格走势及时、协调和统一的判断和指导；成本管理作为决策支持，基础信息难以完全达到各方要求，使用的方式方法也形形色色，使得作业措施、技术改造等决策，在立项和总结等阶段的效益评价难以公允合理的量化；技术经济指标的计算和评价，仍然没能有机的融合在成本管理体系的预算、核算、控制等各环节当中；物资与物料采购成本的评价体系也需要进一步完善。

这就要求我们从公司整体的角度，高屋建瓴的搭建起成本管理工作的框架。确保各层面、各部门的参与者，数据基础一致、目标一致、行动一致，真正发挥全员成本管理的合力的优势；并且通过网络竞价、化工销售买断、原油买断等方式，市场化的评价物资采购成本，优化采购流程。

4. 成本管理的内容和方式需要持续拓展

为进一步实现整体优势，或是获取资源、平衡经营风险的需要，中国石化的经营范围不断调整、扩大。退出了化肥、长纤等非优势行业，拓展了非油品销售、煤化工等新领域，强化了国际化经营的力度，电子商务的开展也是方兴未艾。

更新的业务领域，变化的经营环境，使得我们在某些场景下出现成本核算工作不到位，或是成本重核算、轻管理，甚至无管理的情况。这就要求公司成本管理的触角延伸到经营的每个角落，真正做到全方位、全天候的实施落实。上述变化，也使得我们的成本领先战略，在一定的时间、一定的领域需要做出调整，改以差异化战略和适时生产的理念来管理小批次、高价值的产品生产，以价值工程的理念设计和改造工艺流程。

5. 一体化经营的优势需要进一步发挥

中国石化的经营范围涵盖行业上中下游各个板块，产销研各个环节，通过一体化经营的优势，实现整体产业链价值最大化的潜力巨大。同时，为提高公司各层面应对市场的自主性和灵活性，做实事业部和匹配各分子公司责权利的工作也正在开展当中。因此，在内部适度分权的环境下，公司一体化经营和成本管理的方式方法也需要与之相适应，以下的问题需要我们思考和解决：

公司整体效益最大化的测算和优化流程如何落地实施？是更多依靠指令性的配置计划，还是市场化的价格手段，来优化公司内部资源配置？抑或如何实现两者有机的结合，达到以有计划的商品经济的理念来配置内部资源？如何调整内部转移价格政策，合理使用成本加成、外部市场或是协商谈判等多种定价原则，来保证公司各层级责任主体的价值目标一致？如何将价值最大化的原则拓展到公司供应商价值链和客户价值链，实现公司产业链价值的最大化？能否实现金融业全牌照业务，通过产业链融资来开拓供应商和客户价值，并为国际化业务提供更好的支撑？如何通过资本运作、资产重组来优化产业结构、增加公司价值？

在这里，成本管理更多的是体现在价值化管理，也就是强化价值链分工协作，最大程度的优化资源配置，优化产业、产品结构调整，最大程度提取耗费的每一吨原料的价值，实现集团价值最大化，早日实现成为世界一流能源化工公司的目标。

6. 成本责任需要合理匹配，以保证经营目标协调一致

具有中国石化特色的绩效考核评价体系，这些年来正在逐步形成，其中成本指标占有非常重要的位置。我们期望通过设计合理的绩效责任体系，指引和促进公司各层次进行正确的计划、控制、执行、反馈等一系列生产经营活动，进而起到优化资源配置、增加当期利润，并实现企业价值最大化目标。

管理实践当中也遇到一系列的问题和挑战，突出表现有两个方面：

一是如何通过考核指标的还原，合理实现绩效责任的匹配。面对千变万化的市场环境和纷繁复杂的管理需求，以及信息不对称造成的认知偏差，设定绩效目标的前提条件肯定会与

实际情况出现差异。如何理清并量化各方的责任、实现目标的激励，一直是一个亟待解决的课题。这需要我们有广开思路解决问题的智慧，更需要我们有制度化、透明化解决问题的决心和严考核硬兑现的勇气。

二是如何将组织的绩效目标分解为基础的业绩评价指标和具体行动方案，并保持其高度一致性。一旦考核和评价指标设置不合理、重复交叉、体系繁冗，或者指标考核权重显失偏颇，价值指标与市场变化脱离，就容易出现由委托代理关系产生的道德问题。经理层会倾向于为满足或达到考核指标值，而舍弃价值最大化的最终目标，最后的结果是完成了考核指标但损失了企业价值。

在这里，我们需要充分重视非财务指标对于改善经营、降低成本的重要性，因为，生产产品和提供服务的基层员工能够更好的理解非财务指标，更直接的影响非财务指标，更具体的并量化到工作当中。同时，我们还充分的研究和挖掘非财务指标与总体目标的相关性和一致性，设置合理的非财务指标，起到经营的预警作用，而不是等到收入和成本成为既定事实后再进行解释。这有时候需要我们的业务部门有壮士断腕的魄力，摒弃一些在计划经济时代形成的，使用并习惯了多年，但确是与价值化管理相背离的技经指标或评价手段，代之以与时俱进的新管理体系。近期，公司乙烯装置的效率评价指标由变更为高附加值产品收率和吨乙烯原料成本，油田储量评价以经济可采储量和油藏经营为导向，以及炼油采用所罗门评价体系等举措均较好的体现了这类实践。

7. 成本管理的信息化需要基于更广泛的一体化平台

信息化促进了中国石化管理水平的大幅提高，在成本管理方面不论是报告的出具、信息的共享，还是决策支持的及时性均比“手工”时代大幅增效。但从中国石化财务系统的信息化实践看，仍存在着众多“信息孤岛”造成的低效问题。其中包括：

一是各类业务平台的不统一。目前财务管理包括成本管理在 ERP 系统内实现；预算管理及经营监控在 TBM 或 Planning 等系统实现；经济活动分析因分析关注点的实际差异无固定格式可置，需多系统查询支撑；资金管理、内控管理、关联交易也都以独立的系统平台作为支撑。复杂、繁多的系统势必降低管理效率，违背财务管理信息化的初衷。

二是部分业务系统各板块或事业部之间也不统一。以预算管理业务为例，总部要求各企业财务预算指标通过 Planning 系统上报，油田事业部使用 BPS 系统，炼油事业部使用 TBM 系统，化工事业部使用 CBM 系统。公司层面缺乏完成全面预算管理工作的统一平台，加大了相关的成本管理工作的难度。

三是由于历史原因，公司所属各单位的 ERP 系统服务器分散设置，导致系统数据、流程和管理的标准难以统一，由此带来公司总部的管理理念不能系统的层层落实。

基于目前中国石化成本管理信息化现状，以及当今社会信息化发展的前景，我们需要积极稳妥地做出应对。以 ERP 系统为核心，统一数据标准、统一业务流程，建立起预算、核算、监控与分析一体化的管理体系。通过强化一体化流程的合理设置，降低多系统操作带来的高额投入、复杂维护和低效产出的问题，努力实现单系统无缝集成，完成数据的实时共享，提高管理信息化的效率。ERP 大集中和共享服务平台的建设，给我们日常管理的很多方面带来颠覆性地改变。由此带来的组织结构的变化、业务流程的优化和人员素质的多样化等多方面的要求，也需要我们来落实。同时，我们还要重视（移动）高速网、大数据和云计算等现代信息技术带来的冲击和机遇，把每项技术的革命及时转化为我们管理的革命，切实提高成本管理的深度和广度，使得中国石化的整体管理水平提升到一个新的高度。

参考文献

[1] 赖黎明．石油公司降低进口原油采购成本途径的探讨[J]．当代石油石化，2011（7）．

[2] 于川，方健敏．关于优化控制进口原油采购成本的探讨[J]．国际石油经济，2005（8）．

[3] 吴昌秀．企业全面预算管理[M]．北京：机械工业出版社，2009.

[4] 徐丰利，胡建忠．企业成本核算、管理和分析[M]．北京：石油工业出版社，2005.

[5] 李春光．我国成品油管道运输的现状和发展思路[J]．当代石油石化，2004（8）．

[6] 周云．采购成本控制与供应商管理[M]．北京：机械工业出版社，2009.

[7] 王德敏．成本费用控制精细化管理[M]．北京：人民邮电出版社，2009.

[8] 王亦冬．控制成本的60种方法[M]．北京：经济科学出版社，2011.

[9] 陆惠民．工程项目管理[M]．南京：东南大学出版社，2002.

[10] 梁国明．控制与降低成本方法[M]．北京：中国标准出版社，2009.